Jean Audoli

HEUREUX LES PAUVRES…

ROMAN

Thélès

Recevez gratuitement le catalogue de nos dernières parutions
sur simple demande en écrivant aux :
Éditions Thélès – 5, rue de Castiglione – 75001 Paris
ou par téléphone au 01 53 45 27 63

Texte intégral

ISBN 2-84776-023-7

À tous les miens,
les miens au sens large, très large…

L'auteur exerce la même profession que son héros principal. Il est bien possible qu'il partage avec lui quelques traits de caractère et accessoirement, une certaine aversion pour Napoléon… Pour autant, ce roman n'est nullement autobiographique. Par contre c'est un roman engagé, résolument engagé. Selon la formule consacrée, toute ressemblance avec des prénoms, des noms de personnes ou de leurs demeures ayant une existence réelle serait purement fortuite. J'espère, cher lecteur, que tu auras autant de plaisir que lui à découvrir cette histoire.

Alors, levant les yeux
sur ses disciples, Jésus dit:
« Heureux, vous les pauvres:
le Royaume de Dieu est à vous. »

Luc 6, 2.

Première partie

La route est longue…

1. Trois croix

Les gravillons de l'allée crépitèrent sous le passage des pneus, dans le virage la lumière crue des phares balaya les massifs de mimosas. En ce tout début mars ils étaient encore fleuris ; de jour, c'était un spectacle qui ne manquait pas de le réjouir. L'air frais du matin et le parfum qu'ils exhalaient lui procuraient ces plaisirs simples qui confortaient en lui le délicieux sentiment d'être en harmonie avec l'univers alentour.

Ce n'étaient, bien sûr, que les moindres aspects de tout ce qui l'attachait à ce qu'il est convenu de nommer « l'arrière pays niçois ». Il détestait cette expression. C'était comme si la métropole locale méritait que l'on définisse cette région seulement par rapport à elle-même, et de quel droit ? Nice, ce n'est jamais qu'une grande ville et en plus elle se targue de posséder le deuxième aéroport de France pour la densité du trafic, et alors... ? Les choses n'ont vraiment que l'importance qu'on veut bien leur donner, pensa-t-il une fois de plus.

Il n'était pas coutumier du propos provoquant, mais il ne voyait pas de meilleure dénomination pour la grande ville que celle d'un appendice ; un appendice certes nécessaire, allons soyons honnêtes, économiquement vital même, mais rien que l'appendice d'une magnifique région qui aurait mérité sûrement d'être désignée pour elle-même et par elle-même. La montagne toute proche d'abord, et puis ensuite, mais ensuite seulement la mer. Cette mer qui attirait et captivait, capturait même, tous ces parisiens frustrés de soleil et de ciel bleu, si bleu, azuréen même...

Et pourtant ce n'était pas les noms pittoresques qui manquaient par ici : vallée de l'Estéron, Conségude, parc du Mercantour, vallées de La Vésubie, du Boréon, de la Gordolasque... La Gordolasque, un nom comme ça ne s'invente pas, quand on l'entend ou quand on le prononce c'est une véritable dégustation, la dégustation d'un produit du terroir local, on en redemande... alors « arrière pays niçois »... fallait-il donc manquer d'imagination !

Allons ! Inutile de s'appesantir sur ces considérations, foin de se battre contre des moulins à vent ; les choses et les êtres mêmes sont souvent désignés ou appréciés plus selon leur utilité immédiate que par ce qui fonde leur originalité profonde et les retombées de l'utilitarisme ambiant ont des conséquences autrement plus sérieuses sur la destinée des personnes que sur la façon de nommer une région. Et l'oubli ou la méconnaissance plus ou moins volontaires par autrui ou par eux-mêmes de ce qui fonde véritablement leur identité est bien souvent la cause cachée de la détresse de nombre d'individus, songeait-il une fois de plus.

L'affaire qui le poussait justement à abréger son séjour était probablement une belle illustration de cette faille que l'on rencontrait de plus en plus fréquemment chez les gens, et les gens de tous âges et de tous milieux d'ailleurs.

Le jour était levé quand il atteint l'autoroute. Comme toujours il avait beaucoup apprécié les quelques dizaines de kilomètres qui séparaient la demeure ancestrale du grand axe de communication. La suspension hydraulique de sa voiture agrémentait la conduite d'un soupçon de balancement qui rendait ce parcours un peu accidenté particulièrement agréable, la réduction du roulis et des secousses offrait une sensation de confort et de sécurité qui permettaient d'adapter en souplesse les variations à imposer à la direction. Il avait l'impression d'épouser la route en quelque sorte.

Modeste Ringardet avait bien des raisons pour demeurer un fidèle adepte de la marque aux chevrons. Sois beau joueur pensa-t-il, ne sois pas sectaire et reconnais-le : l'utilitarisme et la technicité ont aussi du bon...

Une fois encore la journée promettait d'être très belle ; ce qui le faisait pester intérieurement contre le motif de son départ précipité. L'hiver par ici est vraiment royal... une évidence qu'il ne pouvait s'empêcher de ressasser. Il franchit le péage de Fréjus. Il aperçut bientôt la masse imposante du rocher. Il l'attendait de puis un moment, toujours fasciné par sa puissance sauvage. Le soleil levant l'illuminait, démasquant des aspects du relief et de la végétation qui s'y agrippait. Le soir, la teinte pourpre qui inondait le paysage ne permettait pas de si bien les distinguer, mais renforçait l'atmosphère à la fois grandiose et étrange qui émanait de ce site, de ce site qui le séduisait chaque fois qu'il « descendait dans ce cher midi ».

Roquebrune sur Argens... avec sa famille il avait gravi le rocher un peu moins d'une dizaine d'années plus tôt. Les péripéties de la randonnée lui revenaient en mémoire... En été il convient naturellement de partir tôt lorsqu'on projette une excursion dans cette région ; mais, parvenir à faire bouger la smala avant sept heures du matin relevait de la gageure. Il était bien évidemment fin prêt une heure avant tout le monde. Et comme toujours en pareil cas il avait grillé cigarette sur cigarette en les attendant. Ensuite ils avaient eu quelque peine à repérer le point de départ du sentier pourtant bien balisé, fort heureusement le ciel était un peu voilé ce jour-là, atténuant les effets de la canicule, ce qui aurait dû rendre les errements du départ et l'ascension beaucoup moins pénible à onze heures du matin en plein mois d'août. Mais la plus jeune n'était guère enthousiasmée par la perspective d'une marche en terrain accidenté, il avait fallu la porter dès que la pente était devenue plus raide, et puis c'est là qu'il avait ressenti les premiers essoufflements en montagne ; le dénivelé n'était pourtant pas très important : à peine trois cents mètres. Il avait bien sûr fait la relation avec le tabac, il était bien placé pour le savoir, mais de là à prendre la décision qui aurait dû s'imposer, naturellement il y avait une marge, une marge qu'il n'avait pas eu le courage de franchir. De toute façon le mal était sûrement déjà à l'œuvre.

Mais cette excursion valait aussi beaucoup par son terme : ces trois croix qui différaient l'une de l'autre, ce que l'on ne soupçonnait pas vu d'en bas. Il avait trouvé cela curieux à l'époque, une originalité de sculpteur, intéressante peut-être.

Maintenant il était capable de saisir et même d'intérioriser allégrement le message symbolique qu'elles portaient. Allégrement... voilà de quoi surprendre pour un tel sujet. Et bien oui, la croix n'était plus pour lui ce signe passablement rébarbatif qui désignait une appartenance. Une appartenance que l'on ne pouvait pas attribuer chez lui à une tradition mais qui signait plutôt une réalité qu'il avait psychologiquement et intellectuellement bien intégrée. Quel chemin parcouru depuis cette époque ! Eh bien oui, elle était désormais le signe familier des représentations du destin du monde et des êtres qui étaient devenues les siennes, l'emblème derrière lequel il se rangeait sans hésitation.

Mais de ces trois croix celle dressée à droite du Christ suscitait chez lui une réflexion toute particulière. Celle que l'on attribue traditionnellement à celui que l'on nomme « le bon larron » non moins traditionnellement d'ailleurs. Au fait, était-il si bon que cela, ce malfaiteur-là ? Vraiment meilleur que l'autre qui n'inspire guère habituellement la sympathie ?...

« ...La douleur engendrée par la tension sur les clous plantés juste en amont des poignets était particulièrement vive et chaque mouvement de respiration la rendait proprement intolérable. Zacharias essayait de réduire l'amplitude et la fréquence de ses mouvements inspiratoires pour en atténuer le caractère atroce. Il était encore lucide, suffisamment pour apporter la réplique qui convenait aux invectives que Moshé adressait à ce Iéschoua de Nazareth planté comme eux sur ce ridicule petit monticule en forme de crâne, le Golgotha.

Moshé... c'était bien grâce à lui qu'ils en étaient arrivés là. Grâce... ce n'était pas précisément le mot qui convenait, plutôt à cause de... et pourtant aujourd'hui il était incapable de lui en vouloir vraiment. Il avait eu dans la prison, avant le jugement, tout le loisir de se remémorer les événements.

Quand ils l'avaient élaboré, le coup de la route de Jéricho se présentait pourtant comme une affaire pour débutants ; les renseignements étaient de toute première main, Myriam n'avait pas sa pareille pour tirer les vers du nez de ses clients d'une nuit, et le gars était vraiment plein aux as. Seulement voilà, Moshé n'avait pu s'empêcher de frapper et plus il tapait plus l'autre hurlait, au risque d'ameuter les voyageurs qui pouvaient quand même s'aventurer sur cette route quelques heures avant le Sabbat. Ou alors il aurait fallu finir le boulot correctement, mais pas le temps, voilà qu'un voyageur, un prêtre apparemment, se pointait à l'horizon. Il valait mieux se planquer vite fait ; heureusement il avait fait semblant de ne rien voir, probablement pour avoir le droit de faire son boulot au Temple, pas de contact avec du sang ou des cadavres c'était la Loi comme il l'avait appris quand il était môme et préparait sa Bar-Mitzva. Le deuxième, pas vraiment un prêtre, mais il n'aurait pas pu expliquer sa fonction exacte, avait agi pareillement.

C'était presque gagné, mais au moment où Moshé se précipitait pour achever le gars, le troisième arrivait, un Samaritain, un métèque quoi, mais bien baraqué. Alors, il avait mieux valu s'abstenir. Le métèque l'avait soigné et chargé sur son âne. Vache, le gars pourrait parler... et c'est bien ce qu'il avait fait peu après.

Non seulement il n'avait pas gardé sa langue dans sa poche, mais l'histoire était arrivée aux oreilles du prêchi-prêcha galiléen qui n'avait rien trouvé de mieux que de l'utiliser dans un de ses sermons. En effet, le Nazaréen avait l'habitude d'utiliser l'actualité pour, paraît-il, rendre son message plus facilement compréhensible par ses auditeurs. Une publicité dont les deux compères se serait bien passé.

Et finalement, ce qui devait arriver arriva; six mois plus tard Moshé, avec sa discrétion habituelle et sa taille de presque quatre coudées et demi avait été repéré sur le marché d'Hébron. Le lendemain ils étaient arrêtés, le gars qui était apparemment remis de ses blessures, les avait alors formellement identifiés. Myriam, habilement cuisinée, avait balancé d'autres affaires qui s'étaient moins bien terminées pour les victimes. Leur cas ne permettait pas d'espérer la moindre mansuétude, et l'autorité judiciaire romaine ne badinait pas avec les droits communs... ni même avec les autres d'ailleurs.

En effet, qu'est-ce qu'on pouvait bien avoir mis sur le dos du rabbi galiléen pour qu'il se retrouve avec eux sur le lieu d'exécution? Pouvait-on imaginer plus inoffensif que lui? Ca sentait le règlement de compte entre groupes dominants du pays, bizarre quoi, mais de toute façon Zacharias ne s'était jamais senti concerné par toutes ces factions politico-religieuses qui se bouffaient le nez entre elles sur fond d'occupation romaine. Quand à Moshé, lui il ne comprenait qu'une chose: si le Nazaréen ne s'était pas servi de l'affaire de la route de Jéricho dans ses leçons de morale, lui et son pote n'en seraient peut-être pas là. Alors là, sur le Golgotha, il ne se gênait pas pour lui lancer toutes les insultes dont il possédait un savant répertoire, lequel constituait hélas, l'essentiel de sa culture.

Dans les jours qui suivirent leur arrestation, dans sa cellule, Zacharias avait d'abord eu la même réaction que celle que manifestait Moshé sur la croix. Mais, sans illusion sur le sort qui les attendait il avait petit à petit opéré un retour sur lui-même. Bien sûr, les propos du rabbi galiléen avaient peut-être une responsabilité dans l'issue désastreuse de ce coup, mais si son comparse n'avait pas esquinté à ce point le type ils n'en seraient pas là non plus. Alors Moshé grand responsable de cette galère? Son sens moral de bandit de grand chemin était émoussé, mais pas au point d'aveugler son jugement. Le chef, le cerveau, l'instigateur de cette affaire, comme des autres, c'était lui et lui seul. La tête c'était lui et Moshé, les bras, plutôt les poings et même le couteau quand c'était nécessaire. Non il fallait s'en prendre à soi-même, ça devait de toutes façons se terminer un jour comme ça, on aurait préféré évidemment plus tard, beaucoup plus tard, mais on ne refait pas son destin.

Et puis, il le savait, pour Moshé il était un maître, presque un dieu. L'autre aurait donné sa vie pour lui, il l'avait effectivement risquée dans un coup qui avait failli mal tourner. Alors, inutile de lui en vouloir, il n'y avait qu'à se résigner, regretter d'avoir pris la mauvaise direction quelques années plus tôt, espérer en la clémence de l'Au-delà… s'il y en avait un!

Alors quelle surprise, quelle stupéfaction quand, ce matin il avait appris l'identité du troisième condamné: Iéschoua de Nazareth, le rabbi qui leur avait fait une si opportune publicité… Son premier mouvement fut un éclat de rire intérieur, celui d'une satisfaction méchante, auquel succéda vite le morne sentiment que ça ne changeait évidemment rien à la situation.

À la situation immédiate naturellement. Mais petit à petit une douce lueur l'envahit. Si lui, le Nazaréen, qui n'aurait pas fait de mal à une mouche – c'était l'impression dominante qu'il avait du personnage, même s'il pressentait qu'il y avait en lui bien plus qu'un illuminé inoffensif – si lui donc, était sur le point de partager leur sort fatal cela changeait finalement beaucoup de choses. Un compagnonnage, s'instaurait entre eux. Ils partageaient une expérience semblable, et qui plus est, l'expérience finale, décisive. Tous deux, Moshé et lui Zacharias se trouvaient alors grandis d'un seul coup, hissés à un autre niveau de la signification de leur situation dont l'horizon semblait quelques instants plus tôt définitivement occlus.

En marchant vers le Golgotha, avec comme lui le patibulum – la partie horizontale de la croix – sur les épaules il l'avait bien observé. Ce type avait bien quelque chose de particulier. Probablement quelques soudards, avec leur savoir faire habituel l'avaient bien arrangé chez Pilate. Le chapeau de ronces sur la tête, rendait assez bien compte du concentré de bêtise et de cruauté propre à ces brutes. Et pourtant, malgré son aspect on ne peut plus pitoyable et les signes indéniables d'une vive souffrance il émanait de lui une force et une douceur indéfinissables. Comme si finalement c'est lui qui maîtrisait la situation ; curieux quand même, dans sa position...

Tout leur passé les séparait. Mais comme il se sentait proche de lui ! Une sorte de quiétude l'avait envahi. Un sentiment d'innocence retrouvée après bien des années d'errance. Criminel, il l'était certes ; mais il ne se cherchait nulle excuse. À quoi bon puisqu'il est avec nous, un à venir, un avenir doit être possible... Un sentiment nouveau, inconnu jusque-là l'envahissait : il se sentait pardonné, il se trouvait, se découvrait enfin tel qu'il était vraiment, il pouvait s'aimer vraiment...

Alors les vociférations de Moshé... il fallait y mettre un terme. Le ton sur lequel il s'adressa à son compagnon le surprit lui-même. C'était bien toujours le ton du chef, Moshé avait besoin de garder ses repères habituels, sinon rien ne pourrait passer. Par contre par-delà ses paroles se dégageaient une volonté de connivence et une profondeur tout à fait étrangères à l'atmosphère de leurs échanges habituels.

L'autre le regarda presque stupéfait et se tut. Il esquissa un sourire ; non pas le rictus qu'il connaissait bien et qui avait entre eux valeur d'accord avant chacun des coups qu'ils avaient menés ensemble. Non un sourire qui là aussi manifestait une sorte d'innocence retrouvée.

Les paroles que Iéschoua adressa à Zacharias le confortèrent dans le bien fondé du bouleversement qui s'était opéré en lui-même. Pourvu que Moshé me suive encore cette fois-ci, c'est la bonne... pensa-t-il entre deux difficiles et douloureux halètements.

Quelques instants après Iéschoua rendit l'esprit, en inclinant la tête vers Moshé. Plus précisément remit l'Esprit selon le récit de l'évangéliste Jean... Zacharias vit le visage de son compagnon s'illuminer. C'était gagné. Il était pardonné lui aussi... »*

Modeste Ringardet ne pouvait s'empêcher de se trouver en phase avec ce « bon larron », d'identifier sa démarche à la sienne. Son histoire personnelle n'avait en apparence, mais en apparence seulement, rien à voir avec celle de ce condamné. Mais aujourd'hui, malgré la grimace qu'il ne pouvait s'empêcher de faire devant ce retour inopiné vers la région parisienne, il ne pouvait refuser à ce récit sa valeur d'exemple. Un exemple qu'il ne s'agissait pas bien sûr de suivre à la lettre... mais au fait quelle lettre ? La lettre qui avait consisté à broder cette histoire à partir des récits évangéliques, c'est-à-dire un exercice distrayant qui traduisait le louable souci de les actualiser, et lui permettait de partager avec d'autres ses découvertes.

Mais cette fois-ci il était au pied du mur, loin des si agréables échanges entre étudiants – étudiant à son âge ! – avides d'enrichir

---

* Libre interprétation de Luc 10, 29 – 37 et 23, 39 – 43 (N. d. A.)

leurs connaissances bibliques. Il fallait répondre, et vite, à ce qui semblait bien être un appel au secours. Gérard, son collègue et ami Gérard, paraissait complètement désemparé au téléphone hier soir, à propos de Laurence, sa fille, son aînée, la filleule de Modeste.

Roquebrune sur Argens, les croix dissemblables symbolisaient bien des destins différents, mais liés entre eux. Ce récit vieux de deux mille ans, il lui semblait soudain si proche de l'actualité, de l'actualité qu'il avait lui même vécue huit ans plus tôt, de l'actualité qui se profilait toute proche à l'horizon.

C'est lorsqu'on touche le fond du désespoir que l'on est prêt à accueillir la vérité, c'est cela la pauvreté, la vraie, alors… *Heureux, vous les pauvres… !*

2. Modeste Ringardet

L'autoroute joue à cache-cache avec la rivière. Par trois fois elle franchit un pont au-dessus de l'Argens. Et quelque quatre-vingts kilomètres à l'est de Roquebrune, à hauteur de Saint Maximin la Sainte Baume, elle passe tout près de sa source.

C'est vraiment porteur de symboles pensa-t-il. Dieu, comme ce fleuve côtier croise bien des fois notre route et à chaque fois nous envoie des signes, nous suggère des traces de sa présence discrète mais agissante. Des indices qui nous confirment notre chemin ou nous invitent à revoir ce trajet qui nous mène à Lui, source de notre être, horizon vers lequel nous sommes appelés à nous rendre. De plus, à l'image des courbes dans lesquelles se moule le cours de cette rivière, l'Esprit Saint adapte sa stratégie au gré – bon gré ou mauvais gré – de notre fidélité ou de nos errements. Ces considérations confortaient en lui cette détermination paisible qu'il retrouvait désormais chaque fois que les circonstances le poussaient à aller plus loin qu'il n'en avait de prime abord envie. Le film d'une existence, certains temps forts et les événements déterminants repassèrent dans son esprit...

Modeste Ringardet, plus précisément le docteur Pierre Alain

Modeste Ringardet avait un peu plus de cinquante ans. De taille plutôt au-dessus de la moyenne il gardait une allure, un maintien un peu juvénile, malgré un visage aux traits marqués sans être réellement vieillis. Cet homme avait visiblement traversé des épreuves dont au premier abord on n'aurait pu deviner la nature. Souffrances morales, affectives ou tout simplement épreuves physiques, maladie, pourquoi pas, même chez un médecin… ? De toute façon derrière son apparence somme toute très simple sans être tout à fait banale on percevait une part de mystère, au moins d'originalité.

Tout d'abord pourquoi portait-il ce prénom désuet qui n'était même pas dans l'ordre figurant sur l'état civil ? C'était une histoire ancienne dont le récit permettrait peut-être de mieux cerner le personnage.

Pierre était le deuxième enfant de Louis Ringardet, employé de chemin de fer à la compagnie Paris Lyon Méditerranée devenue plus tard le réseau sud-est de la SNCF. Comme dans la plupart des familles les prénoms qui suivent le prénom usuel étaient choisis en fonction de ceux de la proche parenté. Le grand oncle Modeste mort au combat pendant la première guerre mondiale faisait l'objet d'une fierté légitime dans cette honnête famille française qui, comme beaucoup d'autres après le deuxième conflit mondial, éprouvait un retour de flamme patriotique. Le prénom n'était plus à la mode, mais qu'importe, au troisième rang ça n'avait guère d'importance.

Son enfance s'était déroulée sans histoire, et grâce aux prouesses de Simone Ringardet, sa mère, laquelle exerçait une extrême vigilance sur les étiquettes, la famille parvenait à vivre tout à fait décemment. Bien sûr c'était au prix d'économies très strictes, par exemple dans le domaine de l'habillement où le jeune Pierre devait se contenter de porter bien souvent les vêtements que son frère aîné avait déjà passablement étrennés. L'enfant qui était doué d'une vive sensibilité en souffrait beaucoup, sans oser toutefois l'exprimer tout haut, conscient qu'il était des limites des moyens familiaux.

Mais ce qui était sûrement plus difficile à porter que les vêtements défraîchis de Jean-Claude, c'était son nom, leur nom de famille. Les adolescents ne se font pas de cadeaux, c'est bien connu. Et dans la cour de l'école c'était bien souvent les mêmes quolibets : « Ringardet, Ringardet le p'tit ringard... Ringardet le p'tit ringard », ce n'était même pas « ringard » tout court, mais « ringardet », le diminutif était encore plus dur à supporter que ce que pouvait désigner le mot lui même...

La brimade la plus cuisante c'est dans la cour du patronage qu'il l'avait subie, pendant ce que l'on appelle la retraite de communion solennelle.

Les colères de l'abbé Montaloup étaient célèbres, elles n'avaient d'ailleurs d'égal que l'attention exigeante qu'il imposait aux enfants, témoin du sérieux avec lequel il exerçait son ministère. Aussi les récréations qui ponctuaient ses enseignements étaient particulièrement les bienvenues pour permettre aux gamins de « décompresser » quelque peu. Certains ne s'en privaient pas, et il arrivait que le jeune Pierre Ringardet en fasse les frais...

Ses camarades de catéchisme étaient pour la plupart les mêmes que ceux du cours complémentaire (ancêtre du collège d'aujourd'hui) de cette banlieue populaire, et certains ne brillaient pas plus par le vernis culturel que par la délicatesse...

« Rin-rin... ringard... Ringardet, rin-rin... ringard... Ringardet... », le terrible refrain rythmait le jeu de la « bouteille saoule » : le jeune Pierre au centre d'un cercle d'une demi-douzaine de gamins était projeté tantôt vers l'un, tantôt vers l'autre tandis qu'ils scandaient en chœur « rin-rin... ringard...

Ringardet… ». Des travaux de réfection du mur du « patro » où avait lieu la retraite avaient laissé une couche boueuse sur le sol, le rendant particulièrement glissant. Prisonnier de cette ronde infernale, balancé de droite et de gauche, le pauvre Pierre chutait, se relevait pour encore se ramasser, se redressait, retombait…

Quand retentit le coup de sifflet, signal de la fin de la récréation, pitoyable et couvert de boue il se mit en place dans le rang avant d'entrer dans la chapelle où devait avoir lieu la suite de l'enseignement. C'est dans ce triste état que l'abbé Montaloup l'aperçut. La grâce du discernement immédiat n'est pas liée ipso facto à l'état sacerdotal… elle requerrait plutôt un peu de temps pour se manifester… Mais la spontanéité impulsive du brave abbé était trop forte, et sur le ton qui les terrorisait tous il lui lança :

« Ah ! te voilà propre, tiens, c'est sûrement toi, n'est-ce pas, qui nettoies et lave les vêtements à la maison ! »

Le pauvre gosse, au comble de l'humiliation, désespéré par l'injustice du propos répondit, des larmes plein les yeux :

« Oui c'est moi, oui c'est moi… »

Rouge de confusion, il alla se terrer à l'extrémité d'un banc en se cachant le visage pour ne pas montrer ses larmes, tandis que certains de ses camarades, par le biais de la remarque saugrenue de l'abbé, savouraient la défaite du « fort en thème » qui les devançait si souvent en classe. Inutile de dire que son attention pour la suite de la retraite ne fut guère soutenue ce soir-là !

De retour à la maison, le climat de confiance qui régnait entre Simone Ringardet et ses enfants permit de ramener l'incident à ses justes proportions. L'affection maternelle épongea l'amertume de Pierre et la machine à laver, dont les ménagères françaises commençaient tout récemment à s'équiper, se chargea bravement du reste.

Pierre avant de s'endormir ressassait bien évidemment les circonstances du drame de l'après-midi. Il n'en voulait qu'à demi au prêtre, sûrement beaucoup plus à ses camarades, mais c'était surtout le fait d'être affublé de ce patronyme qui le tourmentait. Ce n'était pas lui qui avait choisi ce nom qu'il serait condamné à porter jusqu'à la fin de ses jours, mais il n'y pouvait rien changer. Il avait beau se dire qu'au fond ça n'avait pas l'air de beaucoup gêner son père ni son frère aîné sûrement moins sensibles que lui, c'était quand même dur à avaler.

Soudain il lui vint une idée.

Quelques jours auparavant il avait lu dans un magazine ce propos du célèbre Sacha Guitry, le fils du non moins célèbre homme de théâtre Lucien Guitry: « quand on a déjà un nom, le plus difficile c'est de se faire un prénom ». Quand on a un nom comme Ringardet, tu parles... et comme prénoms Pierre, Alain, Modeste... Modeste, un prénom au moins aussi ringard que le nom...

Mais Modeste, c'était aussi et surtout la gloire familiale. Sa grand-mère maternelle, Marie-Louise, ne s'efforçait-elle pas de faire partager à ses petits enfants la véritable vénération qu'elle vouait à ce frère aîné tué à Verdun dans des circonstances qui ne pouvaient que susciter l'admiration ? C'est, en effet, en se portant au secours d'un de ses hommes, blessé et emprisonné dans des barbelés que le sergent Modeste Borelli avait été fauché par le feu nourri d'une mitrailleuse allemande.

Eh bien, puisqu'il ne pouvait choisir son nom, Pierre Ringardet choisirait son prénom. Il se ferait appeler désormais Modeste Ringardet, que cela plaise ou non à qui que ce soit! Marie-Louise ou plutôt « Bonne-Maman » – c'est ainsi que l'on appelle souvent l'aïeule dans la région niçoise – avec qui il entretenait une relation privilégiée, fut la première informée de son projet. Un peu surprise au départ, elle finit par adhérer à l'idée un peu saugrenue de son petit fils. Après tout, ce prénom, elle avait bien suggéré qu'il figure dans l'état civil de l'un de ses petits fils. Alors qu'est-ce qui pouvait empêcher Pierre dont elle appréciait la vivacité d'esprit et chez qui elle percevait une certaine générosité à l'image de son cher frère, de l'utiliser comme son prénom d'usage ?

Progressivement dans les mois qui suivirent il se fit prénommer « Modeste », dans sa famille et par ses nouvelles connaissances ; son père avait eu un peu de mal à accepter cette lubie, mais même s'il lui arrivait encore d'appeler parfois le cadet de ses fils « Pierre », la force de persuasion du gamin parvint à faire changer les habitudes de tous. Même ses anciens persécuteurs finirent par se lasser, comme si le côté désuet du prénom rendait caduc l'acception péjorative du patronyme. Ce qui rassura le garçon quant au bien fondé de son choix et le conforta dans sa détermination.

L'évocation de ce souvenir vieux de plus de quarante ans le fit sourire intérieurement. Tout cela était loin bien sûr, mais dans la relecture de la trajectoire de son existence tout cela prenait un sens et un relief particuliers.

C'est vrai qu'il y avait dans cette lubie d'adolescent une sorte de défi. Ou plutôt un refus de se soumettre bêtement à l'inéluctable, du moins à ce qui peut paraître inéluctable. Bien souvent par la suite il avait été affronté à ce qu'on nomme la « fatalité » et ses réactions n'avaient pas toujours été aussi déterminées. Mais en y réfléchissant bien il pouvait percevoir dans son attitude d'alors une sorte de clé qui lui permettait de mieux saisir les liens subtils qui unissaient son histoire et la foi qui était la sienne aujourd'hui.

Comme dans de nombreuses familles françaises de ce milieu du vingtième siècle il y avait une sorte de répartition des rôles dans la famille Ringardet : le père, honnête travailleur, assurait la subsistance matérielle du foyer, la mère, elle, se chargeait de veiller étroitement à l'éducation scolaire et spirituelle de ses enfants.

Sans être radicalement hostile aux choses de la religion, Louis Ringardet n'était pas précisément de « ce bord là ». Il n'avait formulé aucune objection quand son épouse avait inscrit ses enfants au catéchisme et il assistait naturellement aux grandes cérémonies religieuses qui ponctuaient les événements familiaux majeurs: baptême, communions solennelles, mariages et enterrements.

Il en allait tout autrement de sa femme. On était très pieux dans sa famille et l'indifférence religieuse de son mari n'avait pas du tout entamé ses convictions ni influé sur la rigueur de sa pratique. Pour rien au monde elle n'aurait manqué la messe dominicale, elle se confessait aussi très régulièrement, ce qui compte tenu des usages de l'époque, lui permettait aussi de communier très fréquemment. On pouvait cependant déceler dans son univers spirituel une note particulière: sa très grande dévotion envers Thérèse de l'Enfant Jésus canonisée un quart de siècle plus tôt. N'ayant guère dépassé le niveau du certificat d'études primaires, elle aurait été bien en peine de fournir une justification rationnelle et encore moins théologique au mouvement intime qui la portait à se nourrir de cette spiritualité.

La jeune carmélite avait ouvert un chemin nouveau, son rayonnement atteignait toutes les sphères de la catholicité et même au delà. À cette époque, le deuxième quart du vingtième siècle, comme pour beaucoup de jeunes catholiques, la sensibilité religieuse de Simone avait été atteinte par l'un ou l'autre des récits hagiographiques sur Thérèse produits dans une perspective très édifiante. Il est bien possible que le jeune âge de la sainte, emportée à vingt-quatre ans par la tuberculose, ait pu influer sur la réceptivité particulière que le peuple catholique en général et la jeunesse en particulier, ont manifesté à son égard.

Mais par-delà ces réactions un peu émotionnelles, ce qui transparaît toujours de la spiritualité de Thérèse, c'est essentiellement sa simplicité d'accès. Cet abord très simple est susceptible de permettre à chacun de l'accueillir et d'en tirer des bénéfices certains sans études ni cheminement préliminaire plus ou moins complexes.

Ainsi, la « petite voie » s'avère être une voie royale, à la portée de tous, du plus humble comme du plus savant. Cependant simplicité n'équivaut sûrement pas à facilité chez Thérèse ; le chemin d'abandon qu'elle ouvre n'est pas synonyme de plate soumission, il est plutôt le lieu de rudes combats. Ni révolte ni démission face aux multiples épreuves et à l'adversité auxquelles elle va devoir être affrontée dans l'univers de son cloître, elle assume comme on dirait aujourd'hui, et elle assume tout dans une attitude d'abandon à l'amour de Dieu. Assumer... il est quand même remarquable que le substantif correspondant à ce verbe soit le mot « assomption » que l'usage réserve au terme du séjour terrestre de Marie, mère de Dieu ; qui mieux qu'elle assume son destin et sa vocation dans une attitude de confiant abandon ?

Sans être capable de le formuler, la jeune Simone avait progressivement compris que si l'on était souvent contraint de subir les aléas de l'existence, on avait en tous cas la liberté de choisir la façon de les vivre. C'est ce qu'elle avait retenu des récits sur la jeune carmélite, par-delà les propos un peu mièvres qui ne manquaient pas alors d'en agrémenter certains. Mariée assez tardivement à Louis Ringardet la jeune méridionale n'avait pas dans cette union vraiment réalisé ses rêves de jeunesse ; le cheminot parisien était assez éloigné de la foi, par exemple, et Dieu sait quelle importance cette dimension avait pour elle. Leurs milieux quoique modestes pour tous les deux, différaient aussi ; la province ne ressemble guère à la banlieue à bien des égards...

Courageusement, et toujours en se tournant vers Sainte Thérèse, Simone assumait sans heurts mais aussi sans concessions les désagréments de sa situation. Cette attitude avait d'ailleurs déjà porté des fruits : dés leurs premières années de mariage l'attitude assez hostile de Louis vis-à-vis de l'Église s'était grandement adoucie, ce qui n'était pas toujours bien admis par sa propre famille, laquelle se trouvait être franchement anticléricale.

Ce réalisme de la foi dans la vie de tous les jours n'était naturellement pas sans influer sur la manière dont elle élevait et éduquait ses enfants. Aussi, Modeste, en se remémorant tout cela quelque quarante ans plus tard ne pouvait s'empêcher de discerner dans sa décision de changer de prénom les retombées, comme l'on dit aujourd'hui, des convictions maternelles ; on est bien souvent contraint de subir son destin, pour lui à l'époque c'était son nom, mais on peut choisir la façon de le vivre à travers son prénom...

Tout cela le faisait bien sourire à présent, la honte de ce nom n'était qu'un vieux souvenir, demeurait quand même cette attitude face à l'adversité qui avait de profondes racines dont il avait bien longtemps négligé l'origine : la petite voie de la petite Thérèse... *Heureux, vous les pauvres... !*

3. La bonne étoile

« Maman, je te présente Xavier, dont je t'ai déjà parlé, tu sais bien... et qui vient préparer avec moi notre prochaine conférence d'internat.

– Madame, je vous présente mes hommages respectueux. »

Xavier de la Rocque se pencha pour baiser la main de Simone Ringardet. Cette scène qui se déroulait au cinquième étage d'un très simple immeuble collectif avait quelque chose de surréaliste... En effet, la mère de Modeste en train d'éplucher des légumes avait eu à peine le temps de s'essuyer les mains, pendant que Louis qui, après son service de nuit, émergeait d'une bonne sieste, vêtu d'un maillot de corps type débardeur et du pantalon de son bleu de travail, fumait tranquillement une cigarette, accoudé au rebord de la fenêtre.

« Bon... bonjour monsieur, bredouilla-t-elle toute confuse. C'était bien la première fois de son existence qu'on la saluait en lui baisant la main. Rapidement, pour se tirer de cette situation qui la gênait passablement elle proposa : vous prendrez bien une tasse de thé n'est-ce pas ? », puis elle s'enfuit dans la cuisine pour se remettre de son émotion.

C'est vrai que Xavier avait fait un peu fort... Pourtant

Modeste l'avait prévenu : « mes parents sont des gens très simples, ne fait pas de manières surtout… » Mais ça avait été plus fort que lui, son éducation avait pris le dessus ; de fait il avait, inconsciemment, exprimé à travers la déférence manifestée à l'égard de la mère de son ami toute l'estime qu'il avait pour lui.

Louis, bien qu'intérieurement autant gêné que sa femme, n'en laissait rien paraître. Dans le milieu où il avait été élevé il n'aurait pas été de bon ton de se laisser impressionner par ceux que l'on qualifiait communément d'aristocrates… Il lança :

« Vous êtes un camarade d'études de Pier… pardon de Modeste, le concours s'approche, vous devez sûrement en mettre un coup, c'est la dernière ligne droite, allez ce n'est pas le moment de mollir… »

Les métaphores sportives ont l'avantage d'être utilisées par tout le monde, ce qui dans cette brève conversation lui permettait d'évacuer le vague sentiment d'infériorité qui l'avait un moment étreint devant les manières raffinées de ce jeune homme, assez étrangères aux siennes.

Il resta quelques instants à bavarder, manifestant juste ce qu'il fallait d'intérêt pour leurs études et la charge particulièrement intense d'investissement personnel qu'elles nécessitaient, puis se retira en leur disant :

« Ce n'est pas le tout, mais je vous empêche de travailler, allez, bon courage ! »

Simone avait choisi son plus beau plateau et deux magnifiques tasses, miraculeusement rescapées d'un service reçu en cadeau de mariage. Elle les déposa devant les jeunes gens.

« Je vous laisse vous débrouiller – elle s'était reprise mais ne se sentait pas vraiment à l'aise – à cette heure-ci vous comprenez, une maîtresse de maison a beaucoup à faire… »

Le contraste était évidemment saisissant entre les univers dont étaient issus les deux étudiants. Dans la constitution des groupes de travaux pratiques à la faculté, le hasard de la proximité alphabétique avait rapproché ces deux êtres d'origine bien différente, du moins en apparence. S'ils avaient sympathisé, si leur amitié avait pu ainsi croître, c'est que peut-être ils partageaient sans le savoir un héritage porteur de valeurs très proches, lesquelles transcendaient les différences sociales. Mais cela les deux amis l'ignoraient et Modeste notamment, mettrait bien du temps à le comprendre.

La rencontre de deux milieux sociologiquement différents n'était pas nécessairement porteuse de germes de tensions ni de conflits, contrairement au point de vue qui dominait nombre d'esprits se prétendant éclairés et rêvant du « grand soir » dans la France des années soixante - soixante dix. De fait, c'était plutôt une chance. De toute façon ce fut une chance pour Modeste Ringardet.

Car, si au début Xavier de la Roque fut d'abord pour lui simplement un condisciple, puis un ami, par la suite c'est surtout comme frère de Geneviève qu'il trouva sa place dans l'univers de Modeste, ce qui ne gâta en aucune façon leur amitié, bien au contraire. Geneviève était la sœur de Xavier, la petite dernière, comme il se plaisait à dire pour la taquiner alors que deux années seulement les séparait.

Geneviève… Mais par quel cheminement avait-il été conduit à évoquer ce souvenir ?

En arrivant à Aix en Provence l'autoroute passe sous un viaduc dont la construction est visiblement bien antérieure à celle de l'axe routier. Ce qui le frappait à chaque fois qu'il passait là, c'est la parfaite congruence entre la largeur de chacune des deux chaussées et l'espace compris entre chaque pile de l'ouvrage d'art. Comme si deux logiques différentes mais complémentaires, la ferroviaire et l'autoroutière étaient parvenues ici à se croiser sans se gêner, sans imposer à l'autre une modification de son tracé, et comme si en définitive leurs directions avaient réussi à converger.

Il ne pouvait s'empêcher d'y voir le symbole du croisement de la destinée de deux êtres, Geneviève, depuis près de vingt-cinq ans son épouse, et lui, Modeste. L'union dans le respect de la différence, une union sans fusion ni absorption de l'un par l'autre, sans soumission ni domination et qui pourtant débouchait sur une étroite et féconde communauté de destin. Il revivait cette découverte de ce qu'il pensait être à juste titre pour tous les deux une bonne étoile. Une bonne étoile réciproque…

Modeste et Xavier avaient traversé les événements de mai soixante-huit de façon à la fois semblable et cependant contrastée. Les deux jeunes gens avaient apprécié naturellement le côté fête décontractée des rassemblements estudiantins, ils avaient comme bien d'autres manifesté et joué rudement à cache-cache avec les forces de l'ordre. Xavier participait allégrement et avec brio aux interminables palabres qui visaient non seulement à réformer l'université mais aussi et surtout à changer la société. Modeste, quant à lui, s'il avait été très sensible à l'espoir soulevé par le rejet d'un ordre établi dont les siens n'étaient pas les principaux bénéficiaires, restait tout de même très partagé sur le réalisme de la contestation érigée en système pour y parvenir.

C'est d'ailleurs son père qui curieusement l'avait mis en garde contre une fallacieuse espérance de proches lendemains qui chantent, lesquels lui paraissaient dans la situation présente, pour le coup bien utopiques. Dans la famille Ringardet on savait ce que signifiait le mot révolution ; le grand-père de Louis l'avait payé de sa vie sur le mur des Fédérés lors de la répression sanglante de la Commune de Paris. Et même s'il éprouvait une certaine sympathie pour ces jeunes bourgeois contestataires, il ne parvenait pas à leur faire vraiment confiance. Ils avaient beau tout à coup se découvrir être des « jeunes travailleurs intellectuels », ils ne connaissaient sûrement pas grand-chose aux dures réalités du monde ouvrier. Et Modeste, bénéficiaire d'une bourse de l'enseignement supérieur, alors à mi-parcours de longues études, ne pouvait envisager de gaspiller une seule année en gesticulations dont l'utilité lui paraissait pour le moins douteuse.

Sur le plan des idées, c'est vrai, mai soixante-huit n'avait pas été pour lui comme ce le fut pour beaucoup, mais de façon souvent bien éphémère, le moment de « la prise de conscience aiguë de la réalité inéluctable de la lutte des classes ». Mais par contre la suspension des cours pendant ce printemps magnifique lui avait offert comme à nombre d'étudiants de multiples possibilités de rencontres et d'échanges de tous ordres. Il n'avait eu jusque-là qu'une ou deux fois l'occasion de voir la sœur de Xavier qui préparait une licence de lettres classiques à la Sorbonne. Les « événements » leurs permirent de se découvrir mutuellement des affinités qui allaient les mener bien au-delà de ces contingences socio-politiques…

Geneviève avait été très vite frappée par la sincérité de ce jeune homme dégingandé, elle avait tout de suite été sensible à son penchant bien ancré pour ne pas tricher dans sa façon d'être et de paraître. La perception de ces qualités qui étaient à la base de l'amitié que lui portait son frère lui faisait oublier une certaine gaucherie ainsi que sa soumission à son paquet de Gauloises quotidien… Cela engendrait même chez elle une sorte de tendresse protectrice. Elle sentit que ce garçon était à la fois entier et vulnérable. Très vite elle en devint amoureuse.

Mais sûrement pas follement amoureuse, car Geneviève au moins autant par éducation que par tempérament s'efforçait de ne rien faire ni éprouver « follement ». Et quand on fait allusion à l'éducation de Geneviève, on évoque plus encore celle qui sema en elle les germes de la foi que celle qui lui permis de connaître très tôt les « bonnes manières ».

Le baron Albert de la Rocque, son père, avait certes hérité du titre, mais il avait dû surtout assumer la situation financière catastrophique laissée par Alphonse, son propre géniteur. Les frasques de ce coureur de jupons invétéré et son imprévoyance, ajoutées à l'issue désastreuse de l'emprunt russe pour les souscripteurs qui, comme lui, étaient porteurs de nombreux titres, avaient conduit la famille au bord de la ruine. Il avait fallu céder une bonne part des terres du domaine pour éponger le passif de la succession ; fort heureusement la baronne Eugénie, son épouse, avait su garder la maîtrise de ses propres biens. Ainsi, le manoir et un peu plus de deux hectares de terrain alentour avaient pu être sauvés. Alphonse avait cependant eu la bonne idée de mourir assez jeune, limitant ainsi sa descendance au seul Albert, ce qui avait exclu un partage dont les conséquences auraient été désastreuses dans de telles conditions.

Mais le résultat de cette limitation des moyens pécuniaires familiaux contraignit le baron Albert à travailler, bien que bardé de son titre, pour assurer la subsistance des siens ; la dot fort honnête, apportée par Marie Joséphine, son épouse, étant bien loin de leur permettre de vivre de leurs rentes. D'ailleurs au cours des années trente et plus encore de celles qui suivirent, le mode de vie de rentier devenait bien aléatoire pour nombre de gens de son milieu, autres temps autres réalités sociales...

C'est vers l'enseignement catholique qu'il se tourna et c'est dans ce cadre qu'il réussit à faire fructifier ses propres talents. La baronne Eugénie, malgré tous ses déboires conjugaux ou peut-être pour mieux les sublimer avait veillé personnellement et étroitement sur l'éducation et l'instruction de son fils unique. Celui-ci, sans posséder à proprement parler de diplômes universitaires avait acquis une solide culture générale, avec une prédilection pour ces matières que l'on qualifie aujourd'hui de langues anciennes, lesquelles à l'époque constituaient la base indispensable pour accéder aux degrés ultérieurs du savoir. Dans cette Normandie, sa terre natale, où les relations familiales avaient tissé de nombreux liens avec les autorités ecclésiastiques, les qualifications intellectuelles du baron, ainsi que son titre furent à l'époque du meilleur effet pour l'obtention d'un emploi conforme à ses vœux et à ses capacités.

Albert de la Roque s'investit profondément dans l'univers de l'enseignement, d'abord comme professeur, puis comme chef d'établissement. Dans ce domaine qu'il s'agisse du public comme du privé, c'est bien connu, l'investissement de soi rapporte beaucoup moins de dividendes que de gracieuse – c'est-à-dire gratuite – considération. Celle-ci d'ailleurs, ne se manifestant que dans le meilleur des cas. Mais, finalement cela lui avait permis d'acquérir une certaine distance par rapport aux ambitions et aux références généralement partagées dans l'univers qui était le sien. Ainsi, au cours de la décade précédant le deuxième conflit mondial, alors que la plupart des nobliaux des environs se sentaient proches, au moins par la pensée, de l'Action Française, lui se déclarait ouvertement « d'Action Catholique ». Il suivait ainsi les récents enseignements pontificaux, mais certainement pas en raison d'une obéissance aveugle au Magistère Romain. En effet, grâce à la confrontation aux réalités quotidiennes auxquelles il était soumis, il avait progressivement assimilé la nécessité de la présence active des laïcs chrétiens dans la vie de la cité. Ainsi se réalisait chez lui une certaine unité entre son engagement professionnel, l'intimité de ses convictions et sa vie de famille.

Comme on disait jadis, la baronne Marie-Joséphine de huit ans sa cadette, lui avait donné cinq enfants. Arnaud, l'aîné suivant une tradition bien établie dans la famille de sa mère, avait embrassé la carrière des armes. La guerre d'Indochine avait retiré, hélas bien trop tôt, ce lieutenant généreux à l'affection des siens.

Xavier et Geneviève n'avaient pratiquement pas connu ce frère, dont le souvenir, comme pour le grand-oncle de Modeste, faisait l'objet de la vénération familiale. Celui-ci découvrirait d'ailleurs à travers les propos et les souvenirs soigneusement recueillis et consignés par la baronne que « l'Empire Français » tant brocardé par l'idéologie dominante de ce dernier quart du vingtième siècle ne pouvait pas être réduit simplement à une entreprise de profit et de domination des peuples les plus vulnérables. Des hommes comme Arnaud et l'un de ses oncles, médecin militaire en Afrique, étaient les témoins irrécusables d'une authentique action humanitaire et civilisatrice. Les schémas simplificateurs de certains soixante-huitards, qui étaient aussi partagés par certains membres de la famille de son père mériteraient sûrement d'être révisés, se disait il parfois...

Geneviève avait grandi dans cette atmosphère imprégnée de l'exigence d'une tradition qui estimait avant tout que « noblesse oblige ». Mais l'exemple de son vieux père très impliqué dans son engagement professionnel et la remise en question à la lumière de sa foi à laquelle il soumettait son action contrebalançaient chez elle la dérive élitiste fréquente chez ceux qui affectionnent particulièrement cette très haute idée du devoir.

Albert de la Rocque avait atteint l'âge de la retraite quand sa fille dernière-née entra en faculté. Une certaine complicité de caractère unissait ces deux êtres. Le lent travail de la grâce accompli chez le père portait déjà sûrement des fruits dont la fille hériterait, par exemple dans la nécessité bien comprise de sans cesse œuvrer pour recentrer son existence sous le regard de Dieu, aidé en cela par la prière et les échanges avec d'autres qui partageaient des références semblables. C'est pour cette raison que dés son arrivée dans la capitale elle avait participé aux activités du Centre Richelieu, près de la Sorbonne, où se réunissaient de jeunes chrétiens comme elle.

Son frère, avec lequel elle partageait un appartement à Paris, n'avait pas les mêmes préoccupations spirituelles, et son ami Modeste non plus d'ailleurs. Celui-ci, au grand désespoir de sa mère avait progressivement pris ses distances avec la foi. D'abord en espaçant sa participation à la vie sacramentelle sous prétexte, comme bien d'autres, du manque de temps, de l'aspect vieillot des rites, des propos infantilisants du clergé, d'une morale culpabilisante...

Quand il se remémorait cette partie de son parcours il ne pouvait que constater que ces raisons, d'une banalité affligeante, avaient la vie dure. Elles servent de paravent, mais ne sont sûrement pas les véritables responsables de la désaffection vis-à-vis de la religion. Le mécanisme de son éloignement de ces valeurs lui apparaissait clairement aujourd'hui...

Dans un premier temps la pratique s'estompe, puis des constructions rationnelles viennent donner une justification à la tentation de l'abandon de la foi ramenée alors à un simple système d'idées parmi d'autres. Mais que masque en réalité ce rejet, et à quoi risque-t-il d'aboutir ? D'une façon ou d'une autre c'est en fait une liberté qui s'égare, qui paradoxalement croit s'épanouir dans un choix qui finalement réduit son horizon au champ des séductions dominantes et conduit tôt ou tard à un certain enfermement du sens des choses, des êtres et de leur destin.

Simone Ringardet ne se contentait pas de ruminer tout cela. Sans parvenir à bien le formuler, un double mouvement animait sa prière : à la fois des remerciements pour avoir un fils capable de suivre de telles études et des demandes pressantes pour le voir retrouver le chemin de la foi.

La petite Thérèse avait dit « je passerai mon ciel à faire du bien sur la terre », et à vrai dire, malgré les apparences, elle ne chômait pas pour Simone ni pour son fils. Celle-ci était bien loin de se douter que ce fameux baisemain ne fut en fait que le prélude d'un très long cheminement dont l'aboutissement comblerait ses espérances. Geneviève serait une alliée aussi sûre qu'inattendue, il faut dire, pour la petite histoire, que le domaine des la Rocque n'était situé qu'à quelques lieues de Lisieux...

Le contraste était saisissant entre les réalités sociales que vivaient ces deux femmes, mais on sait bien que l'action de la grâce est rarement dépourvue de quelque humour, un humour qui se plaît à ignorer les frontières et les verrous que se forge un monde clos sur lui-même... un humour qui répond avant tout à cet humour sur soi-même qu'est l'authentique humilité signe de la vraie pauvreté. Le baron, sa fille et l'épouse du cheminot s'efforçaient d'être vrais devant Dieu, de vrais humbles, de vrais pauvres quoi... *Heureux, vous les pauvres... !*

4. Qui perd... gagne!

Peu avant Montélimar un panneau sur le bord de l'autoroute représente un château avec sur le côté un encrier et une plume d'oie. Le dessin vise à désigner ce trésor de la littérature classique que sont les lettres que Madame de Sévigné destinait à sa fille madame de Grignan dont la demeure était située tout près, dans la localité du même nom. En passant devant ce panneau, vers dix heures, Modeste se remémora leurs premières années de mariage...

En effet, comme l'illustre marquise, la baronne Marie-Joséphine de la Rocque entretenait une correspondance suivie avec ses filles. L'aînée, Marie-Amélie avait épousé un militaire, ce qui n'avait rien de vraiment surprenant dans la famille... Son époux, le commandant Darcourt, avait lui aussi servi en Indochine, puis en Algérie. Après l'indépendance, ses supérieurs lui avaient demandé de continuer de servir au titre de l'aide technique offerte au jeune état, dans le cadre de la coopération instituée par les accords d'Evian. Meurtri, comme nombre de ses frères d'armes par l'issue du conflit, il avait su résister à la tentation de participer à la subversion qui en marqua les dernières péripéties, mais l'acceptation de cette proposition lui posa évidemment quelques problèmes de conscience...

Chez les Darcourt les grandes décisions se devaient d'être prises en couple. Le réalisme généreux du baron, le père de Marie-Amélie, avait naturellement eu une influence positive sur la façon dont elle appréhendait l'existence. Aussi, après en avoir beaucoup parlé avec elle, le commandant était arrivé à la conclusion qu'il fallait tourner la page ; la proposition présentait aussi, heureusement, de légitimes compensations financières. Il accepta donc de s'installer avec sa femme et ses trois enfants à Alger avec pour mission d'initier ses jeunes collègues algériens à l'organisation et à la gestion des transmissions.

Marie Thérèse, sœur cadette de Marie Amélie, avait très jeune ressenti un appel pour la vie consacrée. Ce qui avait comblé le baron, il était heureux qu'il y ait quand même une vocation dans la famille… Elle avait choisi une congrégation vouée au service des malades dans les pays en voie de développement et, à l'époque, travaillait dans un dispensaire au Pérou.

La correspondance avec ses deux filles aînées constituait une des occupations favorites de la baronne. Cela avait surpris Modeste quand il était entré dans la famille. Il se rappelait à ce propos une gaffe commise bien malgré lui. Un soir, avant de rejoindre Geneviève dans la chambre destinée au jeune couple à l'étage, il flânait en compulsant quelques ouvrages dans le salon bibliothèque qui abritait aussi le secrétaire où Marie-Joséphine de la Rocque rédigeait son courrier. Il entendait la baronne qui feuilletait bruyamment des papiers et faisait claquer les tiroirs, sans comprendre immédiatement que c'était une invitation à la laisser seule. En effet, elle appréciait tout particulièrement ces moments de solitude, tard le soir, où elle retrouvait dans la rédaction de ses longues lettres une sorte d'intimité avec ses filles qui vivaient si loin. Agacée devant l'absence de réaction du jeune homme, elle lâcha un « bonsoir ! » plutôt sec et quitta la pièce. Modeste réalisa un peu tard ce que son comportement avait de quelque peu incorrect. À sa décharge il est vrai qu'ayant vécu toute son enfance, et même, au delà à quatre dans un trois-pièces cuisine il n'avait guère été préparé à ce genre de situation, la question du respect de l'intimité de chacun ne se posait pas dans les mêmes termes...

Comme les jeunes époux Ringardet habitaient la région parisienne, l'éloignement de Geneviève du berceau familial était sans aucune mesure avec celui de ses sœurs. Mais la baronne refusait de se soumettre à l'utilisation systématique du téléphone. Aussi, elle ne se privait pas de lui adresser régulièrement ses missives, quoique naturellement à un rythme moins soutenu que pour ses sœurs aînées.

Geneviève s'était soumise de bonne grâce à ce rituel, bien qu'elle n'éprouvât pas une passion dévorante pour ce genre d'exercice. À vrai dire sa formation aurait dû plutôt l'y pousser. Mais en fait, si elle avait entrepris des études littéraires c'était beaucoup plus par goût pour le monde de l'enseignement que pour les matières enseignées elles-mêmes. Comme son père, ce qui l'intéressait par-dessus tout c'était d'apporter une aide aux élèves. Au fond, elle aurait pu tout aussi bien envisager une carrière dans le monde de la santé ou encore dans celui des services sociaux. Dans un certain sens, son attirance pour la relation d'aide la rendait assez proche de l'univers de celui qui allait devenir son mari. Quand on connaît les questions et les problèmes auxquels sont confrontés les médecins de banlieue dans leur pratique quotidienne, être perméable aux difficultés, voire à la détresse d'autrui, se révélerait plus tard bien utile pour lui apporter l'écoute et le soutien nécessaires.

Le rappel de ces souvenirs l'amena à évoquer les premières tensions qui survinrent entre eux deux, et dont l'issue fut finalement extrêmement bénéfique pour chacun.

Son installation dans cette commune de la banlieue parisienne peu avant les années quatre-vingt, n'avait pas été admise si facilement par sa jeune épouse. Geneviève après avoir obtenu sa maîtrise de lettres classique se proposait de postuler l'emploi de documentaliste qui venait d'être créé dans le lycée situé au cœur de la Normandie dont son père avait assuré la direction. L'expérience de ces quelques années passées dans la capitale sans être réellement désagréable n'avait pas réussi à faire d'elle une inconditionnelle de la vie parisienne. Elle demeurait très attachée à sa province natale et, sans se l'avouer, elle était surtout désireuse de rester à proximité de sa famille. Elle pensait aussi qu'avec les relations de ses parents l'installation de Modeste dans les environs n'aurait pas dû poser beaucoup de problèmes. Mais celui-ci ne l'entendait pas exactement de cette oreille.

Il n'avait pas été admis à l'internat. Xavier, lui avait été reçu et c'était une bonne chose puisqu'il se destinait à la chirurgie. Mais pour Modeste c'était sans conséquence, son ambition à lui c'était la médecine générale, l'internat n'était donc pas un passage obligé pour la suite de sa carrière. De toute façon les connaissances acquises lors de l'intense préparation au concours n'étaient pas perdues, elles lui permettraient d'affronter l'exercice de sa profession avec toute la compétence requise et une certaine confiance en soi, ce qui n'est nullement superflu... Après avoir effectué son service militaire dans une ville de garnison en Allemagne et des remplacements dans la région parisienne pendant dix-huit mois il sentit qu'il fallait franchir le pas et « visser sa plaque » comme on dit dans le jargon de la profession. Une occasion se présentait : le vieux médecin de famille de ses parents avait pris sa retraite cinq ans plus tôt et son successeur le très dynamique docteur Gérard Marty, avait vu sa clientèle croître au point de l'inciter à se mettre en quête d'un associé pour faire face à l'afflux d'activité. Les deux hommes avaient très vite sympathisé. La différence d'âge était peu importante, les remplacements qu'avait fait Modeste chez lui s'étaient bien déroulés et les conditions financières proposées pour l'association très attractives.

Son père l'avait d'ailleurs beaucoup poussé à accepter cette proposition. À cela plusieurs raisons. Il pensait à juste titre que son fils serait plus à son aise dans cette banlieue qu'il connaissait bien, que dans un milieu rural qui lui était tout à fait étranger. Les contacts qu'il avait eus avec la belle-famille de son fils étaient excellents, notamment avec le baron, mais Simone, sa femme avait bien perçu que la petite Geneviève risquait de se laisser un peu trop absorber par les siens... D'autre part Louis Ringardet avait atteint l'âge de la retraite et il envisageait de se retirer du côté de Nevers, là où les économies de toute une vie avaient permis l'acquisition d'une petite maison avec juste ce qu'il fallait de terrain pour occuper ses vieux jours. Les premières années, le jeune couple pourrait avoir la jouissance de l'appartement en toute indépendance et pourrait façonner son propre style de vie à l'abri des éventuelles interférences parentales, d'un côté comme de l'autre...

Il y avait aussi un point qui tenait à cœur à Modeste, comme à son père. C'était le souci d'une certaine solidarité avec le milieu dont ils étaient issus. S'il avait pu suivre de longues études c'est que ses parents n'avaient pas ménagé leur peine ni reculé devant certains sacrifices. Pour ces gens modestes, surtout du côté Ringardet, il était le symbole d'une réussite sociale qui puisait ses racines dans la persévérance d'hommes et de femmes au destin souvent obscur et difficile. Comme ceux là mêmes qu'il côtoyait de puis son enfance dans cette banlieue qui l'avait vu naître.

Pourtant la découverte de sa belle famille avait fait volé en éclat les schémas simplistes « dominant-dominés, exploiteurs-exploités » qui avaient cours dans la famille de son père. Le dévouement incontestable dont son beau-père avait fait preuve tout au long de sa carrière l'avait beaucoup impressionné. Celui-ci s'était souvent impliqué personnellement pour que lui-même ou ses collègues procurent une aide scolaire supplémentaire, non rétribuée, à des jeunes de milieux défavorisés chez qui il percevait d'authentiques capacités et qui auraient sans doute végété dans de médiocres situations sans cette stimulation. Dès leurs premières rencontres il avait compris que Modeste était taillé dans le même bois que ces jeunes dont le handicap socioculturel avait été vaincu en partie grâce à l'aide qu'il leur avait fournie, ce qui leur avait permis de révéler des aptitudes demeurées jusque-là cachées. La sympathie qu'il lui inspira très vite lui permis de balayer les réticences, en fait très superficielles, que son épouse avait manifestées lorsque se précisa la perspective d'une union avec leur fille. Le jeune homme appréciait l'ouverture d'esprit de ces gens ; ces gens que l'idéologie qui à cette époque dominait les esprits à défaut de posséder le pouvoir, taxait trop facilement de traditionalisme. Il l'appréciait d'autant plus qu'il était particulièrement agacé par le comportement de nombre de ceux qui se disaient progressistes. Ces bourgeois donneurs de leçons, se proclamaient un peu vite les dépositaires de la justice et de la vérité. Ils jouaient un peu trop aisément aussi le rôle de défenseurs des pauvres et des opprimés alors que le ton et le contenu de leur propos, par la morgue et la suffisance dont ils étaient empreints, rivalisaient très largement avec ceux de leurs adversaires qualifiés de conservateurs… En fait, il lui apparaissait clairement que ces gens-là étaient bien souvent plus au service de leurs propres idées sur les défavorisés qu'au service des défavorisés eux-mêmes…

En définitive, il ne pouvait se sentir partie prenante du mouvement d'idées à la mode, tout en restant pourtant désireux de manifester concrètement sa solidarité avec ce milieu humble dont il était issu. Quinze ans plus tard il se retrouvait dans une situation proche de celle qui l'avait conduit à choisir son prénom : soumis à des réalités incontournables et soucieux de ne pas s'y laisser enfermer. Il se souvint d'une conversation avec sa mère qui l'avait aidé à y voir plus clair…

« Comment se fait-il qu'avec ta foi et ta pratique religieuse auxquelles papa est tout à fait étranger vous n'ayez pas eu des conflits quand il s'agissait par exemple de manifester des choix politiques ? Ou alors vous les avez bien masqués… »

Un sourire anima le visage de Simone, dont les traits ne paraissaient pas aussi vieillis que ne le laissait supposer sa cinquantaine largement dépassée.

« En fait tu veux me faire dire que ce devait être parfois un véritable dilemme puisque comme chacun sait, les femmes votent comme leur mari ou comme leur curé… Eh bien, moi j'ai toujours voté comme ton père, et pas du tout par soumission à ses idées, qui n'étaient pas vraiment proches des miennes comme tu viens de le dire !

– J'avoue ne pas très bien comprendre…

– Parce que tu raisonnes comme le font la plupart du temps les hommes. Vous avez toujours besoin de vous affronter pour savoir qui a raison, lequel est le plus fort… Comme tu le sais papa est très droit, et bien qu'il me soit arrivé, à l'occasion, de penser qu'il était un peu sectaire, j'ai toujours fait confiance à la part de vérité, si mince fut-elle parfois, que comportaient ses choix politiques. Aussi vu l'importance que cela prenait à ses yeux, beaucoup plus qu'aux miens, je l'ai toujours suivi sur ce terrain-là. Tu penses bien qu'il y a quand même des positions que je n'aurais pas acceptées. Ce ne fut jamais le cas, d'ailleurs papa est aussi capable de modifier son point de vue, rappelle-toi, en 1958, tu étais bien jeune mais tu dois t'en souvenir, il avait comme beaucoup d'électeurs de gauche voté pour le Général de Gaulle, ce qui ne fut pas le cas des autres Ringardet qui eux n'ont pas voulu démordre de leurs positions figées…

– Au fond tu as raison, il est vraiment absurde dans ce domaine de raisonner en tout blanc ou tout noir… Ca me fait penser au Christ dont on entend la voix tout au long des débats de conscience de Don Camillo…

– Tu tapes vraiment dans le mille mon fils, ce film m'avait, à l'époque de sa sortie tout à fait confortée dans l'idée que chacun possède une part de vérité, ce qui ne signifie pas du tout que tout se vaut et que l'on ne soit pas tenu de manifester des préférences. »

Des esprits chagrins auraient pu voir dans l'attitude de Simone Ringardet une manifestation typique de l'emprise de la pensée des hommes sur celles des femmes, surtout ceux qui estiment que la politique est la seule clé de l'évolution des choses… En y regardant de plus près c'était bien elle en réalité, qui par le recul qu'elle avait su prendre, maîtrisait la situation… Aujourd'hui, se rappelant la dévotion privilégiée de sa mère, il pensait qu'il devait bien y avoir un peu du Thérèse de Lisieux derrière tout ça…

Finalement la sagesse de sa mère, en relativisant les choses l'avait mis sur la voie de la solution : puisque pour lui l'option politique était synonyme d'ambiguïté, c'est en les soignant là où ils vivaient qu'il serait effectivement solidaire des gens du milieu dont il était issu. Il exercerait donc la médecine dans cette banlieue.

Pour Geneviève, accepter de suivre Modeste sur ce terrain là, au sens propre du terme, c'était un saut dans l'inconnu. Très peu de choses en apparence l'y prédisposaient. En apparence seulement, car le climat de générosité dans lequel elle avait été élevée l'avait préparée à assumer ce genre de situation. Son amour pour le jeune homme était suffisamment fort pour qu'elle laissât de côté ses projets initiaux, et puis elle se rappelait aussi le témoignage d'effort sur lui-même que Modeste lui avait déjà apporté dans un autre domaine…

Si, contrairement aux espoirs soulevés chez les étudiants, les événements de mai soixante-huit n'avaient pas bouleversé la situation politique, il n'en fut pas de même pour un certain nombre de repères existentiels. Avec celui de contestation, le maître mot qui résume le mieux l'atmosphère dominante de l'époque est bien celui de « libération ». Le premier s'estompa assez vite, par contre le deuxième perdura; symbole du meilleur comme du pire, porteur de tant d'ambiguïtés... Libération sociale, libération vis-à-vis du racisme, libération culturelle... et bien sûr, libération sexuelle!

La diffusion de la pilule contraceptive, depuis quelques années déjà, modifiait sensiblement la façon dont les jeunes filles pouvaient envisager l'expression physique de leur vie affective. Et par voie de conséquence ceci n'était pas sans influencer le comportement et les demandes des garçons dans ce domaine, si sensible à leur âge... Mai soixante-huit porta là un coup décisif. Les modèles culturels basculèrent, les repères normatifs s'effondrèrent, la différence entre liberté et permissivité devint moins nette pour beaucoup.

C'était dans une certaine mesure le cas de Modeste. À l'instar de nombre de jeunes et de moins jeunes il considérait les enseignements de la religion chrétienne en la matière comme particulièrement répressifs. Il était conforté en cela par une partie de la famille Ringardet qui, élévation du niveau de vie aidant, avait glissé vers la mouvance libertaire. Les retombées des études de médecine étaient aussi susceptibles d'induire une philosophie convergente: la sexualité ayant assez facilement tendance à être réduite à un « besoin physiologique » qu'il conviendrait de satisfaire au même titre que d'autres plus immédiatement vitaux, sous peine d'engendrer des perturbations dommageables pour l'équilibre de l'individu... Conception non rigoureusement fondée sur le plan scientifique, mais qui a l'avantage de donner une caution à l'opinion communément admise sur la question...

Au fur et à mesure que la profondeur de sa relation avec Geneviève se précisait, ses mouvements de tendresse devenaient plus insistants… Mais les repères moraux de la jeune fille reposaient sur des fondements autrement plus solides que les comportements à la mode, comportements que l'on affublait de façon bien superficielle du qualificatif de « libérés », pensait-elle à juste titre. Pour elle, il était parfaitement clair que la dimension physique de leur amour ne pourrait trouver son achèvement que dans le cadre d'une alliance définitivement scellée devant les hommes, sous le regard et avec l'aide de Dieu. Aussi elle lui fit comprendre, doucement mais fermement, qu'il ne fallait pas espérer une avance sur consommation…

Modeste avait trop de respect pour celle à qui il vouait un amour si sincère pour insister outre mesure. Sa première réaction fut de considérer, que les motivations de Geneviève relevaient surtout d'un puissant attachement aux traditions familiales. Et pourtant, il fallait en convenir, sa fiancée était tout sauf conformiste; les raisons devaient être de nature bien plus profonde. Aujourd'hui il y voyait plus clair, mais il en avait fallu du temps… et surtout les épreuves qu'il subirait beaucoup plus tard, suivies d'une rencontre décisive avec un réel maître spirituel.

Mais avant d'être capable d'en bien saisir les fondements, il avait assez vite admis que la détermination de Geneviève en matière de sexualité puisait ses racines dans sa foi. Le sentiment premier de frustration qu'il éprouva devant son attitude fut vite dissipé. Sans les partager, il comprit assez rapidement qu'il bénéficiait paradoxalement dans ce domaine, décisif dans la vie d'un couple, des retombées positives des convictions solidement enracinées de son épouse. Leur intimité vécue dés le départ, puis tout au long de ces années de manière exigeante mais d'autant plus épanouie, avait fait grandir entre eux un respect et une confiance mutuelle dont il n'aurait pas pu, jeune homme, soupçonner la profondeur. Car une fois mariée, Geneviève s'efforça de suivre les enseignements de l'Église Catholique en matière de vie sexuelle. Avec un peu de réticence au début, Modeste finit par accepter ce style de vie qui pourrait à l'heure actuelle paraître un peu spartiate, même à nombre de chrétiens. Bien que la discipline que le couple s'imposait ait pu déjà à l'époque paraître désuète à beaucoup de jeunes adultes et même de moins jeunes, ils tinrent bon. Et pourtant, indéniablement elle porta beaucoup de fruits. Ils découvrirent ainsi que, quoi qu'on en pense ce n'est pas tous les jours dimanche, et que la fête des corps s'accommode fort bien, comme toutes les fêtes, des rythmes et des espacements... dans ce domaine, là aussi, quantité ne rime pas avec qualité... Il est évident que, par définition, la sexualité est au centre de la vie du couple. Pour eux-mêmes, comme pour tous ceux qui l'acceptent volontairement, la maîtrise de soi et le respect de l'autre exercés en matière de vie sexuelle ne pouvaient qu'engendrer des conséquences positives dans tous les autres secteurs de la vie de leur couple ; lesquels sont finalement tributaires des mêmes impératifs.

Il est certain que toutes ces considérations fondées sur leur propre expérience de couple, non exceptionnelle pourtant, se situaient on ne peut plus à contre courant de ce que l'on appelle pudiquement « l'évolution des mœurs ». Comment faire partager ces valeurs sûres aux générations qui viennent quand on a contre ce point de vue une grande partie de l'intelligentsia et la plupart des médias ?

Cela le ramena à l'amère réalité. Celle qui l'avait conduit à présent à écourter son séjour hivernal dans le midi ; car en fait, le drame que vivait Laurence Marty, avait bien pour origine un refus peut-être, une méconnaissance tragique sûrement, de ces réalités. Le coup de téléphone de Gérard, hier soir, n'était pas complètement explicite, mais suffisamment cependant pour comprendre que la filleule de Modeste avec laquelle il entretenait, il y a peu encore, une relation de complicité confiante, traversait une crise grave, bien plus grave que les suites d'une simple rupture sentimentale.

L'attitude de Geneviève face à ce saut dans l'inconnu que représentait pour elle leur installation en banlieue et de son côté, l'acceptation de soumettre leur intimité à une discipline exigeante, pouvaient se lire pour chacun d'eux comme un mouvement d'abandon confiant au sein d'un amour partagé. Au fond, un comportement de pauvre qui accepte de bousculer ses points de repères habituels. Face à Laurence, il se sentait vraiment démuni, il ne pourrait que s'efforcer de faire passer tout son savoir et toute son expérience derrière une humble attitude d'écoute, sinon le lien de confiance ténu qui les reliait encore serait vite brisé.

Le berger qui va au-devant de la brebis égarée se doit d'abord de ne pas l'effaroucher. Là encore c'est une attitude de pauvre qui est requise. Tu en connais le prix, tu en connais les fruits se dit-il ; alors encore une fois… *Heureux, vous les pauvres… !*

5. Un train peut en cacher un autre

Il s'arrêta sur une aire de repos un peu avant Vienne pour déjeuner.

Vienne… un fameux verrou pour le trafic avant la construction des deux ponts et de la déviation sur la rive droite du Rhône qui permettent maintenant d'éviter de traverser la ville. Malgré ces aménagements, le péage installé à cet endroit freinait parfois sérieusement l'écoulement du flot des véhicules. Modeste se rappelait un « bouchon » mémorable, avec leurs trois enfants qui commençaient à s'énerver sur la banquette arrière. C'était d'ailleurs l'année où ils avaient gravi le rocher de Roquebrune sur Argens.

« Tu ne crois pas que tu pourrais attendre un peu avant la prochaine cigarette, le mégot de l'une allume l'autre, avec cette chaleur l'atmosphère est déjà à peine respirable dans cette voiture, tu pourrais peut-être penser un peu aux enfants, non ? »

Geneviève était exaspérée, et il y avait de quoi. Sa consommation quotidienne avait atteint les deux paquets, il était devenu complètement dépendant du tabac, comme d'une drogue quoi… Il avait essayé plusieurs fois de stopper complètement son tabagisme ou même de le réduire – ce qui est illusoire, c'est bien connu – ou encore de fumer des cigarettes soit disant plus légères, rien n'y avait fait. Finalement il avait démissionné, se contentant d'éviter de trop fumer à la maison en présence des enfants, mais là c'était les vacances, alors un peu de relâchement... Il obtempéra, elle avait évidemment mille fois raison.

C'était vraiment terrible cette manie qu'il avait contractée très tôt : à douze ans, pour faire un peu comme les copains. Il se démarquait déjà de nombre d'entre eux par ses facilités scolaires et les succès qui en résultaient, et puis en changeant de prénom il s'était aussi pas mal singularisé, alors il avait éprouvé le besoin de se rapprocher des adolescents du quartier et n'avait pas trouver de meilleur moyen que de se mettre à la « clope », comme beaucoup d'autres. On fumait d'ailleurs aussi à la maison, son père grillait son paquet quotidien, son frère Jean Claude suivait le même chemin et Simone ne rechignait pas devant une cigarette après le café ou le repas du soir.

Au cours des études, pendant les longues soirées passées sur les bouquins, il n'y a pas à dire, le tabac s'avère être un bon stimulant... du moins le croit-on, surtout si on ne cherche pas à faire autrement. Et pourtant ces mêmes études l'avaient, plus que quiconque, bien averti des méfaits de cet usage. De toute façon, au stade où il en était désormais, ce n'était plus une mauvaise habitude, c'était une toxicomanie.

Il ne fumait pas devant ses patients, mais c'était tout juste. En tous cas il se rattrapait après leur passage ou quand la salle d'attente était momentanément vide. Madame Pereira, la femme de ménage, une véritable fée du logis, ne pouvait supporter de voir le plafond du cabinet jauni par la fumée. Le revêtement de dalles plastifiées se prêtant bien au nettoyage, elle effectuait celui-ci deux ou trois fois plus souvent dans le bureau du Docteur Ringardet que chez son confrère le Docteur Marty, qui lui ne fumait que la pipe, et très modérément. Il savait bien qu'un jour il paierait cela très cher, mais il remettait sans cesse à plus tard la décision qui de toute évidence s'imposait.

« J'ai rencontré avant hier Nathalie, la femme du Docteur Goldstein, elle m'a assuré que depuis trois mois David n'avait pas touché à une seule cigarette, il a essayé l'acupuncture et ça a l'air de marcher… »

Voilà bien le genre de propos qui aurait tué en lui toute velléité – s'il en avait encore eu la moindre – de cesser de fumer. La sollicitude de Geneviève faisait, à cet égard, exactement effet contraire. Un orgueil mal placé, la trop haute idée de ce qu'il y avait des choses qui ne sauraient dépendre que de lui-même et le refus de voir la réalité en face qui accompagne très souvent ce genre d'attitude dressaient un obstacle quasiment infranchissable devant les tentatives répétées de son épouse pour le ramener à un comportement plus sain vis-à-vis du tabac.

La meilleure cigarette, c'était celle qu'il dégustait juste après le petit déjeuner, un vrai délice… Il en savourait avec délectation l'âcre saveur qui chassait bien vite l'arrière-goût poisseux du café matinal. Il expirait de temps en temps la fumée par les narines, mais pas à chaque bouffée car cela irritait trop les muqueuses et devenait vite désagréable. Il s'extasiait devant les volutes bleutées qui s'échappaient de l'extrémité incandescente, s'amusait en plaçant la langue de façon à faire des ronds de fumée comme les Sioux, retirait parfois d'une pichenette un brin de tabac qui restait collé à ses lèvres. En effet, il ne consommait que des « sans filtre », qui étaient seules susceptibles de lui offrir le délicat plaisir d'un contact intime avec le tabac, de même, il ne fumait que des brunes, considérant que les blondes et les mentholées ne pouvaient satisfaire que les gonzesses…

Les cigarettes suivantes arrivaient plus machinales, quasiment systématiques entre chacune des visites à domicile de la matinée ou ponctuant les consultations au cabinet l'après-midi et encore après les repas, en regardant la télévision ou en écoutant de la musique ; fort heureusement il était interdit de fumer pendant les soirées d'enseignement post universitaire, mais il se rattrapait à la sortie…

Conscient de la gravité des enjeux, il préférait pratiquer la politique de l'autruche plutôt que de prendre le problème à bras le corps. Il se trouvait toutes sortes de mauvaises raisons pour justifier la genèse et la persistance de sa dépendance tabagique. Son milieu, sa famille, la nécessité de compenser ses efforts méritoires d'étudiant pauvre par ce petit plaisir, l'aide que lui procurait le tabac pour se concentrer…

Et pourtant, si les débuts de son existence avaient été peut-être un peu plus difficiles que pour d'autres plus favorisés, désormais, âgé d'un peu plus de quarante ans, on pouvait dire, sans conteste, que le présent et l'avenir lui souriaient. Sa vie familiale ne posait aucun problème : il ne pouvait que se féliciter d'avoir épousé Geneviève, les trois enfants poussaient sans histoire et sur le plan professionnel c'était plutôt une réussite. Il s'entendait parfaitement avec son associé, sa clientèle prospérait. Il avait vraiment fait le bon choix en s'installant dans cette commune où un certain nombre de ses patients avaient usé leurs fonds de culotte sur les mêmes bancs d'école que lui. Ils étaient à l'aise avec lui et c'était réciproque. Naturellement, on ne peut pas plaire à tout le monde dans cette profession où l'on est facilement tributaire de la subjectivité du client, mais son sérieux et son dévouement le faisaient très largement apprécier.

Alors pourquoi se refusait-il à regarder les choses en face et à prendre la décision qui s'imposait ? Il avait tourné et retourné le problème, interrogeant la psychologie afin de trouver une explication à son état de dépendance. Jusque-là, il ne s'intéressait que médiocrement à la pathologie psychiatrique, préférant s'occuper plutôt de diabétiques que de déprimés… Mais il possédait évidemment de par sa formation quelques rudiments de connaissances psychologiques. Il s'efforça de les développer. Il découvrit ainsi qu'en fait, ce n'est pas en terme d'hygiène, de santé physique, qu'il fallait poser la question. Le véritable enjeu, c'était son autonomie, son état adulte. Il était objectivement le prisonnier d'une détestable habitude dont les racines puisaient peut-être plus profondément dans son histoire qu'il ne le soupçonnait.

Il découvrit ainsi que ce besoin dont son corps et son psychisme réclamaient impérativement l'assouvissement, se ramenait au rang de ces besoins archaïques dont le nourrisson réclame non moins impérativement la satisfaction. Chez le petit enfant cet état de manque ne correspond pas seulement à la désagréable sensation de faim, mais il traduit aussi la perception particulièrement angoissante d'un sentiment de distance, d'abandon du contact maternel. Impression que le bébé s'efforce de neutraliser en exigeant à sa façon, le retour du contact buccal salvateur, c'est-à-dire sans délai ni médiation. Il y avait donc une sorte de parallélisme entre les deux situations : le tabagisme excessif relevait, lui aussi, d'une dépendance vis-à-vis de ce plaisir oral, mais dévoyée de son objet primitivement vital. Le fait de ne pouvoir supprimer ou seulement limiter notablement leur consommation ramènerait ainsi les très gros fumeurs à une position très infantile : celle du bébé qui réclame par ses cris et ses pleurs la satisfaction immédiate et instantanée de ses besoins oraux. Exactement comme les trajets qu'il était capable d'accomplir, et à n'importe quelle heure pour se mettre en quête de trouver un paquet de cigarettes quand il était à cours de munitions, comme il disait…

Modeste était bien conscient de tout cela, mais ce n'était apparemment pas suffisant pour le motiver. Il se consolait en pensant que le problème se posait de la même manière, mais de façon beaucoup plus dégradante chez les alcooliques de sa clientèle. Il vaut mieux trop fumer que trop boire ou que boire tout court n'est-ce pas…

Alors fallait-il rechercher la cause de cette habitude fondamentalement régressive dans le trente-sixième sous-sol de la construction de sa personnalité ? Mais plutôt que de regarder en arrière ne convenait-il pas de tenter courageusement de se défaire de cet asservissement ? Au point où il en était c'est bien sûr son corps qui réclamait sa dose de nicotine quotidienne, le combat serait forcément difficile, mais d'autres y étaient bien parvenus. L'exemple de David Goldstein, son confrère et ami, était bien là, tout près, pour en témoigner, alors pourquoi pas toi, Modeste ?

Il aurait fallu être motivé, et c'est là que le bât blessait. Dans le cas du docteur Ringardet, il y avait un blocage qui n'était pas en rapport avec les circonstances difficiles de l'existence, comme c'est souvent le cas. Chez lui le refus de s'engager sur le chemin, difficile mais quand même praticable, de la rupture d'avec la dépendance tabagique relevait en réalité d'autres motifs que ceux habituellement invoqués. Il n'en avait pas une conscience très claire, mais n'était-ce pas en réalité tout simplement la manifestation d'un certain refus de jouer le jeu de sa propre liberté ? Alors que tout allait si bien par ailleurs, en restant fixé sur ce mode de satisfaction émotionnelle primaire il s'empêchait de s'ouvrir à une dimension autrement plus épanouissante de son être. Il était bien loin le jeune Pierre Ringardet qui décida un jour de changer de prénom pour braver la bêtise de ses camarades et affronter non moins bravement la fatalité…

Alors plutôt que de se tourner résolument vers l'avenir il ratiocinait en ressassant le passé. Une fatalité, la dépendance tabagique ? Le pauvre Modeste, une victime innocente de tout un faisceau de déterminations psychoaffectives qui le conduisaient à noyer une angoisse profonde dans la soumission à la cigarette ? Alors bien sûr, selon les idées à la mode en la matière, il avait eu tendance à incriminer certaines carences affectives parentales qui l'auraient bloqué dans son évolution et seraient ainsi à l'origine de cette conduite addictive comme on dit en médecine…

Ma mère, avec ses bondieuseries culpabilisantes doit bien être pour quelque chose dans cette affaire-là – se disait-il parfois. Mais il se rendait vite compte que ce type d'explication ne tenait pas la route… Bien sûr, Simone Ringardet était ferme sur les principes, mais sans rigidité excessive, il fallait en convenir ; il avait été élevé au sein d'un couple uni qui l'entourait d'affection, c'était bien là l'essentiel. Il était bien payé – et au sens propre du terme – pour constater dans sa clientèle les dégâts sur les enfants que pouvait engendrer l'instabilité de plus en plus fréquente des ménages. Ce n'était certes pas son cas. Il avait été un privilégié dans ce domaine, n'ayant jamais manqué d'affection, sans être en aucune façon surprotégé. Il aurait été non seulement moralement injuste, mais aussi intellectuellement malhonnête de rechercher des responsabilités parentales patentes dans cet asservissement, cet asservissement dont il prenait de plus en plus conscience.

Quoi qu'il s'efforçât de le masquer, cette fixation excessive sur un stade archaïque de l'évolution de sa personne dans ce domaine-là, signifiait en réalité qu'il n'était finalement pas aussi libre que certains de ses propos voulaient le laisser croire.

« Après tout, trop fumer c'est mon affaire, après tout c'est mon problème, je suis quand même libre de faire ce que je veux… »

C'est ainsi qu'il répondait aux remarques inquiètes de Geneviève, sans aucune agressivité cependant, mais surtout sans véritable conviction… De fait, aujourd'hui, il se rendait bien compte de ce que masquait son attitude d'alors. En effet, un train peut en cacher un autre.

Pour ce qui concernait sa vie spirituelle, Modeste avait une position ambivalente, pour ne pas dire indécise. Il avait, comme on l'a vu, au grand désespoir de sa mère, abandonné progressivement toute pratique religieuse. Sa rencontre avec Geneviève dont la foi et l'appartenance à l'Église catholique étaient très affirmées n'avait pas manqué de l'interpeller, comme on dit. Du moins au tout début. Elle avait réussi à le faire assister à la messe avec elle le dimanche pendant quelque temps. Un dialogue sur les fondements religieux du mariage et la vision chrétienne de l'amour humain avait commencé à s'instaurer entre eux. Mais dès qu'elle avait envisagé de participer avec d'autres jeunes foyers à une réflexion plus approfondie il avait manifesté de sérieuses réticences. Et puis, avant de s'installer, il prenait souvent des gardes de week-end, financièrement assez intéressantes, mais qui excluaient évidemment sa participation à l'office du dimanche. Geneviève lui proposait alors d'y aller de temps en temps en semaine, mais là, c'était vraiment trop lui demander.

Par contre, il avait accepté, suite à l'invitation pressante du curé de leur paroisse, d'animer la partie relative à la sexualité lors des sessions de préparation au mariage organisées dans le secteur. À dire vrai, ces rencontres ne le gênaient pas outre mesure, puisqu'il restait dans le domaine médical qui était le sien et où il avait tous ses repères bien en place. Par contre, il laissait à son épouse le soin d'aborder les questions d'ordre psychoaffectif dans leur rapport avec la conception chrétienne de la vie du couple. Et pourtant il en avait l'expérience naturellement autant qu'elle, puisque comme elle, il en vivait et pouvait en apprécier les effets bénéfiques. Mais alors il aurait fallu formuler tout çà, c'est-à-dire accepter d'entreprendre un effort de réflexion sur ce sujet n'est-ce pas, et sait-on jamais où cela pourrait conduire ? Le petit système confortable dans lequel il commençait à se sentir bien à l'aise ne risquait-il pas alors de se trouver complètement bouleversé ?

Malgré tout, des doutes l'effleuraient. Au fond, pensait-il parfois, je me suis beaucoup investi dans la médecine mais est-ce une raison pour m'enfermer dans ma pratique ? Il sortait alors son paquet de cigarettes, en allumait une et ses interrogations s'envolaient avec la fumée…

Au plan matériel les choses n'allaient pas mal non plus. L'appartement de son enfance dans le modeste immeuble collectif n'était plus qu'un vieux souvenir. Ils avaient acquis un pavillon depuis bientôt cinq ans et il s'accommodait fort bien des servitudes de l'habitat individuel… Son ascension sociale et les bénéfices légitimes qui en résultaient étaient tranquillement en train d'étouffer les possibilités d'élargissement de son horizon. Il pressentait pourtant intimement la nécessité d'une ouverture sur autre chose. Allons, une petite cigarette et elle disparaissait bien vite la vague angoisse qui l'étreignait parfois devant la perception d'un vide quelque part dans son existence !

Sa rencontre avec Geneviève avait été une chance inouïe, il ne pouvait le contester. Elle avait d'emblée perçu ce que son réalisme et la solidité de ses convictions pourraient apporter à ce jeune banlieusard si droit et si plein d'énergie, mais si gauche et souvent si maladroit dans ses attitudes et parfois ses propos. Sa capacité d'écoute et sa discrétion l'avaient grandement aidé à lui mettre le pied à l'étrier. Il ne pouvait en disconvenir. Il avait aussi très bien situé où elle puisait sa force et sa patience : dans cette foi qu'elle aimerait tant lui voir partager. Mais il y avait un pas à franchir, une fenêtre à ouvrir, donc un risque de courant d'air qui pourrait avoir des allures de tornade susceptible de vous conduire Dieu sait où ?

Dans son histoire personnelle, sa fixation sur le tabac, il le comprenait clairement aujourd'hui, était bien le témoin de cette crainte du saut dans l'inconnu que représentent la recherche et la décision de foi. Il se réfugiait dans cette attitude régressive pour ne pas avoir à affronter quelque chose qu'il suspectait être probablement dérangeant. Le petit enfant préférerait naturellement se fondre avec le sein de sa mère plutôt que de se séparer de ce qui le sécurise. Et pourtant il faudra bien qu'il accepte la rupture avec le cordon qui le relie à elle, ainsi qu'avec le sein qui le nourrit s'il veut se différencier et grandir. S'il refusait ce serait la stagnation de son évolution. C'est exactement ce qui se passait pour Modeste, non pas sur le plan psychologique, mais dans le domaine spirituel. Il y avait sinon refus, du moins tergiversation vis-à-vis de cette invitation à croître dans la foi qui résultait naturellement de sa rencontre avec Geneviève. Et pour ne pas avoir à assumer l'angoisse de cette indécision il se réfugiait dans le contact oral avec la cigarette. Dans son cas, qui n'est sûrement pas généralisable, c'est probablement dans cette direction qu'il fallait chercher l'explication de cette fixation sur une consommation tabagique excessive.

Bien sûr, cesser de fumer n'aurait pas été facile, mais compte tenu de la qualité de son entourage, de son excellente insertion professionnelle, de l'absence de difficultés sérieuses dans son existence, il se trouvait objectivement dans les conditions idéales pour faire le saut. L'impulsion de départ nécessaire il l'aurait trouvée dans l'acceptation de s'ouvrir à quelque chose qui l'aurait épanoui, rejeter cette détestable habitude qui le retenait prisonnier aurait été alors moins difficile.

Mais non, il restait au milieu du gué par crainte de se mouiller vraiment. Par cette union avec Geneviève il avait beaucoup reçu. Il l'aimait c'était évident, mais ne se décidait pas à franchir cette porte qu'elle lui montrait; elle qui était déjà de l'autre côté du seuil, en avance sur le chemin. En fait, il refusait de s'abandonner à quelque chose, à quelqu'un qui l'appelait à la vraie liberté, celle des Enfants de Dieu.

Accepter de s'abandonner, rejeter ses sécurités infantilisantes, tout était là. Aujourd'hui il comprenait mieux les Béatitudes: Heureux ceux qui sont capables de s'abandonner à la grâce, de se dépouiller pour accueillir l'autre, le Tout Autre… *Heureux, vous les pauvres…!*

6. Geneviève

Un peu au nord de Lyon il se souvint qu'il n'était pas très loin d'Ars. Ars et son curé… Voilà un personnage qui aujourd'hui ne le laissait pas indifférent, quelqu'un de vraiment exceptionnel à ses yeux.

Cette haute, et pourtant très humble figure du catholicisme français, il la considérait maintenant essentiellement comme un étonnant et magistral thérapeute spirituel. Un rayonnement extraordinaire, des gens qui venaient de toutes les régions de France, et même de l'étranger pour trouver auprès de lui un soulagement à leurs misères spirituelles, pour chercher le pardon de Dieu afin de guérir leurs âmes blessées par le péché. Quinze heures de confessions par jour… Comment pouvait-il tenir le coup ? Quinze heures d'écoute patiente et personnalisée… Quand il lui arrivait, à lui Modeste, certains après-midi, de passer sept heures d'affilée en consultation il devait vraiment faire effort sur lui-même pour ne pas envoyer au diable ses derniers patients. Alors quinze heures d'écoute attentive, entrecoupées seulement par l'absorption d'un quignon de pain et d'un verre de lait, vraiment ce curé d'Ars ne pouvait qu'être habité par une force surnaturelle…

Jean-Marie Vianney, curé d'Ars, est considéré et vénéré dans l'Église Catholique comme le saint patron de tous les curés. Les curés... Les rapports de Modeste avec les prêtres avaient subi pas mal de fluctuations depuis ses avatars avec l'abbé Montaloup. D'abord, depuis de nombreuses années, on ne disait plus : « monsieur l'abbé », mais « mon Père ». Hormis la réduction d'une certaine distance, cela ne changeait pas grand-chose à la nature des relations qu'il pouvait entretenir avec eux. Celles-ci se situaient pour lui sur deux registres : le registre professionnel et le registre paroissial.

Au plan professionnel, les choses étaient assez simples : il était connu dans le quartier, et par l'intermédiaire de sa très pratiquante épouse, c'est très naturellement que certains prêtres firent appel à ses services. Ne pas être catholique pratiquant, ou alors très occasionnellement, et surtout ne pas être militant dans la paroisse, lui assurait face à ceux-ci une position plus confortable que s'il avait été partie prenante dans la vie de l'Église locale. Eux-mêmes d'ailleurs se sentaient ainsi tout à fait libres vis-à-vis de lui. C'est-à-dire que leurs relations demeuraient semblables à celles des autres patients, hormis l'absence de règlements des honoraires comme le recommande une certaine tradition, mais pour Modeste, les questions d'argent n'étaient vraiment pas un problème.

Par contre, les choses n'étaient pas aussi simples par rapport aux engagements de son épouse. En effet, la participation active de Geneviève aux activités paroissiales faisait naturellement l'objet de partages et de réflexions au sein du couple. Échanges d'autant plus utiles que ce n'était pas toujours facile pour elle. En tant que jeune provinciale, comme elle l'avait craint avant d'accepter la décision de Modeste, son intégration, dans cette banlieue ne devait pas se réaliser sans quelques difficultés. Et contrairement à ce que l'on aurait pu attendre, le milieu paroissial ne lui favorisa pas tellement les choses, du moins au début. En effet, non seulement elle n'était guère familiarisée avec les mentalités urbaines, mais en plus, et peut-être surtout, son origine sociale différente ne fut pas sans conséquence à la fois sur sa propre vision des choses et sur les réactions qu'elle pouvait susciter de la part des responsables paroissiaux locaux.

Le concile Vatican II avait certes apporté un aggiornamento bien nécessaire à la vie, à la mission et au rayonnement de l'Église Catholique. Mais, comme toutes les autres, cette institution n'échappe pas à la loi du balancier. Et par réaction ou penchant national bien ancré, certains membres du clergé français eurent parfois un peu trop facilement tendance à se servir du passé plus ou moins récent de leur Église comme d'un repoussoir. D'autre part, mai soixante-huit n'avait pas été sans produire aussi quelques retombées sur la conception que certains jeunes prêtres pouvaient avoir de leur ministère. La tentation de confondre salut chrétien et luttes sociales était souvent bien forte, et le discernement nécessaire pas toujours mis en œuvre. On ne peut pourtant servir à la fois Dieu et César, même si César se cachait souvent derrière les figures emblématiques bien séduisantes à l'époque de Karl Marx ou de Mao.

Geneviève préféra fort sagement attendre d'avoir des enfants en âge de suivre le catéchisme avant de s'engager dans la catéchèse, même si cela la tentait beaucoup. Elle commença par participer à la préparation liturgique et c'est là où se manifestèrent les premières tensions. L'heureuse initiative adoptée par l'équipe de prêtres, consistant à proposer un partage des lectures bibliques avec les laïcs préparant la liturgie dominicale avait parfois des conséquences inattendues.

Comme ses confrères le Père Jacques Lemercier, qui n'était guère plus âgé qu'elle, était habité au cours de ces rencontres par le louable souci d'actualiser les enseignements du passage d'Évangile du dimanche concerné. Malheureusement sa vision des choses était pour le moins orientée, et pas dans le même sens que chez Geneviève. Originaire lui-même d'un milieu aisé, sûrement plus aisé que celui de la jeune femme, il avait visiblement quelques comptes à régler avec la grande bourgeoisie dont il était issu. Et si ses propos ne manquaient pas de générosité ils avaient cependant un peu trop facilement tendance à assimiler l'avènement du Royaume de Dieu avec la chute du capitalisme...

Geneviève était parfois franchement déconcertée et même désemparée devant ce qui lui semblait être une déviation des perspectives ouvertes par sa foi en Jésus Christ. Au début des années soixante-dix elle avait participé au Centre Richelieu – devenu le C.E.P. (Centre des Étudiants de Paris) – à des rencontres et des échanges visant à unifier chez les étudiants chrétiens vie spirituelle et engagement dans la cité. Elle avait alors compris qu'il ne fallait pas mélanger les plans politique et religieux, que l'un devait nourrir l'autre et non s'y identifier. Il était bien clair pour elle que la pluralité des points de vue était nécessaire, voulue en quelque sorte par le Créateur et que toute vision globalisante ou totalitaire procédait, quels que soient l'altruisme et la générosité dont elle pouvait se parer, plus d'une volonté orgueilleuse et dominatrice que d'un authentique sens du service des pauvres.

Un soir, particulièrement décontenancée, elle fit part à Modeste de ses interrogations.

« Je sais bien que tu n'es pas très féru de ces questions, mais penses-tu que l'on puisse dire que le message central du miracle de la multiplication des pains soit une invitation à un partage égalitaire de toutes les richesses ?

– Quoi... ? Tiens, tiens, ces curés nouvelle vague ont de sacrées idées, je croirais entendre mon cousin Bernard Ringardet qui milite à Lutte Ouvrière ! Je parie que c'est Lemercier qui a encore sorti ça du Petit Livre Rouge de Mao, il doit à mon avis le feuilleter plus souvent que son bréviaire ! Remarque, pourquoi pas après tout, ça c'est du concret au moins, la religion se met enfin au goût du jour, mais dis donc, elle n'est pas un peu en perte de vitesse ton Église pour sortir des trucs pareils ?

– Ne te moque pas, je t'en prie, moi ça me perturbe profondément ce genre d'affirmation... »

Effectivement, Geneviève paraissait très affectée, partagée entre la très haute idée qu'elle se faisait de la personne du prêtre et ces propos qui allaient à l'encontre d'un enseignement qui fondait sa foi. La voyant désemparée, Modeste abandonna son ton persifleur.

« Mais, dis-moi, quel est pour toi le sens profond, ultime de ce miracle ?

– Et bien, c'est la préfiguration de l'Eucharistie, c'est Jésus qui donne son corps pour nous nourrir spirituellement, nous donner la force de le suivre, de faire comme Lui la volonté de son Père, de notre Père, et cette nourriture est surabondante, toujours offerte. Elle nous est transmise par l'intermédiaire des prêtres qui sont appelés par les évêques, eux-mêmes successeurs des Apôtres, c'est ce que symbolisent les douze corbeilles qui sont remplies par les restes des pains multipliés.

– Oui, bien sûr, c'est un peu comme ça que l'abbé Montaloup nous avait présenté les choses au caté si je me souviens bien. Tu dois être dans le vrai. Mais qu'est-ce qui lui prend à ton curé gauchard, il est pourtant bien sympa habituellement ? Et comment as-tu réagis ?

– Je lui ai dit que je n'étais pas du tout d'accord, et que s'il présentait les choses comme cela dans son sermon dimanche prochain j'écrirais à son évêque... »

Ce type de réaction était assez étranger à Modeste, dans l'univers dans lequel il avait grandi tout ce qui ressemblait à une délation avait mauvaise presse, ça ne se faisait pas. Par contre les plaintes auprès d'un supérieur ecclésiastique n'étaient pas choses si exceptionnelles chez Geneviève, la baronne, sa mère, y avait eu recours par deux fois au moins, d'après ce qu'elle avait pu savoir, à propos d'affaires plus ou moins scabreuses dans un collège de jeunes filles.

« Ce n'est peut-être pas la meilleure façon d'envisager les choses. Et lui, qu'est-ce qu'il t'a répondu ?

– Qu'il n'en avait rien à cirer..., oui, tel quel, et que de toutes façons ses propos étaient en accord avec les exégèses les plus récentes ! Il n'a pas rajouté qu'il n'avait rien à fiche de ce que pouvait penser une petite aristoche comme moi, mais il l'a pensé très haut...

– Là, peut-être, que tu interprètes un peu trop, tu ne crois pas ? »

La blessure qui avait affecté Geneviève ne pouvait que l'atteindre également. C'était trop injuste. Elle avait accepté de le suivre dans cette banlieue malgré ses réticences, et voilà qu'un curé, qui dans ses manières et son langage puait le gosse de riche à cent lieues à la ronde, se permettait de lui faire des leçons de morale sociale ! Voilà que la « gauche caviar » qu'à l'époque il abhorrait particulièrement infectait aussi l'Église maintenant, heureusement que la Providence lui en épargnait les avantages matériels, autrement elle serait probablement imbuvable !

« Écoute, dimanche prochain je t'accompagne à la messe, et nous verrons bien ! »

Le Père Jacques Lemercier était sûrement trop passionné, mais il n'était ni un imbécile ni malhonnête. La menace d'une dénonciation à l'évêque ne l'impressionnait pas du tout. Celui ci avait bien d'autres chats à fouetter. Il était bien plus préoccupé par la crise des vocations et par les défections qui se multipliaient parmi le personnel sacerdotal de son diocèse, ce que l'on nomme d'un affreux mot : les demandes de réduction à l'état laïc... C'est vrai, je me dois d'être proche des gens, et en particulier des pauvres et des jeunes qui subissent de plein fouet le chômage et la précarité, se disait-il. Mais Madame Ringardet n'a pas tous les torts, que serais-je et que ferais-je en effet sans l'eucharistie? Pas question quand même de taire la notion de partage du pain, au sens quasiment concret du terme, j'aurais l'impression de déserter…

Il tourna et retourna plus de sept fois sa plume dans l'encrier et finalement délivra à ses auditeurs un de ses meilleurs sermons, mêlant habilement les dimensions de solidarité et de charité avec celle du don que le Christ nous fait de sa personne dans le partage du pain et du vin. L'essentiel était dit. Geneviève ressuscitait, et ça ne lui faisait pas de mal au fond de découvrir ou de se rappeler que les évangiles pouvaient receler une dimension sociale, du moment qu'on ne les réduisait pas à ce seul aspect. Un petit sourire du Père Lemercier dans sa direction lui confirma qu'ils s'étaient bien compris.

« Alors toubib, on est venu humer un petit parfum de religion!… lança-t-il à Modeste en l'apercevant à la sortie de la messe.

– Juste une petite dose, mon Père, vous savez bien qu'il ne faut pas abuser des bonnes choses…

– Vous reconnaissez donc qu'il s'agit de bonnes choses, méfiez-vous, vous ne savez pas où ça peut vous mener…! »

La boutade était sûrement plus pertinente qu'elle n'en avait l'air. Et Modeste se posa des questions pendant quelque temps. Voilà un message qui aurait pu lui permettre d'unifier ses aspirations à la justice, son sens du service et les interrogations que ne manquait pas de susciter en lui la foi de son épouse. D'autant que la détermination de celle-ci avait été pour quelque chose dans la portée très éclairante de l'homélie du prêtre. En outre, le soutien qu'il apportait, sans les partager, aux convictions de Geneviève, n'était pas pour rien non plus dans la persévérance de son épouse à maintenir un certain cap dans une ambiance parfois délicate. Mystère de l'amour humain, fruits parfois déconcertants de ce sacrement de mariage que les époux se donnent et sont invités à continuer à se donner, indépendamment de la conscience claire que l'un ou l'autre peut avoir de l'enracinement de leur union dans l'amour divin...

Malheureusement la situation n'était pas encore assez mûre pour que Modeste décide d'aller plus loin et les velléités d'approfondissement se dissipèrent aussi vite que les volutes de fumée de ses cigarettes.

Geneviève avait fort heureusement d'autres cordes à son arc que l'engagement dans les activités paroissiales. Elle chercha à valoriser ses acquis universitaires, et les recommandations paternelles aidant, l'emploi de documentaliste auquel elle prétendait, ce n'est pas en Normandie, mais dans un établissement libre d'une commune voisine de leur banlieue qu'il lui fut offert. Elle y fut très rapidement à son aise d'ailleurs. Il est vrai que l'environnement familial l'avait bien préparé à cette tâche. Grâce à l'expérience que son cher papa n'avait pas manqué de lui faire partager, les préoccupations et les objectifs de la direction, non seulement ne lui étaient pas étrangers, mais elle était mieux armée que d'autres pour en saisir les degrés de priorité. Ce qui lui permettait d'en moduler les applications auprès des élèves et de recueillir de leur côté l'estime et la confiance si souvent difficiles à obtenir de la part des adolescents. Il faut dire que ses fonctions étaient assez vastes et le cadre de leur exercice assez flou pour qu'elle déploie son activité aussi bien dans la documentation relative à l'orientation après le collège, la gestion de la bibliothèque, l'instruction religieuse que dans l'animation d'une équipe de théâtre ou encore dans la préparation de la fête de l'école. Au total, et c'était peut-être un avantage du milieu urbain, elle avait les mains plus libres que si elle était restée dans sa province natale. Elle n'avait finalement pas perdu au change, bien au contraire. Son « sacrifice » n'avait pas été vain, cela la confortait dans la justesse de ses choix fondamentaux et lui permettait de faire face sans trop d'inconfort aux difficultés de l'heure.

Quand leur aîné, Jérôme, atteignit l'âge du catéchisme, elle commença à s'investir dans cette activité, elle ne se doutait pas qu'elle allait en prendre pour au moins quinze ans, puisqu'elle continue encore maintenant, cherchant sans succès à passer le relais à d'autres...

Dans ce domaine-là il y eut aussi quelques frictions avec Bernard Courtois, le prêtre responsable de la première année. Il faut dire que Geneviève tombait de haut. À la différence de ce qu'elle connaissait chez elle en Normandie, la majorité des enfants étaient complètement ignares vis-à-vis des notions, même les plus élémentaires de la foi chrétienne.

« Qu'est-ce que Noël ? », avait-elle demandé aux enfants de son équipe.

Les réponses avaient été édifiantes : allant de la célébration du nouvel an à la fête du Travail – évidemment, puisque c'est un jour chômé par leurs parents – à la fête des enfants, ou encore à une sorte de distribution des prix en fonction de leur bonne ou mauvaise conduite... seul Jérôme, à qui elle avait demandé d'intervenir en dernier avait été capable de dire qu'il s'agissait de la célébration de la naissance du Christ.

La méthode de catéchisme utilisée par la paroisse recommandait de partir de ce que les enfants vivaient afin que le message évangélique s'enracine dans le concret de leurs jeunes existences. L'intention était fort louable. À condition toutefois de ne pas y voir le nec plus ultra de l'instruction religieuse qui allait enfin se substituer à la pédagogie obscurantiste suivie pendant des décennies... Les méthodes qui étaient ainsi vigoureusement rejetées faisaient grandement appel à la mémoire, le résultat n'en étaient certes pas toujours une saine compréhension des vérités de la foi, mais longtemps après avoir abandonné toute pratique, les jeunes et les moins jeunes gardaient une certaine culture religieuse. C'était précisément le cas de Modeste. On pouvait ainsi se demander ce qui resterait de ces années de catéchisme si les vérités élémentaires de la foi chrétienne n'étaient pas soigneusement inculquées au départ, puisque l'on savait bien que dans la plupart des cas il n'y aurait pas de suivi après la profession de foi.

Devant le constat de cette carence des acquis élémentaires, Geneviève avait décidé de procéder au début de chaque rencontre à une brève interrogation écrite portant sur quelques éléments essentiels qu'elle avait abordé la fois précédente. Cela parvint aux oreilles du Père Bernard Courtois par l'intermédiaire du père d'un des enfants de son groupe, un jeune cadre rompu aux techniques modernes de communication, et quelque peu scandalisé par l'usage de telles méthodes qu'il jugeait rétrogrades. Le Père Bernard avait succédé à Jacques Lemercier, appelé à des fonctions plus en harmonie avec ses facilités intellectuelles. Ce n'était pas du tout le même genre d'homme. Plus âgé, plus effacé que son brillant prédécesseur il n'était également pas très armé pour affronter les critiques formulées par des gens qui paraissaient utiliser l'objectivité du savoir pour asseoir leurs opinions.

Plus ou moins complexé, lui aussi, par les remises en cause post-conciliaires, il fit connaître à Geneviève sa désapprobation à propos des méthodes qu'elle suivait. Celle-ci, qui avait acquis un peu de maturité et d'expérience dans ce milieu paroissial, ne s'en laissa pas conter et maintint sa position. Elle avait, d'ailleurs en cela, le plein accord des autres parents. On changea l'enfant d'équipe tout simplement.

« On ne peut pas plaire à tout le monde, tu sais, j'en fais moi aussi l'expérience, lui dit Modeste quand elle lui raconta l'histoire, mais quand même ces curés se laissent un peu trop facilement impressionner par les grandes gueules qui savent jouer sur le terrain de l'opposition entre ce qui paraît moderne et ce qui semble désuet. Ton zèbre a certainement oublié qu'avant de manier couramment la langue anglaise dans sa profession il a bien dû apprendre par cœur les verbes irréguliers et les rabâcher moultes fois. Toute acquisition de connaissances suppose répétition et travail de la mémoire, il serait bien surprenant qu'il n'en soit pas de même pour le catéchisme… »

Extérieur à la maison Église, il ne pouvait cependant qu'être d'accord avec le bon sens de son épouse et appuyer sa fermeté dans ces situations.

Au fond, vis-à-vis des prêtres catholiques il gardait une prudente neutralité. Vis-à-vis de leur Église aussi d'ailleurs. Un temps il avait été attiré par le protestantisme. L'œcuménisme naissant avait favorisé les contacts de certains membres de la paroisse parmi les plus engagés – Geneviève en était naturellement – avec des membres des autres confessions chrétiennes. L'attitude de leurs ministres qui faisaient apparemment plus confiance à la liberté de conscience des fidèles dans la conduite de leur existence que chez les catholiques lui avait inspiré une certaine sympathie. Mais en y regardant de plus près les exigences spirituelles étaient très proches. Et puis certains faisaient preuve d'un rigorisme comportemental qui lui paraissait excessif : le fait d'être minoritaire et le souvenir de persécutions engendrant assez naturellement une crispation sur ce qui paraît fonder l'identité d'un groupe. Geneviève lui avait bien fait remarquer que cette rigidité était d'ailleurs plus le fait des protestants peu pratiquants que de ceux qui comme elles étaient très engagées dans leur Église. Mais surtout, il n'avait guère envie d'aller plus loin ! Et puis comme le lui avait dit un de ses clients, un vieux Nîmois d'origine cévenole et communiste « vous savez, Docteur, je les connais bien tous ces prêchi-prêcha catholiques ou réformés c'est pas la même bouteille, mais c'est toujours la même piquette… ». Modeste en était resté là.

Il y avait un domaine où il ne pouvait pas vraiment comprendre Geneviève, c'était sa participation à la récitation du chapelet… Et pourtant c'est un peu grâce à sa belle-mère, que Geneviève s'était mise à suivre cette activité. Simone Ringardet était une fidèle habituée de ce type de dévotion qu'elle partageait avec quelques personnes âgées ou appartenant à un milieu simple comme le sien. En fait la récitation du chapelet n'était pas quelque chose de fondamentalement étranger à Geneviève. Depuis la mort de son fils aîné la baronne Marie-Joséphine de la Rocque s'était, en effet, tournée vers la spiritualité Mariale et semblait y trouver un sérieux réconfort. Quand Madame Ringardet s'aperçut que sa belle-fille partageait avec elle la même foi profonde, elle lui proposa de l'accompagner dans ce type de rencontres. Un peu surprise quand même, Geneviève finit par accepter d'y aller au moins une fois, ne serait-ce que par curiosité. Et puis, bien que possédant une formation religieuse assez élaborée, elle découvrit chez les participants – pratiquement uniquement des femmes, naturellement – un climat de simplicité et de vérité de la foi qui la reposait des propos parfois plutôt déconcertants de certains prêtres de la paroisse…

« Mais, dis-moi, qu'est-ce que tu peux bien trouver de positif dans ce rabâchage insipide de "Je vous salue Marie" ? lui avait demandé Modeste une fois ou l'autre.

– Cette répétition n'est qu'un moyen pour soutenir le mouvement de l'âme dans la prière, tentait-elle de lui expliquer…

– Pourquoi ne pas utiliser les moulins à prière comme dans certaines religions orientales ?

– Il faut vraiment que tu tournes toujours les pratiques de la religion catholique en dérision. Et bien, tu n'y es pas du tout. Tu connais Madame Letellier ?

– Elle est veuve, n'est-ce pas ? Son mari buvait, il lui en avait fait voir de toutes les couleurs d'après ce qu'a pu me dire Gérard Marty qui le suivait, il est mort au cours d'une crise de delirium je crois. Auparavant, il avait pris le temps de lui faire cinq gosses…

– Autant dire que les choses ne sont pas simples pour elle. C'est une fidèle du chapelet, et il est bien évident qu'elle trouve dans cette forme de prière la force de faire face à tous ses problèmes, et crois-moi ses enfants lui en font baver... Il y a trois ou quatre ans Jacques Lemercier la taquinait sur ce qu'il appelait « ses prières répétitives », en utilisant d'ailleurs des arguments proche des tiens. Elle lui a répondu alors : « Vous savez, mon Père, la théologie, les mots savants les raisonnements compliqués, ce n'est pas mon truc, et puis j'ai du mal à suivre longtemps la même idée. Alors quand je récite le chapelet, au bout de cinq minutes, c'est vrai, je suis déjà retournée dans mes casseroles... mais vous savez, ce qui est important, ce qui compte le plus pour moi, c'est que j'y suis avec la Sainte Vierge ! Bien sûr, je ne vais pas vous dire que je ne lui demande rien à Marie, avec mes cinq lascars, croyez-moi j'aurais bien besoin d'être souvent exaucée ; mais la première chose qu'elle m'apporte c'est de me sentir près de son Fils et d'avoir le courage de le suivre ». Que dire de plus ? Une telle conception de la dévotion mariale n'a vraiment rien à voir avec ce qu'on appelle parfois la « mariolâtrie ». Pour Thérèse Letellier, chez qui simplicité ne signifie pas absence de profondeur, bien au contraire, se tourner vers Marie équivaut à faire le premier pas pour se mettre en route à la suite du Christ.

Crois-moi, le Père Jacques a été heureusement surpris de sa réponse. En réalité, il est bien plus « priant » qu'il n'en a l'air, sinon, beau gosse comme il est et avec ses idées – de fait il s'est un peu calmé – il aurait déjà sûrement abandonné le ministère... Il lui a répondu : « dans un sens je vous envie » et puis il a rajouté, sur un ton qui n'était vraiment pas celui de la moquerie, mais plutôt celui d'une certaine admiration : « *Heureux, vous les pauvres... !* »

7. La photo

« Chalon-sur-Saône, berceau de la photographie » annonce le panneau sur le bord de l'autoroute. C'est par ici, en effet, que Nicéphore Niepce inventa la photographie. Demander une photo… c'est ainsi que dans le jargon médical on désigne parfois une prescription de cliché radiographique. Merci Monsieur Niepce, en fait merci Monsieur Röntgen dont les travaux permirent l'utilisation médicale des rayons X et à Monsieur Béclère qui en développa l'utilisation diagnostique ; merci surtout, Geneviève pour ta détermination… pensa-t-il en passant devant l'inscription.

C'est à peu près à l'époque de ses débuts en catéchisme, que Geneviève faillit remporter la victoire sur le « vice » de son époux. La consommation quotidienne de celui-ci avait alors presque atteint les deux paquets de cigarettes. Une augmentation progressive, sans raison apparente, sans raison évidente pour elle. Ce qui ne l'empêchait pas de se poser beaucoup de questions. Et naturellement elle s'interrogeait sur ce qu'elle pourrait bien faire pour qu'il cessât de fumer ou tout au moins qu'il diminuât sérieusement.

Elle se demandait aussi si cette détestable habitude n'avait pas pour cause une frustration quelque part, sur laquelle elle pourrait agir. Modeste, pourtant semblait ne manquer de rien, son activité professionnelle paraissait l'épanouir, leur ménage marchait très bien, les deux garçons poussaient sans histoire, bien sûr, elle aurait aimé avoir un troisième enfant, mais son époux n'était pas encore décidé. Cela n'était cependant en aucune façon une source de friction entre eux.

Comme tous les gens de sa génération, grâce à l'intrusion massive des médias dans la vie quotidienne, elle était réceptive aux informations relatives à la vie du couple, et plus particulièrement à sa vie intime. Que faire d'autre, en effet, quand on attend chez le coiffeur, que de feuilleter ces magazines qui traitent abondamment, ce qui ne signifie pas forcément avec pertinence, de ces questions là ? Elle n'avait pourtant qu'à se féliciter de la façon dont les choses se déroulaient entre eux ; les désirs dont Modeste avaient manifesté la satisfaction, prématurément à ses yeux au temps de leurs fiançailles, avaient apparemment fait place à une maîtrise de soi librement consentie de sa part. Mais était-ce si sûr ? Compte tenu de ce qu'elle pouvait lire ou entendre par-ci, par-là, en se conformant aux recommandations de l'Église en la matière ne lui imposait-elle pas une discipline de fer, face à laquelle il n'aurait trouvé de salut qu'en fuyant dans une consommation excessive de tabac ?

Aborder carrément la question avec son mari n'était pas dans ses manières. Une certaine pudeur, expression du respect profond qu'ils éprouvaient l'un envers l'autre, du corps de l'un vis-à-vis du corps de l'autre, les conduisaient à réduire l'expression verbale sur ce sujet au strict minimum, et en utilisant généralement des périphrases.

« Quand je pense qu'on se sert à tour de bras du mot « rapport » pour désigner les relations intimes, alors que c'est un terme utilisé par les mathématiques ou les comptes rendus administratifs, c'est le déni de toute poésie dans l'amour humain… avait lancé Modeste en tombant sur un article d'un magazine à fort tirage, dont le contenu visait justement à apprendre à la femme à se « libérer » de sa passivité – de sa passivité supposée par l'auteur – dans ces moments-là. »

Apparemment, il n'y avait pas de désaccord entre eux sur ce plan, que ce soit physiquement ou psychologiquement et moralement. Mais, devant le degré de la dépendance tabagique de son mari, le doute envahissait quand même l'esprit de la jeune femme – on peut dire encore jeune, elle avait à peine trente-cinq ans – sur une éventuelle frustration sexuelle à l'origine de cette véritable toxicomanie dont elle pressentait de plus en plus la gravité. Il lui était difficile de s'ouvrir de cela à quiconque, même à un prêtre. Elle n'était pas en lien avec ce qu'on appelle un directeur spirituel, et en raison de la profession de son mari elle ne tenait pas à évoquer cela avec le seul membre de l'équipe sacerdotale locale avec qui elle aurait pu se sentir en confiance dans ce domaine, c'était en effet un de ses patients. Ce n'aurait pu qu'être gênant.

Elle chercha dans la prière le secours dont elle avait besoin, mais malgré ses efforts elle ne ressentait que sécheresse, absence de réponse. Ce silence apparent, c'est souvent le signe qui est donné de poursuivre dans la nuit, d'aller jusqu'au bout de ce qui paraît être en accord avec la vérité qui siège au plus intime de soi-même. Mais quand on les traverse, ces moments là sont toujours durs à vivre. Elle ne parvenait pas à triompher de cette contradiction entre d'une part les préceptes de l'Église en qui elle avait toute confiance et, d'autre part sa sensibilité de femme naturellement influencée par les pratiques courantes de son époque.

Finalement, elle se décida à jouer le tout pour le tout. Un soir où, assis dans son fauteuil en écoutant la symphonie numéro quarante de Mozart – il se souvenait parfaitement du morceau – au moment d'allumer une cigarette, elle la lui prit des mains et lui dit tout à trac :

« Je peux prendre la pilule si tu veux... »

Il resta un bon moment interloqué. Comment, elle me propose ça, elle Geneviève ? se disait-il. Qu'est-ce que cela veut bien dire ? Cela ne peut que masquer autre chose, mais quoi ?

Puis la voyant écraser avec acharnement la cigarette non encore entamée dans le cendrier jusqu'à ce qu'il ne reste que de la poussière de tabac, il fit brutalement le rapprochement.

« Parce que tu crois peut-être que je compense d'hypothétiques frustrations sexuelles en me réfugiant dans le tabac ? », lui dit-il, accompagnant sa réponse d'un franc éclat de rire.

Étranglée par l'émotion, elle était incapable de formuler la moindre réponse. Elle opina faiblement en clignant les yeux, puis fondit en larmes et se réfugia dans ses bras en blottissant sa tête tout contre son épaule.

« Je peux te rassurer, je suis parfaitement satisfait dans ce domaine. Je ne peux que nous féliciter de ce que nous suivions les méthodes dites "naturelles", il est vrai que dame nature fait preuve chez toi d'une admirable ponctualité, ce qui facilite les choses, et aussi que la venue d'un troisième enfant, même si je ne la souhaite pas dans l'immédiat, ne serait pas une catastrophe pour nous. Tu sais, je suis assez bien placé pour voir les résultats des méthodes de contraception dites « artificielles ». Il y a des situations où elles sont de toute évidence utiles, c'est un moindre mal comme le disent certains de tes copains curés. Mais bien souvent, derrière les apparences d'une certaine libération, ce n'est guère épanouissant pour les femmes elles-mêmes. De fait cela déresponsabilise un peu plus les hommes, qui, hélas n'avaient déjà pas besoin de cela dans ce domaine. À court terme, je le vois bien chez certaines de tes amies qui fréquentent la paroisse, cela prend des allures de victoire sur une contrainte plurimillénaire… dont l'Église composée uniquement d'hommes comme on sait, serait la complice objective. Hormis les cas sociaux ou médicaux difficiles, les grossesses multiples par exemple, ça ne change pas grand-chose à la condition féminine. Ce qui est gagné d'un côté est perdu de l'autre. Ce qui n'est pas évident à court terme devient plus clair à long terme : les conséquences d'un certain relâchement dans ce domaine si important de la relation intime ne manquent pas de se faire sentir au plan plus général de la relation entre les personnes. Je sais, ce n'est pas l'avis de nombre de mes confrères, et en particulier de mes consœurs, mais quand on voit la fragilité de tant de couples on ne peut que s'interroger. La fatalité des rencontres, les difficultés socio-économiques sont bien trop systématiquement incriminées, à mon sens. L'usage un peu trop systématique de la contraception a probablement sa part de responsabilité dans la décision qui conduit à une trop rapide séparation lorsque arrivent les premières difficultés dans les ménages. N'ayant pas appris à différer régulièrement la satisfaction de leurs désirs, ce qui ne signifie pas les refouler, ils sont plus vulnérables devant les tensions inhérentes à la vie conjugale et moins capables de résister aux sollicitations extérieures... »

Ces propos coulaient comme du miel pour Geneviève qui continuait à sangloter doucement, incapable de rajouter quoi que ce soit.

« Je dois reconnaître que les positions de ton Église ont du bon dans ce domaine, bien que je les trouve beaucoup trop rigides dans leur formulation et assorties de trop d'interdits, ajouta-t-il. »

Elle n'appréciait guère qu'on critiquât son Église, non pas qu'elle la jugeât au-dessus de tout reproche, mais il était tellement à la mode de la vilipender sans aucune retenue, même à l'intérieur de l'institution, que même dans ces circonstances elle ne put s'empêcher de réagir :

« L'enseignement du Pape et des évêques vise surtout à mettre en garde contre les dangers de certaines pratiques et de certains comportements ; les conduites à tenir dans les cas particuliers sont affaire de conscience et les prêtres sont là aussi pour éclairer les fidèles. »

Et puis se rendant compte qu'elle même venait de traverser

l'épreuve d'un sérieux conflit intérieur portant sur ce sujet précisément, elle ajouta :

« Et puis c'est à chacun de prendre ses responsabilités, ce n'est pas parce dans telle ou telle circonstance je ne me sens pas capable de suivre les recommandations de l'Église que celles-ci sont forcément caduques. »

Il y eut un long moment de silence.

Modeste était bien plus bouleversé qu'il ne voulait le laisser paraître. « Mais à quel point faut-il donc qu'elle m'aime pour élaborer une telle proposition ; une proposition qui va tout à fait à l'encontre de ses plus intimes convictions, et plus encore pour trouver le courage de la formuler », se disait-il intérieurement.

Brutalement, il prit la décision qui s'imposait : il froissa son paquet de cigarettes encore à demi rempli et le jeta à la poubelle.

« C'est bon, j'arrête », dit-il.

C'est à cette époque que le troisième rejeton fut mis en route...

Malheureusement, Modeste commit une erreur : celle de ne pas détruire aussi le restant de la cartouche de cigarettes, et Geneviève en commis deux : celle de pas jeter aussi les cendriers – tant pis pour les invités qui fumaient – et surtout de manquer de la patience nécessaire. En effet, au bout de huit jours d'abstinence totale de tabac, la situation était devenue tendue à la maison. Il traversait les moments les plus difficiles du sevrage tabagique : les premières semaines pendant lesquelles on ressent le manque de façon intense et où l'on ne perçoit pas encore les effets bénéfiques de l'arrêt de l'intoxication. L'amélioration de la respiration, de l'appétit et la réapparition de la perception normale des odeurs mettent en général un mois pour se manifester. De plus c'était très mal tombé, Gérard Marty avait dû réduire son activité en raison d'une entorse du genou suite à un accident de ski, il continuait à assurer ses consultations au cabinet, mais c'est Modeste qui effectuait ses visites à domicile, d'où un surcroît de travail, donc d'énervement, donc de tentation de fumer.

À la maison il était particulièrement irritable, Geneviève le tolérait vis-à-vis d'elle-même, mais acceptait difficilement que Jérôme en fît aussi les frais. De mauvais résultats scolaires, tout à fait transitoires d'ailleurs, furent le prétexte d'une engueulade totalement démesurée, le pauvre gosse ne reconnaissait plus son père, d'ordinaire si enclin à l'humour et plutôt pondéré dans ses réactions. Même le petit Thomas, âgé de trois ans et demi, qui naturellement touchait à tout ce qui traînait, avait récolté une mémorable fessée pour avoir renversé un bibelot, sans l'avoir abîmé d'ailleurs.

Elle « craqua » trop vite. Au bout de trois semaines, supportant mal la tension qui régnait à la maison et voyant qu'il avait bien tenu le coup, elle lui dit tout à fait imprudemment :

« L'arrêt brutal ne te convient peut-être pas, fumes-en une ou deux par jour, après les repas par exemple, ça détendra un peu l'atmosphère... »

Erreur fatale, une cigarette en entraîna une autre, au bout de six mois la situation redevint la même qu'auparavant.

« Les mères c'est trop doux quelquefois », dit la chanson, les épouses aussi malheureusement...

Perdre une bataille ; ce n'est pas forcément perdre la guerre. Il faut parfois que les choses aillent vraiment très mal pour espérer que se dessine une embellie.

Quelques années plus tard – Isabelle, la petite dernière venait d'avoir cinq ans – au cours de l'hiver Modeste, comme ses confrères, avait dû faire face à une sérieuse épidémie de grippe, le téléphone ne cessait de sonner et la salle d'attente ne désemplissait pas. Ses bronches aussi d'ailleurs. Et l'inquiétude de Geneviève pour la santé de son époux suivait le même mouvement.

« Si au moins il acceptait de passer une radio pulmonaire », se disait-elle. Comme beaucoup de médecins il était négligent vis-à-vis de sa propre santé. Il aurait fallu que des symptômes se manifestent pour le décider. Et encore, elle l'avait constaté récemment chez un de ses confrères qui venait de faire un infarctus du myocarde, les médecins ont souvent la fâcheuse tendance de masquer la signification éventuellement péjorative de leur symptomatologie derrière toutes sortes d'explications physiopathologiques plus ou moins discutables, pour retarder le moment des investigations nécessaires, et surtout se rassurer… Elle savait très bien que lorsque des signes sérieux apparaîtraient, il serait peut-être déjà trop tard.

Il fallait trouver un motif extra médical pour le décider à subir cet examen. Elle n'aurait ainsi pas trop l'air d'empiéter sur ses plates-bandes. C'est le projet d'échanges linguistiques d'élèves de la classe de Jérôme avec des collégiens américains qui lui en fournit l'occasion. La ficelle était un peu grosse, mais vu la situation de surmenage professionnel qu'il traversait, il devrait l'avaler sans trop se poser de questions.

« Tu sais que les Américains deviennent de plus en plus casse-pieds. Étant donné que l'an dernier, peu après la fin du séjour en région parisienne, un élève du St. Patrick's College de Boston a fait une primo-infection tuberculeuse, ils demandent aux membres des familles d'accueil de passer une radiographie pulmonaire ; ce n'est pas vraiment obligatoire, mais vivement recommandé. Et comme il y a plus de familles désireuses de recevoir un de leurs élèves que de candidats chez eux, il y a gros à parier que dans leurs critères de sélection ils tiendront compte de la présence ou non de ce document dans les dossiers. Alors si nous voulons que Jérôme soit accueilli à Boston cet été, je pense qu'il nous faut en passer par là. »

Elle accompagna son pieux mensonge d'un :

« D'ailleurs ça ne peut pas nous faire de mal, tu ne crois pas... allusion discrète à ce qui fâchait ; ce qui ne manqua pas d'ajouter à son propos une note supplémentaire d'authenticité.

– Allons bon, c'est qu'ils auraient peur de nos petits microbes, ces Américains, alors qu'ils nous ont envoyé le virus du SIDA. C'est bien encore une forme de leur protectionnisme, ils ferment leur marché pour que les nôtres soient encore plus perméables à leurs produits... et puis quel culot, quand on connaît le niveau de leur médecine : moyens super sophistiqués pour les uns, absence de prévention efficacement organisée pour les autres, il y a de quoi rigoler... mais enfin, s'il faut le faire, on le fera. »

Il le prenait comme ça, c'était parfait. Il est vrai que ce type de demande n'était pas étranger à sa pratique : les membres de la famille des femmes candidates aux fonctions d'assistante maternelle à domicile devaient eux aussi subir un examen radiographique pulmonaire – la demande des Américains n'avait au fond rien de vraiment extraordinaire.

David Goldstein, le radiologue, était bien long pour interpréter un simple cliché pulmonaire... Il l'entendait discuter avec Claude Tissier, son associé, sans que leur propos soient vraiment audibles. Claude, qui lit très bien les échographies doit lui en montrer une particulièrement intéressante se disait Modeste en attendant ses résultats. Mais quand même, il commençait à ressentir une sourde inquiétude, ce conciliabule pouvait, au fond, aussi bien concerner sa radio... Et dire qu'il ne pouvait même pas neutraliser cette angoisse naissante en allumant une cigarette, en ce lieu c'était difficile, et puis David, lui, avait cessé totalement de fumer depuis longtemps. Ce serait vraiment déplacé...

« Dis donc vieux, tu as notion d'avoir fait une tuberculose pulmonaire étant jeune ? dit-il en s'adressant à lui. Je vois une image, probablement cicatricielle dans la partie supérieure du champ pulmonaire droit. Tu dois bien avoir des anciens clichés chez toi, ce serait intéressant de pouvoir comparer et d'éliminer ainsi une éventuelle reprise évolutive. »

Un lourd moment de silence suivit tandis qu'ils regardaient ensemble les clichés. Visiblement, David n'était pas du tout à son aise. Bien évidemment, Modeste n'avait jamais été tuberculeux. Alors quoi ? La dure réalité se profilait à l'horizon.

« Tu devrais faire une intradermo-réaction, te mettre sous antibiotiques et refaire les clichés dans quinze jours ; bredouilla-t-il sans conviction.

– Et peut-être passer aussi un scanner, tu ne crois pas ?

– Je crois bien que si, effectivement », répondit-il, en baissant le ton et les yeux.

L'image était de petite dimension, deux centimètres maximum, irrégulière dans ses contours et surtout dans sa tonalité ; peu typique, mais vu le contexte tabagique, on ne pouvait écarter le pire.

C'était bien le pire en effet que l'on pouvait craindre : c'est-à-dire un cancer bronchique, et à tout juste quarante-cinq ans.

Geneviève, bien que naturellement choquée lors de l'énoncé du diagnostic, n'avait été qu'à demi surprise. Elle s'était doutée de quelque chose. À vrai dire elle n'avait pas perçu de modification dans l'état de santé de son époux, si ce n'est la survenue depuis quelques temps de quelques petites quintes d'une toux sèche différente de la toux matinale de « désencombrement » qu'elle lui connaissait bien. Elle lui en avait discrètement fait la remarque ; mais il avait rétorqué que ce devait être dû à un de ces virus qu'il côtoyait journellement avec cette épidémie de grippe. Il n'y avait là rien qui puisse réellement alarmer. Il n'y avait pas de fondement objectif à son inquiétude, si ce n'est la très ancienne et importante exposition de Modeste au tabac.

En fait, c'est surtout une manière d'intuition qui l'avait conduite à exiger qu'il subisse cet examen ; et qui l'avait aussi poussée à en imaginer le prétexte décisif. Elle s'était obstinée pour obtenir cette radio, comme si elle sentait que c'était une sorte de dernière chance. Intuition ou Inspiration ? Dieu seul le sait, ou plutôt son Esprit Saint, le Souffle qui inspire...

Depuis le temps qu'elle priait pour son « mécréant » de mari, elle avait fini par être exaucée au moins sur un point : il cesserait enfin son tabagisme. Sa dernière cigarette, c'est celle qu'il avait imaginé fumer dans le bureau de David Goldstein en attendant les résultats... La cigarette du condamné à mort ?

L'espérance est la deuxième « vertu théologale » du chrétien. Bien sûr l'espérance chrétienne a une portée et un contenu qui vont bien au-delà de la satisfaction de ses requêtes « terrestres ». Mais la même force intérieure qui l'avait incitée à lui faire passer cet examen décisif la poussait à ne pas désespérer, à ne pas humainement désespérer. Elle ne serait d'ailleurs pas au bout de ses surprises. Si elle savait où tout cela allait conduire l'homme qu'elle aimait... ! Mais elle ne pouvait pas le savoir, elle ne devait pas le savoir. Du moins dans l'immédiat.

L'heure n'était pas à la prescience, mais à la confiance. L'humble confiance des pauvres qui remettent en Dieu leur espérance, qui abandonnent entre ses mains ce qui ne saurait dépendre d'eux-mêmes, quand ils ont fait tout leur possible. Elle était prête à tout accepter. Tout. Malgré les graves menaces qui se profilaient à l'horizon, elle connaissait une certaine paix intérieure, la paix des pauvres de cœur, des pauvres en esprit... *Heureux, vous les pauvres... !*

8. Tout bascule

« Vézelay, colline éternelle », annonce le panneau sur le bord de l'autoroute. « Annonce »... ne pourrait-on pas dire plutôt : « proclame » ? se disait Modeste en l'apercevant. Vézelay, « pour moi en tout cas, c'est le symbole des symboles sur cette route. Un édifice dont le début de la construction remonte à plus de neuf cents ans... mes petits enfants en fêterons le millénaire, du moins je le souhaite et l'espère ».

Un chef-d'œuvre de l'art roman. Massif, solidement enraciné dans cette terre de Bourgogne. Robuste et rugueux, oui rugueux, voilà le mot qui lui venait à l'esprit pour qualifier l'édifice, rugueux et pourtant empreint d'une beauté qui transcende le temps et l'espace. Rugueux, rude mais généreux dans son allure et ses proportions. Rugueux comme l'Église dont les aspérités ne peuvent manquer un jour ou l'autre de provoquer des blessures plus ou moins profondes, des blessures qu'il faut pourtant savoir pardonner, si l'on veut soi-même être pardonné...

À la fois sévère et ouvert, rigoureux mais accueillant. Allons c'est bien à l'Église universelle à laquelle tu penses quand tu contemples Vézelay, se disait-il. À l'Église dont tu rêves ou à la barque de Saint Pierre qui paraît ramer péniblement dans cette fin de siècle où l'on ne rechigne pas pourtant à célébrer bientôt ses deux mille ans d'existence ? Les deux sûrement, mais aujourd'hui plus encore à la nef battue par les flots qui résiste sans se crisper sur le passé et qui ajuste sa route sans perdre de vue le cap ultime.

Il s'en était passé des choses, avant d'être prêt à la rencontrer cette Église...

Le scanner ne fut pas probant. Cette image avec une zone de clarté en son sein pouvait fort bien correspondre à un processus infectieux banal ou spécifique, mais on ne pouvait en aucune façon exclure une tumeur maligne. Il ne montrait cependant pas de signes d'extension visible, ni surtout d'atteinte ganglionnaire. La fibroscopie avec biopsie et aspiration ne parvint pas, vu la localisation de la tumeur à mettre en évidence de cellules malignes. À l'époque la ponction-biopsie sous scanner qui aurait pu probablement permettre de lever le doute n'était pas de pratique courante.

Modeste était désormais de l'autre côté de la barrière. Être médecin se présentait à la fois comme un avantage et un inconvénient. C'est vrai qu'il obtenait des rendez-vous peut-être plus rapidement que d'autres, mais en insistant et parfois lourdement. Par contre, il avait aussi un peu l'impression d'embêter le monde. Vis-à-vis du personnel infirmier par exemple, certaines questions ou remarques étaient susceptibles d'être interprétées comme une manifestation d'exigence due à sa « qualité ». Le pneumologue, qui partageait son activité entre la ville et l'hôpital était aussi gêné. Son cas, comme ce n'est pas exceptionnel pour les médecins, n'entrait pas dans le cadre de ceux où les indications thérapeutiques sont parfaitement définies. « Si je me plante ou si ça ne se passe pas comme prévu, je vais avoir la famille sur le dos, ça peut faire quelques vagues chez les généralistes du coin, avec les confrères rien n'est jamais simple, ne manquait-il pas de se dire. » Modeste devinait un peu tout cela et essayait de le mettre à l'aise.

« Après tout je suis tout à fait responsable de ce qui m'arrive, faites pour le mieux, c'est tout ce que je puis vous dire. »

L'autre renchérissait :

« C'est vrai que vous n'y êtes pas allé de main morte. Deux paquets et demi par jour depuis dix ans, en ayant commencé à douze ans vous avez dû atteindre le paquet entier à vingt ans...

– Même avant... songea Modeste sans oser l'interrompre.

– ...puis augmentation progressive, ça doit bien faire soixante paquets/années – façon de mesurer, par convention, l'exposition au risque tabagique – à quarante-cinq ans, c'est évidemment beaucoup... Mais nous n'avons aucune confirmation histologique, il vaudrait peut-être mieux temporiser quelques semaines et refaire une fibroscopie. Mettez-vous sous antibiotiques en attendant, l'expérience montre qu'on a parfois de bonnes surprises...

– Le traitement d'épreuve antibiotique, je l'ai commencé depuis quinze jours, depuis le résultat de la radio...

– Et bien continuez-le, refaites un cliché dans encore deux semaines et on revoit la question. »

En fait, Il avait le sentiment que l'on tergiversait sur la conduite à tenir. Modeste se disait qu'à la place de son confrère il agirait probablement de façon similaire. C'était la règle comme on dit en médecine. D'abord ne pas nuire, ce que formule, et en latin s'il vous plaît, un vieil adage médical. Pourtant il était sûr du diagnostic et déterminé. Il fallait y aller, c'est-à-dire opérer. La solution chirurgicale, agressive bien sûr, l'exérèse d'un lobe pulmonaire ça n'est pas rien, mais à quoi bon reculer puisque pour lui il n'y avait malheureusement aucun doute.

Il s'en ouvrit à Xavier de la Rocque, son beau-frère qui était chirurgien orthopédique dans un C.H.U. parisien.

« Écoute, je vais en parler à un de mes collègues, chirurgien thoracique que je connais bien, mais tu sais bien comme moi qu'on aime bien s'entourer de garanties diagnostiques avant d'ouvrir...

– Moi je suis sûr de mon fait, je suis prêt à signer toutes les décharges qu'on voudra, et même à m'endetter jusqu'au cou pour régler tous les frais si la prise en charge est refusée…

– Arrête un peu, tu veux bien ! On n'en est pas encore là mon vieux… »

Apparemment Modeste, même s'il était impatient de se faire opérer, faisait preuve d'un courage et d'une détermination sans faille. Il paraissait même serein, détaché, paisible ou plutôt apaisé, oui c'est cela apaisé. Il n'avait plus ce ton sarcastique que Xavier lui connaissait bien, ce ton qu'il prenait pour ne pas montrer que quelque chose l'affectait. Et pourtant là, il y avait de quoi être vraiment perturbé… Il avait dû se passer quelque chose. Il faudrait qu'il interroge sa sœur.

Il s'était effectivement passé quelque chose. Quelque chose d'unique, de difficilement traduisible.

Trois semaines avant cette conversation, Modeste était sorti du cabinet radiologique du docteur Goldstein dans une sorte d'état second. Isabelle, la petite Isabelle avait tout juste cinq ans, bien sûr elle serait à l'abri du besoin, il avait souscrit une bonne assurance-vie, et puis Geneviève avait un emploi… Geneviève, est-ce que le noir lui ira bien ? Sûrement, avec ses cheveux châtains et sa jolie frimousse quelque part encore un peu juvénile. Il faudra que je lui dise de ne pas porter le deuil trop longtemps, parce que c'est certain, elle s'habillera de noir, mais pour les enfants… non, il y a d'autres façons de se souvenir… Jérôme et Thomas ; le premier en pleine adolescence et l'autre si espiègle, c'est vrai une présence paternelle serait indispensable, mais Geneviève est solide… dur, dur quand même…

Il n'avait pas cherché à lui masquer la gravité de la situation quand il était rentré à la maison. Mais il avait été surpris du sang-froid dont elle avait preuve, comme si elle s'était doutée de quelque chose bien avant les résultats de l'examen. D'ailleurs, c'est bien elle qui avait insisté pour qu'il la passe, et rapidement, cette radio, alors qu'on avait bien le temps, les dossiers pour recevoir les jeunes américains ne devaient être remis que dans un mois. C'est curieux cette hâte, se dit-il a posteriori, c'est tout de même bizarre cette histoire de radios demandées par les responsables du collège St Patrick... bof! Tout ça n'a désormais plus aucune importance. Finalement tant mieux, c'est clair pour moi comme pour elle, maintenant il va falloir faire face. Il va falloir vivre en assumant tour à tour les espoirs et les désillusions, les attentes anxieuses des résultats des prochaines investigations et d'abord du scanner. Je suis désormais de l'autre côté de la barrière, au fond ça ne me fait pas de mal, ajoutait-il pour s'offrir la dérisoire satisfaction d'avoir l'impression de dominer la situation... Mais, moi, je suis malheureusement bien placé pour percevoir tout l'éventail des possibilités, plus péjoratives les unes que les autres; l'évolution d'une affaire comme ça, à mon âge, ça va flamber...

Pendant les jours qui suivirent, il continua à exercer son activité, Gérard Marty assurant la continuité quand il devait s'absenter pour subir les examens. Il valait mieux se concentrer quand même sur le travail, ça évitait de trop penser. Il est moins rigolard que d'habitude avaient remarqué quand même ses vieux clients, sans chercher plus avant.

C'est la veille du scanner que se produisit le déclic. Il était assis dans la pièce qui leur servait de bureau, à Geneviève et à lui, dans le pavillon. Il avait terminé un peu plus tôt que d'habitude. L'épidémie de grippe s'était achevée depuis une huitaine de jours, et comme souvent en pareils cas, on pouvait constater un très net reflux d'activité. Gérard lui avait proposé de se charger des rares consultants qui pourraient encore se présenter. Geneviève avait une réunion au collège, et ne rentrerait pas de bonne heure. Les deux plus jeunes jouaient tranquillement dans leur chambre et Jérôme était au judo.

Assis derrière le bureau, après avoir fait quelques comptes et signé deux ou trois chèques, il essayait, mais vainement, de concentrer son attention sur un roman policier. Il traversait un de ces « creux » qui alternaient avec des moments de meilleur moral. Depuis huit jours il vivait comme sur une sinusoïde. Mais ce soir il était vraiment gagné par une angoisse sourde qu'il ne parvenait pas à maîtriser.

Geneviève avait disposé une statuette de la Vierge sur une petite console dans le coin gauche de la pièce à hauteur du regard. Une Vierge qui ouvrait les bras dans une attitude d'accueil En suivant des yeux la direction de ses mains on aboutissait sur le mur opposé à une reproduction du tableau de Salvador Dali : un Christ crucifié surplombant un paysage lacustre.

Modeste tentait de se ressaisir. Il se remémorait ses moments difficiles, cherchant à puiser dans son passé les forces qui lui permettraient d'affronter cet avenir angoissant. Il se projetait plus de trente ans en arrière, à l'époque où il avait décidé d'assumer l'humiliation subie à cause de son nom en choisissant volontairement, en manière de défi, un prénom désuet. Quel chemin parcouru depuis, mais dans quelle impasse se trouvait-il aujourd'hui ! « Quand on est prisonnier d'une situation particulièrement défavorable, on a au moins encore la liberté de choisir la façon dont va pouvoir la vivre », lui avait dit une fois ou l'autre sa mère, en faisant référence à Thérèse de Lisieux, lorsque la famille avait traversé des passes difficiles. Une situation particulièrement défavorable, doux euphémisme pour qualifier celle d'aujourd'hui…

Machinalement son regard avait suivi la direction qu'indiquaient les bras ouverts de la Vierge. Cette fois-ci il sentit qu'il convenait de dépasser le niveau de la simple émotion esthétique que lui inspirait habituellement le tableau de Dali. C'est bien toute la souffrance du monde qu'il porte se dit-il, la mienne aussi ? Pourquoi pas ? Mais j'en suis si loin ; je suis si loin de lui. Alors, il sentit qu'une force le poussait à engager une sorte de dialogue intérieur. Il se surprit même, chose vraiment inhabituelle pour lui, à parler au Christ à la deuxième personne du singulier :

« Je ne crois pas en toi, mais je choisis de vivre cette maladie avec mes doutes, mon désespoir comme tu as assumé la pire des injustices. Moi, au moins j'ai une part de responsabilité dans ce qui m'arrive, mais toi tu n'avais vraiment rien fait pour mériter ce sort... Sans s'en apercevoir il reprenait les mots que l'évangéliste Luc met dans la bouche du "bon larron" sur la croix... J'ai peur, bien sûr. De la maladie, de la mort, de l'au-delà... Il se rendit compte à cet instant qu'il éprouvait aussi une autre peur, plus présente, plus intime, qui ne concernait pas directement sa maladie. La peur de lâcher quelque chose auquel il tenait obstinément depuis fort longtemps, sans en être réellement conscient : le sentiment de la cohérence, de la maîtrise, de la liberté de certains de ses choix et de ses attitudes antérieurs. Les fondements de sa revendication de liberté, les repères pour justifier sa conduite lui apparaissaient tout d'un coup bien fragiles. Ma liberté n'était-elle pas qu'illusion, noyée derrière un rideau de fumée – c'était bien le terme qui convenait – se disait-il. Être libre, était-ce faire ce que je voulais, en me laissant aller à cette démentielle consommation tabagique, à ne pas tenter de m'en débarrasser sérieusement ? Ou plutôt est-ce que je ne me réfugiais pas dans cette conduite infantile par peur de grandir... Au fond, j'avais envie de me protéger, mais contre quoi ? Finalement, est-ce que je ne redoutais pas quelque chose en me vautrant dans la cigarette ; je le sais bien, cela équivaut à téter le sein de sa mère... Mais je me suis bien gardé d'approfondir... Un refuge contre l'angoisse, au moins contre la crainte. Alors, ne craignais-je pas plutôt quelqu'un ? Qui ? Mon propre père, Louis Ringardet ? Absurde ! Alors qui ? Lui, pensa-t-il en regardant le tableau. Lui, si pitoyable et si grand à la fois... »

Tout chavirait.

« Je ne sais plus, je ne sais rien… » Il tournait et retournait toutes ces pensées, livré à une véritable torture, tout en percevant confusément la proximité d'une issue.

« Allez, c'est bon j'abandonne mes préventions intellectuelles, je laisse tomber mes constructions rationnelles qui me défendent, me protègent contre ce je ne sais quoi que je redoute tout au fond de mon être… Jésus, si tu peux m'aider… au moins à y voir clair…

…et tout cela sans espoir d'une quelconque récompense, eut-il envie d'ajouter… » Mais ce qui se passa alors ne lui laissa même pas le temps de se récupérer dans ce qui n'aurait été finalement qu'un dernier sursaut d'orgueil.

Un sentiment de paix indéfinissable assorti d'une sorte de joie profonde l'inonda tout à coup. Face à ce Christ, et par Lui, dont il ne voyait pourtant pas les traits, il se sentit comme appelé, et appelé par son nom. Ce n'était ni Modeste, ni Pierre, c'était à la fois Pierre et Modeste, et c'était plus que Pierre et Modeste, c'était son nom à lui, au-delà de toute formulation. C'était sa personne nommée par-delà les mots par une autre personne. Une autre Personne. Il se sentait connu, reconnu, aimé, comme il ne l'avait jamais été, ou alors il y a si longtemps… Un amour si proche et si différent de celui de Geneviève. Un amour qui n'entrait pas en conflit avec celui qu'il vivait, mais qui l'englobait sans le dissoudre, le dilatait, le parachevait. Oui c'est ça, un Amour qui le conduisait dans une autre dimension qui n'excluait pas l'autre, humain, quotidien, mais en confortait d'une manière décisive le sens et la portée. Aimé sans condition, tel qu'il était, là à ce moment présent, sans préalable, sans exigence morale à remplir et sans demande à formuler non plus. Intensément aimé pour lui, pour lui-même.

« Mais, mais j'ai la foi!... », se dit-il, pris d'une soudaine panique. Il se disait: « j'ai la foi » comme il aurait dit « j'ai attrapé la grippe ou le choléra ». Il s'apercevait tout d'un coup que nombre de ses repères antérieurs s'effondraient, il se sentait brutalement nu, perdu et affamé. Alors il refit spontanément le geste si longtemps salvateur pour lui: il palpa ses poches à la recherche du sacro-saint paquet de cigarettes, ce satané fétiche, ce cher gri-gri anti-angoisse existentielle...

L'instant de plénitude qu'il venait de vivre était trop proche pour qu'il l'oublie. Au contraire l'ultime tentation qu'il avait subie dans ce mouvement de recul devenait à ses yeux la preuve définitive d'un lien entre son aliénation tabagique et ses rejets passés de la foi libératrice. Ce n'étaient finalement que les ultimes soubresauts des forces qui le tenaient prisonnier depuis si longtemps.

Geneviève avait disposé une bible sur un petit guéridon juste en dessous du tableau de Dali. Il l'avait vue parfois l'ouvrir ainsi au hasard. Il fit de même. Il tomba sur un texte de l'Ancien Testament placé par l'évangéliste Luc au début du ministère de Jésus:

« L'Esprit du Seigneur est sur moi parce qu'il m'a conféré l'onction
pour annoncer la bonne nouvelle aux pauvres.
Il m'a envoyé proclamer aux captifs la libération
et aux aveugles le retour à la vue,
renvoyer les opprimés en liberté,
proclamer une année d'accueil par le Seigneur. » *

Ces paroles prirent à ce moment-là pour lui une signification percutante, un relief saisissant. Il avait rencontré le Christ... Le retour dans le giron de l'Église viendrait plus tard, il coulerait de source – de sa Source – mais chaque chose en son temps...

* Luc 4,18 -19 version de la T.O.B., comme les autres citations bibliques de cet ouvrage.

De la même façon qu'il s'était senti appelé par son nom, il l'avait immédiatement compris : ces paroles s'adressaient à lui, à lui personnellement. Le captif libéré, c'était lui, libéré de ses refus, de ses atermoiements perpétuels vis-à-vis du chemin de la foi que lui montrait son épouse depuis si longtemps. Enfin il y voyait clair, il acceptait d'y voir clair sur la vraie nature de son asservissement au tabac, de son refus de s'en libérer.

Il était enfin délivré de cet oppresseur intime, auquel il s'était soumis pendant si longtemps...

L'impression indéfinissable, faite d'un bonheur impalpable, qu'il avait éprouvée quelques instants plus tôt était revenue. Une très douce, très discrète euphorie, le sentiment d'une unité intérieure retrouvée. C'était donc ça ce qu'il redoutait de connaître depuis tant d'années. Que d'errements, que d'erreurs... Tournant résolument le dos aux reproches, à la culpabilité, il savourait sa libération, mesurant le degré de son asservissement passé, goûtant le retour de la claire vision des choses après un si long temps d'aveuglement. Il dégustait sa nouvelle liberté, délivré d'une oppression dont il reconnaissait partager la responsabilité.

Le texte était très clair : cette bonne nouvelle est annoncée aux pauvres. Il lui en avait fallu du temps pour devenir un pauvre selon l'Écriture. Le mot pauvre ne lui faisait plus peur, ne le révoltait plus, il était tellement heureux de se sentir pauvre devant Lui, devant Lui qui pouvait, il en était sûr désormais, le combler de tant de richesses. Enfin il était parvenu à la connaître cette pauvreté évangélique, tard c'est vrai, mais il était prêt à tout accepter, quelle que soit l'issue de l'épreuve qu'il traversait, de toute façon ; avec Lui, il avait un avenir, un à venir... *Heureux, vous les pauvres... !*

9. L'état de Grâce

La traversée du département de l'Yonne n'en finissait pas. L'autoroute le parcourt dans sa plus grande dimension : une diagonale de cent kilomètres. Près d'une heure de route, ce n'est finalement pas si long. Mais il roulait depuis le matin et bien que ce fût une belle journée d'hiver, il avait hâte d'arriver. Il savait qu'une vingtaine de minutes après Auxerre il ferait une brève incursion dans le Loiret, et qu'alors il ne lui resterait plus là encore qu'une centaine de kilomètres avant d'atteindre la capitale. Tiens, encore une fois ce chiffre cent, remarqua-t-il.

Cent, les cent jours… Non certes pas la fin de l'épopée Napoléonienne. L'empire n'exerçait véritablement sur lui aucune fascination et l'empereur lui-même ne suscitait pas non plus chez lui une franche admiration. Pour lui, comme pour Beethoven qui raya d'un trait de plume la dédicace de sa troisième symphonie primitivement dédiée à Bonaparte afin de lui substituer la mention : « À la mémoire d'un grand homme », le bilan positif à mettre à l'actif du personnage se clôturait avec le coup d'état du dix-huit brumaire.

Non, pour lui les cent jours évoquaient « l'état de grâce ». Cette expression réservée à l'origine au domaine religieux a fait fortune dans le langage politique. Il y a en effet un point commun entre un nouveau converti et un président de la république fraîchement élu : ce sont les quelque trois mois qui suivent cet événement. Cette période bénie pour les chefs d'états lorsque les espérances soulevées par leur arrivée au pouvoir n'ont pas encore eu le temps de se faner au contact de la dure réalité des choses et des êtres, où tout paraît possible et où le monde porte sur vous un regard encore rempli d'espoir et d'indulgence… Il en est un peu de même pour le jeune converti, hormis le fait que c'est lui qui découvre une autre vision des choses et des personnes, et qu'il savoure une plénitude de vie qui offre un nouveau sens à son destin.

Geneviève avait été plutôt surprise de le voir plongé dans le Nouveau Testament en rentrant du collège ce soir-là. Lui-même ne savait trop que dire. Il ne dit d'ailleurs pas grand-chose. À quoi bon tenter d'expliquer l'inexplicable. Ce qui s'était produit en lui était trop intime, trop dépendant de sa propre histoire personnelle pour pouvoir le communiquer même à l'être qui lui était le plus proche, l'être avec lequel il partageait tout. Non, ce qu'il venait de vivre était du domaine de l'indicible. Ce ne pouvait se décrire. Mais par contre cette joie intérieure toute neuve s'amplifia, rebondit, quand il prit conscience qu'il partageait désormais avec son épouse cette foi qui était si déterminante, si féconde dans la vie de celle qu'il aimait, de celle qui était sa femme depuis bientôt vingt ans. La rencontre avec le Christ, son adhésion soudaine non seulement à son message, mais à sa Personne, n'interférait en aucune façon avec sa relation à sa compagne, bien au contraire, percevant mieux ce qu'elle vivait profondément, il se sentait encore plus proche d'elle.

Le sourire qu'il esquissa devant la réaction d'étonnement de Geneviève signifiait en quelque sorte une nouvelle complicité, une étroite connivence. Elle devina. Elle comprit aussi pourquoi elle s'était sentie envahie par une impression de douceur ineffable pendant le trajet de retour du collège. Un vague sentiment de culpabilité l'avait pourtant étreint en percevant cette sensation tant elle lui semblait incongrue dans la situation présente. Elle s'était vainement défendue contre elle, essayant de faire valoir à ses propres yeux la gravité de la situation qu'ils traversaient. Mais sans succès. Le sentiment d'un bonheur plus fort que les angoisses de l'heure l'avait alors saisie. Les évidences étaient contraires et pourtant curieusement ses inquiétudes se dissipaient sans savoir pourquoi.

Tout lui paraissait clair maintenant. Inutile de parler, le simple geste qu'il fit en lui prenant la main suffit. La très douce pression que ses doigts exerçaient sur la paume suppléait à toute explication. Ils se retrouvaient unis à un niveau encore jamais atteint. Une union sans fusion, une communion avec l'essentiel, avec leur essence même. L'union des personnes qui se rejoignent au plus ultime de ce qui constitue leur différence : l'image inviolable et unique du Créateur que porte chacune d'elle.

Le résultat du scanner se montra donc plutôt rassurant quant au degré de l'éventuelle extension de la maladie. Mais il n'apportait pas de confirmation diagnostique. Avec la négativité de la fibroscopie, c'est bien ce qui gênait tout le monde. Prendre la décision d'opérer relevait du pari, situation désagréable pour les médecins et pourtant non exceptionnelle. La marche à suivre conforme à la règle était donc se soumettre à l'épreuve du temps, juger de l'effet ou de l'absence d'effet de l'antibiothérapie classique sur l'image pulmonaire pour déterminer la conduite à tenir. Quelques semaines à se ronger les sangs, à se poser des questions sur la rapidité avec laquelle les affreuses petites cellules allaient se multiplier et peut-être disséminer. Parce que pour Modeste, il n'y avait vraiment aucun doute. Il était bel et bien atteint d'un cancer bronchique. Sa seule chance était la précocité de la découverte de la tumeur, donc de la possible efficacité d'une intervention. Il les comprenait fort bien les hésitations de ses confrères, mais sa conviction intime le poussait naturellement à brûler les étapes dites « normales ».

Il était partagé entre l'impatience d'agir et une certaine sérénité qui lui venait de sa foi toute nouvelle. Ou plutôt par le sentiment diffus que la situation actuelle malgré la tension intérieure qu'elle engendrait n'était pas dépourvue de sens. La croix, symbole qu'il avait eu jusque-là plutôt tendance à ignorer et à fuir, n'exerçait plus chez lui un sentiment de répulsion. Sans qu'il sache vraiment pourquoi il pressentait qu'une certaine force émanait de ce signe. Il n'osait pas vraiment identifier sa situation présente à celle du crucifié, mais il retrouvait dans les instants de détresse dans lequel il lui arrivait de se trouver plongé, la même proximité qui l'avait conduit à reconnaître le Christ et à se sentir reconnu par Lui. Cet homme, le fils de Dieu avait lui aussi traversé l'épreuve de la souffrance et de l'abandon.

Dans sa profession, il en avait côtoyé des drames, il en avait accompagné des malades incurables… Dans ces cas-là, c'était plutôt la révolte qui le gagnait, une raison de plus pour rejeter toute croyance. Comment imaginer qu'un Dieu que l'on dit « bon » puisse permettre ou seulement tolérer des choses pareilles, n'est-ce pas ? ne manquait-il pas de se dire alors, rejoignant par là une opinion commune, que partageaient notamment nombre de ses confrères. Mais aujourd'hui c'était différent : bien qu'étant lui-même partie prenante de la souffrance humaine, il ne se résolvait pas pour autant à s'apitoyer sur son sort. Ce qui lui apparaissait clairement désormais, c'est que ce Dieu qu'il imaginait auparavant si distant, si lointain, n'avait pas craint de partager la condition des hommes dans ce qu'elle a de plus terrible et de plus misérable. La souffrance, l'abandon et même l'angoisse, tout ce qui fait le drame de la condition humaine, Dieu lui-même l'avait subi, vécu et assumé. Il avait vraiment fallu pour Modeste qu'il soit contraint de toucher le fond pour comprendre tout cela. Entre le Christ et lui s'établissait désormais une relation d'étroite proximité, de compagnonnage. Il comprenait maintenant ce que signifiait « se mettre en route à la suite du Christ », pour l'instant dans le cadre étroit, mais finalement si riche, d'un cheminement intérieur entremêlé d'incertitudes et d'espérance. Plus tard, s'il y avait un plus tard, ce serait différent, mais pour l'instant, il fallait assumer tout cela dans la foi. La foi... au fond, une aide incomparable, mais combien exigeante.

Le « retour de l'enfant prodigue » se fit par étapes et par des chemins complémentaires. Il éprouva quelques réticences à participer du jour au lendemain et pleinement à la vie sacramentelle. Dans un premier temps il se contenta d'assister à la messe dominicale dans sa paroisse. Mais il se sentit très vite véritablement « happé » par la « tentation » d'aller plus loin. Il s'ouvrit de son désir au prêtre qu'il connaissait le mieux, celui dont il était le médecin traitant depuis déjà quelques années, estimant qu'une sorte de réciprocité pouvait bien s'instaurer entre les soins que l'un prodiguait au corps et l'autre à l'âme... Après une confession sérieuse et approfondie il se décida à communier. Geneviève était radieuse... presque autant que le jour de leur mariage. S'il n'y avait eu cette terrible épée de Damoclès au-dessus d'eux, c'était le bonheur parfait... Elle avait remporté deux manches, la troisième était autrement redoutable...

L'autre cheminement de Modeste était plus intime, plus spirituel. Très naturellement il se plongea dans la lecture de celle qui avait éclairé et éclairait toujours la route de sa chère maman. L'« *Histoire d'une âme* » de sainte Thérèse de l'Enfant Jésus lui apporta, dans les circonstances si éprouvantes de sa conversion, une aide décisive. L'attitude d'abandon que la jeune carmélite décide d'adopter si simplement, mais si totalement et finalement si courageusement, dans l'univers de son couvent et tout au long de sa maladie inspira la sienne, bien que leurs situations respectives ne fussent pas rigoureusement superposables. En effet, malgré la similitude apparente de leur situation : une altération grave de leur état de santé, leur position, leur histoire n'avaient pas grand-chose de commun. Mais dans l'épreuve qu'il traversait la « petite Thérèse » lui offrait surtout un point de repère irremplaçable. Avec sa « petite voie toute droite », elle ouvrait une brèche décisive dans l'univers de désespérance dans lequel il était quelquefois bien tentant de sombrer. « Tu es certes prisonnier d'une épreuve particulièrement dure et difficile, cependant il te reste encore la liberté de pouvoir choisir la façon dont tu peux la vivre. » Cette parole que sa mère avait fait sienne trouvait alors en lui une résonance incomparablement féconde. Dans l'attitude de confiance et d'abandon librement acceptés il trouvait un réconfort et même une joie profonde véritablement inattendue. L'état de grâce ne fut certes pas pour lui une lune de miel. Ce fut mieux que cela : à travers une inquiétude et parfois une angoisse qu'il s'efforçait d'assumer se révélait progressivement à lui et en lui un univers de paix profonde, fait de sérénité et d'une sorte de dilatation de l'être qui le comblait au-delà de tout ce qu'il aurait pu imaginer.

Mais pour lui « assumer » ne signifiait pas se résigner. L'attitude d'abandon à la grâce de Dieu n'avait rien à voir avec une quelconque démission. Au contraire ce mouvement d'ouverture et d'accueil confiant à ce qui va venir avait valeur de pari sur la vie. C'était une invitation à mobiliser toutes ses ressources pour faire face aux difficultés de l'heure sans céder à la tentation du désespoir ni à celle de la fuite devant la réalité. Faire face pour Modeste cela signifiait aussi se battre contre l'ambiguïté de la situation présente. Il ne fallait rien négliger pour lever les doutes. Aussi il suivit le conseil de Xavier, son beau-frère, et alla consulter le chirurgien thoracique qui travaillait dans le même C.H.U. parisien que lui.

Le professeur agrégé Charles Dubourget était perplexe. C'est vrai que ce truc-là pouvait avoir une allure néoplasique. Mais de là à s'embarquer dans une intervention en l'absence d'une confirmation histologique même un mois et demi après la découverte de l'image suspecte, il y avait un pas qu'il hésitait à franchir. Les deuxièmes clichés étaient pratiquement superposables aux premiers, en tout cas on ne notait aucune diminution de la taille de la formation en cause et puis cette espèce de clarté en son centre persistait. Il attendait les résultats du deuxième scanner pour prendre une décision.

Il faut dire que ça tombait mal. Le poste de chef de service serait bientôt vacant et la concurrence plutôt sévère pour la succession. Une lobectomie pulmonaire pour une simple pneumopathie traînante serait une erreur, ou plus précisément serait présentée comme telle par l'autre candidat sur les rangs et cela pourrait lui coûter très cher. Il connaissait aussi les attaches religieuses de la famille de la Roque. Lui-même tout à fait indifférent dans ce domaine raisonnait surtout en termes de rapport de force. Il n'existait évidemment pas de « lobby catholique » au sein des instances qui décideraient de la succession du patron, mais peut-on mesurer l'impact que peuvent avoir parfois les relations des uns et des autres dans le monde médical de haut niveau ? Et puis avec ces gens au nom à particule il existe probablement certaines coteries ou connivences plus ou moins occultes... Refuser d'intervenir, c'est-à-dire vraisemblablement remettre à un autre le soin de pratiquer l'opération, ne serait pas bien vu par des gens qui étaient susceptibles de peser de façon décisive dans le choix du titulaire du poste qu'il ambitionnait d'occuper. Et pourtant malgré tout, il ne pouvait demeurer insensible à l'insistance de ce type, et de plus un confrère, qui ne demandait qu'une seule chose : être débarrassé dans les plus brefs délais de ce qu'il appelait son cancer. Lui au moins n'avait pas d'états d'âme diagnostiques…

Le second scanner n'apporta pas grand-chose de plus, peut-être une discrète augmentation du volume de l'image et encore… non vraiment rien de probant. Charles Dubourget se décida alors à faire la seule chose qu'il y avait à faire : en parler avec le patron.

Quand il apprit qu'un des deux agrégés du service souhaitait le voir rapidement, le professeur Georges Mazauric ne put s'empêcher de penser que la guerre de succession était déclarée. « Dubourget veut se placer, il ne perd pas de temps le bougre, un peu trop tôt quand même… ». Mais quand il le vit entrer avec la grosse pochette de papier kraft qui contient le dossier des malades des hôpitaux de l'Assistance Publique, il rectifia son jugement. « Eh bien, qu'est-ce que ça veut dire… ? pensa-t-il. La discussion des cas délicats est réservée au staff du mardi matin, il sait bien pourtant que j'ai horreur de tout ce qui peut ressembler à un passe-droit ». Son impression désagréable se confirma quand il lui annonça qu'il s'agissait du cas du beau-frère d'un collègue hospitalier. Mais après que Dubourget l'eût informé des données du problème, l'ambiance un peu tendue du début de leur entretien prit une tonalité plus cordiale, témoin d'une curiosité plutôt bienveillante de la part du patron.

« Comment s'appelle-t-il votre gars déjà ?

– Ringardet, Modeste Ringardet, Monsieur.

– Tiens, ce nom me dit quelque chose. Attendez, oui c'est ça, je crois bien l'avoir eu comme externe quand j'étais assistant à Beaujon. Un type assez grand, très appliqué, probablement issu d'un milieu aussi modeste que son prénom d'ailleurs. Il devait sûrement déjà fumer comme un pompier, mais à l'époque il est vrai que dans le milieu hospitalier il n'était pas le seul… »

Charles Dubourget ne put s'empêcher de ressentir une fois de plus de l'admiration pour la mémoire phénoménale du patron. À dire vrai Georges Mazauric s'était toujours fait un devoir de recevoir personnellement tous les étudiants qui fréquentaient son service, s'informant avec autant de précision que de discrétion de leurs projets d'avenir. En fin de stage, il ne dédaignait pas, à sa manière, c'est-à-dire sobrement et sur un ton bourru, de leur prodiguer quelques conseils pour la suite de leur carrière. En salle d'op' il était à la fois redouté et adoré par le personnel. À l'opposé de nombre de chirurgiens gueulards de sa génération, ses terribles silences avaient valeur d'une salutaire mise en garde qui impressionnait chacun, mobilisait l'attention et galvanisait l'énergie de tous.

« Vous avez les photos ?

– Voici les deux scanners et le résultat de la fibroscopie...

– D'abord les radios s'il vous plaît. »

Le patron ne se départissait jamais de méthode, d'ordre et de rigueur, même pour les cas qui apparemment prêtaient le moins à discussion.

« Encore de petite taille, mais d'allure quand même moche, ce peut être effectivement une saleté ; mais c'est vrai qu'il y a cette clarté qui rend hésitant les pneumologues, et naturellement avec une telle localisation, la fibroscopie n'a rien donné.

– Effectivement, Monsieur. D'autre part, les deux scanners ne mettent pas en évidence d'extension loco-régionale, pas d'adénopathie suspecte non plus.

– Et l'intradermo-réaction à la tuberculine ? lança-t-il négligemment. Il avait plusieurs fois eu l'occasion de constater qu'avec leurs manies de demander des examens sophistiqués les confrères aujourd'hui, même hospitaliers, étaient bien capables de passer à côté des affections les plus classiques...

– Sans particularité, positive sans plus ; les résultats des cultures effectuées sur les prélèvements de l'aspiration effectuée lors de la fibroscopie devraient arriver bientôt m'a dit Ringardet quand je lui ai posé la question hier.

– Et lui, comment voit-il la situation ?

– Il est sûr de la nature néoplasique de la lésion et ne demande qu'une chose : être opéré au plus vite. Mais d'un autre côté, du point de vue des pneumologues, il est certain que cinq semaines d'antibiothérapie classique c'est un peu court pour éliminer une pneumopathie banale. Mais lui, il n'a vraiment aucune hésitation et je n'ai jamais vu quelqu'un être à la fois aussi déterminé et aussi serein face à une solution chirurgicale, surtout chez un membre de la profession…

– Mettez-vous un peu à sa place… Vous vous êtes un peu renseigné, ce n'est pas un farfelu ?

– Je connais bien de la Roque du service d'orthopédie, son beau-frère. Les informations qu'il m'a fournies sont excellentes : bonne réputation, très bien intégré professionnellement et stable sur le plan affectif. »

Le professeur Mazauric resta pensif un long moment.

« Quand on est dans la situation inverse c'est plus simple n'est-ce pas. Nos confrères du privé le savent bien, eux qui se hasardent rarement à intervenir chez un malade qui panique avant une opération. Mais dans le cas présent, c'est exactement le contraire… un patient qui exige d'être opéré… au fond, je le comprends très bien ce type. Il y a des certitudes qui dépassent les seules données objectives de nos moyens d'investigation. Quand devez vous le revoir ?

– Dès que les résultats des cultures lui seront connus il est convenu qu'il me contacte.

– Arrangez-vous pour le convoquer un jour où je suis dans le service, je veux le voir avec vous. »

Huit jours plus tard Modeste se trouvait avec Charles Dubourget dans le bureau du Professeur Georges Mazauric. La surprise avait été de taille pour lui. Il aurait bien sûr préféré revoir dans d'autres circonstances un de ces maîtres pour lesquels il éprouvait encore aujourd'hui beaucoup d'estime et une certaine admiration. Mais cette rencontre tombait on ne peut mieux. Mazauric n'était pas à proprement parler un rigolo, il le revoyait tel qu'il était vingt ans en arrière : plutôt sec et avare de propos superflus. Mais un type qui avait les défauts de ses qualités : réservé, mais fiable, on ne peut plus fiable. Il avait l'impression d'approcher de la sortie du tunnel. Certes la traversée de ce tunnel avait été illuminée par une joie profonde : celle que n'avait cessé de lui procurer cette renaissance dans la foi chrétienne, cet état de grâce dans lequel il avait le sentiment de vivre depuis un mois et demi. Mais l'incertitude sur la conduite à tenir face à sa maladie en faisait quand même une expérience douloureuse dont l'évidente fécondité n'effaçait pas le caractère éprouvant. Aussi, il ne manqua pas de ressentir la convocation urgente de Dubourget en présence du professeur Mazauric comme un discret clin d'œil de la Providence.

Après avoir échangé les propos d'usage sur le parcours professionnel de son ancien élève, le patron du service de chirurgie thoracique aborda le vif du sujet :

« Notre ami Dubourget m'a mis au courant de votre problème, j'ai pu voir l'imagerie, on peut effectivement suspecter ce que vous craignez, mais rien de définitivement probant. Les cultures sont négatives n'est-ce pas ? pas de B.K. à l'horizon. Et pourtant les pneumologues hésitent à conclure à une origine tumorale, on les comprend un peu. Comme vous le savez – c'est la formule habituelle quand on veut délivrer ou rappeler un enseignement sans en avoir l'air – six semaines d'antibiothérapie c'est un délai un peu court pour récuser la nature infectieuse, à germes banals, d'une affaire comme la vôtre. Mais dîtes-moi, qu'est-ce que vous en pensez, vous ? »

Tout était dans ce « vous ». Dans la façon dont il prononça ce « vous » il y avait certes une allusion évidente à une certaine connivence professionnelle, mais il y avait surtout une interrogation, une sorte de sondage pour apprécier le degré de conviction et la détermination de la personne qu'il avait en face de lui.

« Pour moi il n'y a aucun doute, Monsieur. C'est un cancer bronchique, avec le niveau d'intoxication tabagique que j'ai atteint, et pendant de nombreuses années, ce ne peut être que ça.

– Hum… Bien sûr, mais…

– Monsieur, je suis sûr de mon fait. D'ailleurs je suis prêt à rembourser à l'Assistance Publique tous les frais relatifs à l'intervention si mon diagnostic est erroné…

– Il ne manquerait plus que cela, tiens ! répliqua le professeur en esquissant un sourire. » Puis il se tut. Modeste se sentait revenir plus de vingt ans en arrière, lorsqu'il assistait le docteur Mazauric en salle d'op' et que les choses ne tournaient pas comme prévu. C'était la même tension qui régnait alors, agrémentée de la même avarice de paroles. Mais cette atmosphère n'était pénible qu'en apparence. Elle était en réalité perçue par tous, de la panseuse à l'anesthésiste non seulement comme relevant d'une intense concentration mais aussi comme le témoin de la totale implication de l'opérateur qui n'aurait jamais remis à quiconque d'autre la responsabilité de la suite des événements, quelle que soit leur issue.

Georges Mazauric finit par rompre le long silence qui s'était instauré entre les trois hommes. Il esquissa un bref sourire vers son ancien externe, puis se tourna vers l'agrégé du service.

« C'est bon, Dubourget, si vous êtes prêt à y aller, et bien, n'hésitez pas, allez-y. »

Le professeur agrégé Dubourget y alla. Au fond il partageait l'opinion de ses deux confrères et après cette entrevue ses craintes antérieures lui apparurent plutôt imaginaires. Il ne pouvait s'empêcher de penser, avec un soupçon de honte quand même, que muni de la bénédiction du patron et d'un tel patron, le parapluie fonctionnerait de toute façon en cas de méprise.

Le résultat de l'examen anatomo-pathologique confirma la pertinence de leur option thérapeutique : c'était bien ça : un carcinome bronchique, sans extension locale, sans atteinte ganglionnaire non plus comme l'avaient suggéré d'ailleurs les deux scanners. À ce stade le pronostic était excellent.

« Merci, Geneviève pour ta farouche détermination pour me faire passer ce cliché », pensa Modeste quand il en eut connaissance. Il est bien possible que le délai supplémentaire suggéré par les pneumologues n'aurait pas modifié le pronostic. Probablement. « Mais, merci aussi, professeur Mazauric, pour m'avoir épargné trois ou quatre semaines d'inquiétude supplémentaire ; ajouta-t-il intérieurement. Deo gratias ! »

Franchement, le patron a un « sacré pif », pensa une fois de plus l'agrégé. Ce n'était pas la première fois qu'il le voyait faire preuve d'un flair remarquable dans des situations où l'intuition était au moins aussi utile que la somme des examens complémentaires et de l'expérience. Ce que l'agrégé nommait « du pif », n'était en fait que l'expression d'une grande humilité. La grande humilité dont le patron savait faire preuve, sans le montrer, dans les circonstances où règne la plus grande incertitude. Ces circonstances auxquelles tout décideur est un jour ou l'autre confronté et qui se jouent de la maîtrise qu'offrent habituellement les gestes rodés par l'expérience et l'accumulation des connaissances objectives.

Seule la femme de ménage, si elle avait été vraiment curieuse et si elle avait su lire le français aurait pu savoir que Georges Mazauric ne se séparait jamais de sa vieille bible Segond que lui avait donnée sa mère. La tranche noircie à force d'avoir été feuilletée, elle était toujours à portée de sa main dans le deuxième tiroir de son bureau. Ce Cévenol de pure souche était resté fidèle aux convictions protestantes héritées des siens. Plus que le Temple qu'il fréquentait assez régulièrement, c'est la lecture brève, mais quasi quotidienne de passages du Saint Livre qui nourrissait cette foi transmise de génération en génération. La foi dont ses ancêtres avaient payé si chèrement le droit de pouvoir l'exprimer à leur façon et au grand jour. Élevé selon les manières austères propres à ce milieu, il avait toujours su garder une saine distance vis-à-vis de la gloriole et des honneurs dont ne sont d'ordinaire pas privés ceux qui parviennent au niveau qu'il avait atteint. Bien trop conscient de la dure réalité de la chose médicale il s'efforçait d'accueillir avec sérénité aussi bien les brillants succès que les échecs plus ou moins cuisants. Les patients n'ont malheureusement pas toujours la bonne idée de guérir, et ce ne sont pas ceux dont l'affection a requis le plus d'efforts et d'attention qui témoignent de la reconnaissance... Quant aux collègues, en médecine comme ailleurs, ils ne sont pas épargnés, c'est le moins que l'on puisse dire, par la tentation du « carriérisme ».

L'héritage culturel et l'appartenance à l'Église Réformée n'expliquaient pas à eux seuls la distance empreinte d'une grande humanité dont Georges Mazauric savait faire preuve à l'égard de son art. À l'orée d'une prestigieuse carrière médicale une épreuve l'avait atteint qui l'amena progressivement à adopter un autre regard vis-à-vis des choses et des êtres. Six mois après sa naissance, son deuxième enfant s'était révélé être mongolien. Après une période d'abattement mêlé de révolte, Eliette son épouse et lui-même, avaient, avec l'aide d'un pasteur de leurs amis retrouvé dans la foi et l'espérance le courage d'assumer en vérité cette situation. En vérité, car la relation avec cet enfant si elle était limitée dans le champ intellectuel se révéla petit à petit susceptible de se déployer de façon particulièrement gratifiante dans le domaine de la sensibilité et de l'affectivité. Avec le temps elle s'avéra porteuse d'une richesse insoupçonnée, requérant de la part de l'entourage une grande disponibilité assortie d'une non moins grande authenticité. « Heureusement que l'amniocentése n'était pas encouragée comme elle l'est aujourd'hui, qui sait si nous n'aurions pas reculé nous aussi ? se surprenait-il à penser parfois... »

Mais l'épreuve fut également décisive dans son parcours humain et spirituel. Les limites du fameux « pouvoir médical », il les vivait quasiment dans sa propre chair. L'espèce de dénuement moral et intellectuel dans lequel il avait été plongé au début le conduisit à se défaire progressivement de ce penchant pour la rigueur intransigeante dont il avait eu trop souvent tendance à faire preuve vis-à-vis de tous, les malades comme les confrères. Instruit par cette expérience qui lui faisait vivre une dimension de la relation humaine originale, mais d'une grande qualité, il s'efforça de voir à travers chacun de ses patients beaucoup plus une personne qu'un cas soumis à sagacité et à son habileté professionnelle. Sans pour autant abandonner son ton bourru et sa réserve naturelle il cherchait ainsi à mieux comprendre la place de la maladie dans la trajectoire de l'existence du malade qu'il avait devant lui. Sans se départir de ses méthodes et de son savoir rigoureux, il apprit à remettre sa science et son art à leur juste place. C'est-à-dire à les considérer comme des dons qu'il avait certes eu le mérite de faire fructifier, mais dont il n'était ni l'auteur ni l'origine. Avoir accepté cette situation dans la foi et l'humilité lui permit petit à petit de découvrir un univers où la remise en cause des valeurs dominantes – celles du savoir et du pouvoir – s'avérait être source de richesses inattendues.

Au fond, lui aussi adoptait une attitude de pauvre selon l'évangile, dont les fruits se manifestaient chez lui par une vision parfois un peu plus pénétrante et plus éclairante que ce que permettent les seules données du savoir et de l'expérience. Ce « flair » que son entourage admirait était en fait le produit d'une attitude intérieure de vraie pauvreté... *Heureux, vous les pauvres... !*

10. Le baptême des oiseaux

Saint-Vrain, le Parc Animalier, quelques kilomètres avant Corbeil une fois de plus la signalisation de l'autoroute poussait sa réflexion à jongler avec les événements marquants du passé. Cette fois-ci, c'est la difficile réalité à laquelle il allait être bientôt confronté qui se rappela brutalement à lui.

Quel âge pouvait-elle avoir à l'époque? Tout juste cinq ans probablement. Mais elle savait déjà très bien ce qu'elle voulait. C'était peu après son baptême. Il avait promis à Laurence de l'emmener, avec Jérôme alors âgé de deux ans, voir ces animaux qui s'ébattent plus ou moins librement dans ce parc à une trentaine de kilomètres de Paris. Une relation privilégiée faite de complicité taquine unissait le parrain et sa filleule. Elle savait d'ailleurs très bien en user et en abuser. Les promenades zoologiques n'étaient pas à proprement parler sa tasse de thé, mais la gamine avait su profiter de la gentillesse de son parrain pour lui arracher la promesse de l'emmener un jour à Saint-Vrain. L'occasion se présenta peu après, avec l'arrivée du petit frère. Gérard et Jacqueline, complètement absorbés par cette naissance furent ravis de goûter un peu de tranquillité en confiant leur aînée à

Modeste. Jérôme, malade, était resté à la maison en compagnie de Geneviève, la filleule et le parrain étaient donc partis ensemble pour un safari, comme il disait…

Les Marty n'avaient pas jugé utile de procéder au baptême de Laurence peu après sa venue au monde. À vrai dire les questions d'appartenance religieuse ne faisaient pas partie de leurs préoccupations prioritaires. Ni adversaires, ni partisans, ils partageaient vis-à-vis du christianisme une attitude assez indifférente, non exempte d'un certain respect cependant. Ils étaient eux-mêmes d'origine catholique, mais en l'absence d'un entourage familial soucieux de maintenir au moins une tradition, ils avaient tout simplement négligé de faire les démarches pour que leur fille bénéficie de ce premier sacrement.

C'est l'association avec Modeste Ringardet qui fut à l'origine de leur demande de baptême pour leur fille. Plus précisément, c'est Geneviève, toujours très assurée dans ses convictions, qui leur suggéra de faire baptiser leur enfant premier-né. Les relations entre les deux couples étaient excellentes. Les deux associés s'appréciaient au moins autant sur le plan de leurs qualités humaines que sur le plan professionnel. Aussi les Marty se laissèrent-ils assez facilement convaincre par les arguments de Geneviève, mais ils exigèrent que ce soit Modeste qui soit le parrain. Comme pour beaucoup d'autres parents dans la même situation, c'était de leur part une marque de confiance et d'amitié et cela créait des liens plus profonds entre les deux familles. Cela leur posa d'autant moins de problème qu'à l'époque, la position distante de Modeste vis-à-vis de la religion paraissait a priori exclure qu'il fasse figure d'exemple ou de modèle dans ce domaine. Ils prenaient là comme une sorte de précaution pour éviter à leur enfant une restriction de sa liberté face à ses éventuelles options spirituelles futures, se montrant en cela tout à fait en harmonie avec les conceptions en vogue à leur époque et dans leur milieu. En effet ne convient-il pas de limiter au maximum les « conditionnements » susceptibles d'aliéner la liberté d'un enfant et de perturber sa faculté de choisir ultérieurement ce qui lui conviendra en toute indépendance ? Du moins c'est ce qu'on pense bien souvent de nos jours. Mais est-ce si juste se demandait Modeste aujourd'hui ? Cette attitude de respect des choix futurs de l'enfant n'est-elle pas illusoire à maints égards ?

Tout d'abord n'est-il pas nécessaire que l'enfant s'engage vraiment dans ce qu'il fait pour acquérir une expérience et former ainsi son jugement, quitte à remettre en question plus tard la direction qu'ont choisie pour lui ses parents ? Et puis avec les moyens de communication actuels dont ils sont si largement abreuvés dans tous les domaines, les jeunes dès la petite enfance, ne sont-ils pas soumis à une masse d'informations dont l'interprétation relève forcément de la façon de voir de ceux qui les diffusent. La parfaite neutralité n'existe pas dans la présentation des faits et des choses, et si par hasard on y parvenait, ce serait d'un triste…

Cela faisait sourire intérieurement Modeste. À vrai dire cela le faisait même bondir. « Quand on voit l'orientation qui sous-tend toutes ces représentations de l'amour humain qu'on leur fait ingurgiter dés le plus jeune âge à travers diverses émissions et autres films et téléfilms peut-on parler de respect de la neutralité, d'absence de conditionnement insidieux ? Bien sûr il n'y a pas là volonté manifeste d'endoctrinement, mais toutes ces œuvres qui témoignent plus de l'immaturité affective de leurs réalisateurs que d'une vision saine et authentique de la sexualité ne sont-elles pas susceptibles d'influencer, elles aussi, de nombreux jeunes dans leur capacité de juger librement et sereinement de la façon de mener leur vie sentimentale ? Quant à l'absence de présentation, sous couvert de laïcité, des moindres rudiments de culture judéo-chrétienne – et non pas de foi chrétienne naturellement – dans l'enseignement public, alors que, objectivement l'histoire et les fondements de notre civilisation sont intimement liés à ces références, n'est-elle pas une violation par défaut de la neutralité scientifique dont il prétend être le dépositaire ? »... Il ne pouvait s'empêcher de ruminer intérieurement une fois de plus ces considérations qui maintenant le désolaient pour ne pas dire plus. En fait, elles le révoltaient. Elles le révoltaient d'autant plus qu'il pressentait bien que la dissolution des repères traditionnels sous couvert de l'acceptation béate de ce qu'on nomme pudiquement « l'évolution des mœurs » n'était pas étrangère au drame que devait vivre en ce moment sa filleule.

Dieu quelle était bien loin cette journée passée avec Laurence à Saint Vrain !

« Dis donc Modeste, est-ce qu'ils sont baptisés eux aussi les oiseaux ? Et qui c'est qui les baptise, et quel nom on leur donne ? »

Aïe, aïe, aïe ! Que répondre à une telle question ? Sacrée logique des enfants ! Elle avait été baptisée le jour de la Pentecôte, trois mois auparavant et il devait y avoir des dessins de colombes dans l'église faits par les enfants du catéchisme. Elle s'en souvenait très bien et n'avait pas manqué de faire le rapprochement, lorsqu'ils étaient passés devant les cages des volatiles.

« Tu sais bien que les oiseaux sont des animaux et qu'on ne baptise que les enfants des hommes.

– Alors ça veut dire que le Bon Dieu les aime pas, ça c'est bizarre... »

Son attention fut attirée par la pancarte fixée sur le grillage.

« Mais dis donc, tu me racontes des histoires, il y a bien deux noms qui sont écrits, comme Laurence Marty. Les oiseaux ont bien un prénom. Quand j'ai été baptisée le monsieur habillé d'une robe qui m'a mis de l'eau sur la tête et puis un truc gras qui sentait pas bon sur le front, il m'a appelée par mon prénom. Tu peux me dire comment c'est en entier le nom et le prénom de ces oiseaux ?

– Ils s'appellent des "Grues Cendrées".

– Drôle de prénom, j'ai pas de copine qui s'appelle "Grue" moi. Je connais seulement les grues du chantier devant l'école. Pourquoi pas "Bulldozer" ? Et puis j'en vois au moins trois des oiseaux dans la famille "Cendrée", alors c'est quoi les prénoms des autres ?

– Et bien tu as deviné juste, il y a Bulldozer c'est le papa et Pelle Mécanique c'est la maman… »

Ils pouffèrent tous les deux d'un éclat de rire si soudain et si bruyant que les oiseaux s'envolèrent et que les autres visiteurs s'arrêtèrent quelque peu interloqués.

Ils l'avaient évoquée souvent ensemble cette anecdote, une parmi d'autres, qui leur rappelait cette bonne journée et la joyeuse complicité qui s'instaurait alors entre eux. Par la suite, sur l'insistance conjointe de Geneviève et d'une grand-tante devenue un peu bigote sur le tard, Laurence avait été inscrite au catéchisme et avait fait sa profession de foi. Mais ça c'était arrêté là.

Elle devait avoir seize ou dix-sept ans au moment de la conversion de Modeste. C'était l'âge où elle aurait pu recevoir le sacrement de la confirmation. Plein d'enthousiasme, il avait cru pouvoir la convaincre de s'y préparer sérieusement ; présumant à tort malheureusement que leur connivence passée l'aiderait à avancer plus aisément sur le chemin d'une foi plus personnelle et véritablement intégrée dans son existence. Seulement le milieu familial n'était guère porteur, et Laurence, déjà fort mignonne quand elle était petite, devenait maintenant plutôt jolie fille et commençait à avoir d'autres préoccupations…

Ils étaient cependant restés bons amis, et il était même demeuré un peu son confident. Elle l'informait de ses flirts et lui avait aussi demandé son avis à propos d'un attachement plus sérieux deux ans auparavant. Cette relation avait d'ailleurs tourné court au bout de quelques mois. Mais depuis plus rien. Ou plus précisément plus de confidences. Car il y avait bien du nouveau : Sébastien. Mais là, silence radio. Pas d'écho, Modeste n'avait pas été sollicité pour émettre même un semblant d'avis. Il faut dire aussi qu'elle habitait maintenant dans un studio à Paris. Elle travaillait comme secrétaire médicale dans un établissement hospitalier privé depuis deux ans et était financièrement autonome. Il y avait déjà plusieurs années qu'elle avait manifesté des velléités d'indépendance vis-à-vis du milieu familial. Elle menait ce que d'aucuns nomment avec un soupçon d'envie « une existence de fille moderne », libérée des contraintes traditionnelles, ce qui en apparence ne semblait pas trop gêner ses parents. Son père, était quand même un peu perplexe, mais ne fallait-il pas vivre avec son temps ? Jacqueline de son côté ne voyait pas cela non plus d'un très bon œil, mais soucieuse, comme bien d'autres mères, d'épargner avant tout à sa fille d'éventuels « désagréments » elle l'avait très tôt incitée à prendre une contraception.

Elle avait maintenant vingt-cinq ans. Visiblement cette relation avec Sébastien allait beaucoup plus loin qu'une brève aventure. C'est d'une véritable liaison dont il s'agissait, et Laurence souhaitait apparemment la voir durer. Mais de toute évidence ce n'était pas quelque chose de simple, elle était très fuyante sur le sujet… Était-elle heureuse au moins ? Pas sûr, pas sûr du tout. En tout cas elle ne semblait pas très épanouie, et pourtant la rencontre évoluait depuis dix-huit mois. Mais elle avait ce garçon dans la peau… c'est-à-dire qu'elle se trouvait dans cette disposition où ce qu'elle nommait sa liberté soumettait finalement son désir à la volonté d'un autre…

Il faut dire que Sébastien était très beau, beau comme un ange avait même envie de dire Modeste. Trop beau pour être crédible vis-à-vis de Laurence avait envie d'ajouter Geneviève. Il y avait quelque chose qui ne lui plaisait pas chez ce garçon. Elle n'aurait pas su dire quoi. Mais les deux ou trois fois où elle l'avait rencontré son intuition l'avait avertie qu'il y avait quelque chose qui clochait dans cette relation. Modeste n'éprouvait pas la même prévention à l'égard du jeune homme.

« Tu ne serais pas un peu jalouse de Laurence, non ? C'est vrai qu'il est beau, et même très beau, mais ma vieille tu as près de cinquante ans maintenant, alors il faut te faire une raison…

– Oh ! tu sais, il est peut-être beau, mais à mon sens il n'est pas bel homme, alors tu n'as vraiment rien à craindre… »

Une fois de plus c'est Geneviève qui avait vu juste. Plus encore peut-être que Modeste ne l'imaginait. Mais pour l'instant une chose était certaine Laurence l'avait appelé « au secours ». C'est bien ce que Gérard lui avait dit au téléphone hier soir. Laurence revenue chez eux l'avant veille, munie d'un arrêt de travail de huit jours, paraissait épuisée autant physiquement que moralement. Elle avait été très peu loquace, suffisamment pour signifier qu'elle n'avait pas du tout envie de parler de Sébastien. Elle restait prostrée dans ce qui avait été sa chambre, et qui le restait quand même encore, chez et avec ses parents… Au bout de quarante-huit heures elle avait dit à son père qu'elle voulait voir Modeste. Le plus tôt serait le mieux.

Il serait chez lui dans une heure. Comment aborder la situation ? Dans quel pétrin s'était donc fourrée sa filleule ? Que s'était-il donc passé ? Autant de questions auxquelles il n'était pas possible de répondre maintenant bien sûr, mais surtout autant de questions délicates. Il allait devoir marcher sur des œufs. Tout seul, il n'aboutirait à rien c'est évident. Le père Szablowski, son maître spirituel n'était plus là pour l'aider. Mais demeurait son enseignement. Il avait eu bien souvent l'occasion d'en apprécier les fruits. Il rejoignait d'ailleurs celui de la « Petite Thérèse », mais en plus systématisé, plus étoffé intellectuellement. De toutes façons la règle était très simple : d'abord prier. Se mettre humblement en état d'écoute intérieure. Non pas pour entendre la voix qui lui indiquerait à coup sûr la marche à suivre. Mais se débarrasser de tout ce qui entravait une attitude de profonde vérité, de tout ce qui pouvait interférer avec un authentique accueil de l'Autre : le Tout Autre, pour être effectivement en mesure d'accueillir l'autre : son frère, sa sœur, dans toute l'originalité de son parcours, un parcours probablement très déconcertant. Réduire autant que possible toute velléité de possessivité intellectuelle et de domination moralisante. Une véritable attitude de pauvre quoi. Il aurait bien besoin de l'aide de Geneviève dans la prière. Il n'aurait d'ailleurs pas été étonné qu'elle l'ait déjà précédé sur ce chemin. Il ne saurait jamais à quel point cette supposition était exacte… « Quand deux ou trois d'entre vous sont réunis en mon nom, je suis au milieu d'eux »… *Heureux, vous les pauvres… !*

Deuxième partie

…à travers la nuit et au bord du précipice…

11. La limite constitutive de la liberté

Il arriva chez lui peu après six heures et demie du soir. La nuit allait bientôt tomber. Il était vraisemblable que la rencontre avec Laurence aurait d'une façon ou d'une autre une allure de « grande lessive ». Aussi, il valait mieux traiter tout cela au grand jour, avec du temps devant soi. Une manière de symbole aussi, une lumière, un éclairage à essayer de faire découvrir, après combien de temps passé dans les ténèbres, et de quelle nature ces ténèbres? Il était donc trop tard pour la rencontrer le jour même, il serait plus sage d'attendre le lendemain, d'autant que Geneviève qui était restée sur place aurait peut-être des informations supplémentaires à lui transmettre.

Après avoir embrassé Geneviève et les deux plus jeunes et s'être enquis des quelques événements survenus à la maisonnée pendant sa brève escapade méridionale, il aborda le vif du sujet. À dire vrai son épouse n'avait pas appris grand-chose. Elle n'avait d'ailleurs même pas aperçu la filleule de son époux. Celle-ci restait obstinément dans sa chambre, se contentant de partager les repas avec ses parents, demeurant cloîtrée le reste du temps.

Jacqueline, sa mère, fort inquiète du comportement de sa fille, s'était tournée tout naturellement vers l'épouse de l'associé de son mari sachant bien qu'elle y trouverait l'écoute et le soutien dont elle avait grand besoin. Comme toutes les mères quand elles sentent que leur enfant va mal, madame Marty faisait preuve d'une attention décuplée et tous ses sens en éveil elle s'efforçait de recueillir le moindre indice qui pourrait la renseigner sur ce qui rendait sa fille tellement malheureuse. Le matin même, prêtant une oreille indiscrète en passant devant la porte obstinément close de la chambre de Laurence elle avait bien cru entendre celle-ci murmurer : « liberté, liberté que de bêtises l'on commet en ton nom ».

Elle s'était empressée de rapporter le propos à Geneviève qui avait tout de suite reconnu là une variante d'une sentence attribuée, au moment de son exécution sous la Terreur, à cette femme politique passionnée que fut Madame Roland. À la différence près que la fervente révolutionnaire parle de crimes et non de bêtises…* c'était le seul élément dont elle disposait pour informer un tant soit peu Modeste. Elle lui en fit part. Il resta un long moment silencieux, plongé dans une intense réflexion où s'entremêlaient les interrogations du présent et les certitudes si chèrement acquises par le passé. Un passé si proche pourtant.

« …Allons, Laurence, tu n'as rien à craindre, je ne manquerai pas de la respecter, ta liberté, même si, comme c'est probable tu t'es grandement méprise dans tes choix. Même si tu as opté pour une façon trompeuse d'en user, se disait Modeste en réfléchissant à la manière qui serait la plus adéquate pour accueillir la jeune femme et pour l'aider à se délivrer du fardeau qui visiblement devait l'écraser. D'ailleurs si tu avais eu le moindre doute à ce sujet, tu ne m'aurais certainement pas appelé. »

Au cours des discussions qu'ils avaient encore deux ans plus tôt, ce sujet de la liberté revenait parfois. Comme beaucoup de gens de sa génération et même comme nombre de représentants de son époque quel que soit leur âge, la conduite de Laurence

* « Liberté, liberté que de crimes l'on commet en ton nom ! » (N. d. A.)

était guidée par un souci majeur : le maintien et la sauvegarde sa liberté. « La limite, c'est l'élément constitutif fondamental de la liberté de l'homme ». Le Père Szablowski était coutumier de ce genre de formules. Il en possédait toute une collection et de la même veine. Avec son accent inimitable il les délivrait malicieusement à ses interlocuteurs, pour leur plus grand plaisir ou leur plus grande stupéfaction selon les cas, c'est-à-dire selon la qualité de leur disposition intérieure…

Quand Modeste avait fait connaître le nom de l'établissement où devait avoir lieu son intervention chirurgicale au prêtre qui l'avait accompagné peu après sa conversion, celui-ci l'avait averti : « surtout prenez contact avec l'aumônier de l'hôpital, j'ai déjà eu l'occasion de le rencontrer, vous verrez, c'est un type vraiment étonnant, et tel que je vous situe, je serais vraiment surpris que son abord et son contact vous laissent indifférent ». Doux euphémisme ! Il s'était bien vite rendu compte que face au Père Szablowski il n'y avait que deux façons de réagir : on ne pouvait qu'être conquis ou révolté. Dans cette période « d'état de grâce » ce fut, assez naturellement, la réaction favorable qui l'emporta, et très vite, chez Modeste.

Leur première rencontre eut lieu quelques jours après l'intervention, à sa sortie du service de réanimation post-opératoire, où il n'était resté que peu de temps. En effet l'état général tout à fait satisfaisant de Modeste avant l'intervention lui avait permis de bien vite récupérer. Rempli de bonnes résolutions, comme il va de soi pour tout néophyte et néophyte chrétien de surcroît, il était réellement avide de combler les lacunes de ses connaissances en matière religieuse. Pour cela il s'était fixé un programme en vue de meubler intelligemment le temps de sa convalescence : lire la Bible dans son intégralité. Et naturellement, il commença par le début : la Genèse.

Le premier récit de la création qui ouvre ce livre le séduisit par sa dimension poétique, sa valeur symbolique et l'ampleur du projet qu'il développe. La visée du Créateur se dévoile à la fin du premier chapitre. Sa finalité est explicitée sans détour : la création de l'homme et de la femme présentés d'emblée comme des partenaires égaux invités à peupler la terre et à la soumettre. Et de plus, comme l'ordre d'apparition des éléments de la création correspond aux étapes maintenant bien connues de l'évolution des espèces, il ne pouvait qu'admirer la sagacité de l'auteur du récit.

Il n'en alla pas de même lorsqu'il aborda le deuxième chapitre. D'abord il avait l'impression d'une redite, avec cependant de notables variantes. Et puis, il y avait cette fameuse histoire de la chute, le péché originel – qu'on devrait nommer plutôt le péché des origines – qui lui avait été présentée au catéchisme comme la cause de tous les malheurs de l'humanité... Malgré toute sa bonne volonté de nouveau converti, il était déconcerté par ce texte. L'interprétation qui lui venait naturellement à l'esprit procédait en fait essentiellement de quelques vieilles réminiscences d'instruction religieuse assorties des éléments culturels « grand public » relatifs à la question.

Il était plongé dans ses réflexions quand on frappa à la porte de sa chambre. C'était l'aumônier de l'hôpital dont il avait, le matin même, sollicité la visite. Après de brèves formules de présentation mutuelles et quelques propos sur ce qui avait conduit le docteur Ringardet dans ce service de chirurgie thoracique, l'attention du Père Szablowski fut attirée par l'ouvrage que visiblement Modeste était en train de lire juste avant son entrée. Il manifesta tout d'abord une certaine surprise, pleine de bienveillance cependant, ce n'est pas si fréquent de rencontrer des malades qui lisent la Bible à l'hôpital, et en plus dans sa traduction œcuménique... Puis il se demanda s'il n'y avait pas eu une erreur d'orientation. Ne serait-ce pas plutôt son collègue le pasteur, qui comme lui, visitait les patients de cet établissement, que cette personne avait demandé à rencontrer ? Il était si peu habitué à voir des catholiques plongés dans des lectures bibliques, et surtout dans l'Ancien Testament, qu'il pensa avoir affaire à un protestant. Mais Modeste le détrompa et lui confirma son souhait de rencontrer un prêtre catholique.

« Vous êtes familier de ce genre de littérature ? lui demanda-t-il.

– Pas précisément, mon Père. Je profite de mon hospitalisation pour entreprendre de combler les importantes lacunes de mon savoir dans ce domaine.

– Mais comment vous y prenez-vous ?

– Et bien, comme je fais toujours quand je veux m'instruire ou m'informer. Je me procure l'ouvrage qui m'intéresse et je l'attaque par le commencement. Et c'est bien de commencement avec un grand C dont il s'agit ici. Et ce n'est pas sans me poser beaucoup de questions d'ailleurs !

– C'est le contraire qui serait étonnant, répliqua l'aumônier. La Bible est un ouvrage composite qui n'a rien à voir avec un traité de médecine... Non seulement il a été écrit par une foule d'auteurs, mais son élaboration s'est étalée sur une dizaine de siècles et il a été remanié de nombreuses fois. Si bien que la version définitive que vous avez sous les yeux est à la fois le produit de plusieurs traditions d'abord transmises oralement puis fixées tardivement par écrit et le résultat de leur assemblage par le travail de synthèse du ou des rédacteurs définitifs. C'est particulièrement vrai pour la Genèse où se situent le ou plutôt les récits des origines.

– Comment ça, les récits ? Moi je ne vois qu'un seul texte...

– Regardez de plus près, vous voyez bien que dans le premier chapitre, quand Dieu crée l'homme il le crée homme et femme, à son image, alors que dans le deuxième le processus de création de la femme est plus complexe et paraît répondre au nécessaire achèvement de celle de l'homme. D'autre part remarquez que le nom même de Dieu subi des modifications : au début c'est le mot Dieu seul qui est utilisé, alors que par la suite il est question de "Yahvé Dieu". En fait, on a affaire ici à plusieurs traditions différentes – deux essentiellement – élaborées à trois ou quatre siècles d'intervalle qui ont été rassemblées par un rédacteur ultérieur. Celui-ci en a entremêlé les divers éléments pour aboutir à la version finale que vous avez sous les yeux. D'ailleurs le document le plus ancien n'est pas celui qui apparaît en premier comme on pourrait logiquement le croire, mais celui qui compose la majeure partie des deuxième et troisième chapitres de la Genèse.

– Soit, mais reconnaissez que cette histoire d'arbre dont le fruit est défendu et de faute dont les conséquences néfastes retombent sur toute l'humanité considérée comme la descendance d'Adam et Ève est un peu bizarre et même plutôt révoltante non ?

– Mon cher ami vous allez un peu vite en besogne. Il faudrait peut-être d'abord lire attentivement le texte et le regarder de plus près avant de se lancer dans des interprétations qui risquent d'être mal fondées. Il y a des étapes préliminaires qu'il ne faut pas brûler... Dans votre domaine professionnel il me semble bien que le temps de l'observation du malade précède celui de la rédaction de l'ordonnance et j'imagine qu'avant de donner un traitement à vos patients, vous prenez le temps de les examiner soigneusement avec toute la distance et la rigueur requises, si tel n'était pas le cas, je me ferais du souci pour eux... Il en est de même pour la Parole de Dieu. Vous ne pouvez prétendre avoir compris la teneur d'un texte biblique et a fortiori en tirer bénéfice pour votre vie spirituelle que si vous vous efforcez dans un premier temps de le lire pour lui-même afin d'essayer d'abord de saisir ce qu'il dit, voilà ce qui correspond en médecine au temps de l'examen et de l'observation. Ensuite, et ensuite seulement, vous êtes susceptible de comprendre la portée de l'enseignement qu'il véhicule et d'en tirer le meilleur profit, cela c'est ce qui correspond au traitement et à l'ordonnance que vous prescrivez... »

Cette manière directe et parfois cassante de dire les choses ou de les expliquer, c'était bien tout le Père Szablowski. Avec lui pas de fioritures ni d'atermoiements, on allait droit à l'essentiel. C'est bien ce qui avait d'emblée séduit Modeste. Et c'est ce qui contribuait aussi à garder intacte l'estime qu'il lui portait, même s'il lui arrivait de ne pas véritablement apprécier les remises en cause radicales auxquelles l'invitaient parfois les propos du prêtre.

Celui-ci ne procédait pas toujours ainsi. Cela dépendait beaucoup de ses interlocuteurs. Autant il savait être extrêmement affable, capable de douceur et d'une infinie patience face aux personnes qu'il sentait éloignées de la foi, autant il était direct et sans détours avec celles chez qui il percevait une authentique et profonde quête de nourriture spirituelle. Il avait tout de suite compris que Modeste appartenait à cette dernière catégorie, et il avait d'emblée adopté le ton du guide, du chef, comme on voudra... Ou plutôt du maître, du maître qui s'efforce de toute son âme de faire découvrir à l'autre le chemin vers la vérité, et d'en partager avec lui la lumière et les richesses. Modeste reconnut très vite en lui le maître dont il avait besoin, c'est-à-dire le maître spirituel, une espèce apparemment en voie de disparition de nos jours...

« Permettez-moi une petite remarque : commencer l'étude de l'Ancien Testament par la Genèse n'est peut-être pas la façon la plus judicieuse de procéder, il serait sûrement plus instructif de débuter par l'Exode qui traite de cet événement fondateur de la foi d'Israël que fut le passage de la mer des roseaux, autrement dit la première Pâque. C'est ainsi que l'a interprété et transmis au long des siècles la mémoire collective des Hébreux. Mais, puisque vous semblez très intéressé par les chapitres deux et trois de la Genèse, il vous est tout à fait loisible d'en poursuivre la lecture. Il est certain que ces textes vieux de près de 3 000 ans constituent un merveilleux trésor de connaissances anthropologiques perçues avec une rare acuité, et dont l'actualité transcende les siècles. Ils offrent, au lecteur attentif, un éclairage sur le sens de la condition de l'homme et de sa destinée d'une pertinence et d'une sagesse dont la qualité n'a jamais été égalée. Tenez, si vous n'êtes pas trop fatigué par les suites de votre opération, essayez de lire et de relire ces textes, mais crayon en main. Repérez, par exemple, les différents protagonistes qui interviennent dans le récit. Dans un premier temps essayez de discerner quelle est la modification des attitudes respectives de Yahvé et d'Adam entre le début et la fin de ce passage, et vous serez plus à même de pénétrer son sens profond et l'essentiel du message qu'il recèle. Et puis si vous le voulez bien d'ici un jour ou deux on se revoit et vous me faites part de vos découvertes.

– D'accord, je veux bien tenter l'expérience, mais je suis bien persuadé que tout seul je n'arriverai pas à trouver grand-chose de bien subtil…

– Ce n'est pas certain, vous êtes peut-être déjà bien plus proche de la vérité biblique que vous ne l'imaginez… Mais permettez-moi un autre conseil, hygiénique celui-là, ne vous polarisez pas sur ces saintes lectures, lisez aussi autre chose : un roman policier par exemple ou regardez un peu la télévision ou encore faites des mots croisés ou bien dormez, enfin bref, n'oubliez pas docteur, que vous êtes d'abord ici pour vous reposer après une sérieuse opération… Le Saint Esprit, qui ne peut manquer de vous éclairer est assez rebelle à toute forme de volontarisme, et son premier vœu dans la situation qui est la vôtre, est sûrement d'abord votre complet rétablissement au physique comme au moral… »

Le conseil n'était peut-être pas superflu, Modeste, assez fonceur par tempérament avait souvent besoin qu'on l'invite à modérer ses ardeurs comme l'avait remarqué Geneviève en maintes circonstances. Il risquait fort d'en être de même dans le domaine spirituel, où il est peut-être plus encore qu'ailleurs nécessaire de « laisser le temps au temps ».

Armé de ces précieuses recommandations il « attaqua » donc ce fameux chapitre III de la Genèse, en cheminant avec les textes comme on se promène avec un ami. Après l'avoir lu plusieurs fois, comme le lui avait suggéré le prêtre, il recopia le texte :

Tous deux étaient nus, l'homme et sa femme, sans se faire mutuellement honte.

Or le serpent était le plus astucieux de toutes les bêtes des champs que le Seigneur Dieu avait faites. Il dit à la femme : « Vraiment ! Dieu vous a dit : ¨ Vous ne mangerez pas de tout arbre du jardin ¨... » La femme répondit au serpent : « Nous pouvons manger du fruit des arbres du jardin, mais du fruit de l'arbre qui est au milieu du jardin, Dieu a dit : ¨ Vous n'en mangerez pas, vous n'y toucherez pas afin de ne pas mourir. ¨ Le serpent dit à la femme : « Non, vous ne mourrez pas, mais Dieu sait que le jour où vous en mangerez vos yeux s'ouvriront et <u>vous serez comme des dieux</u> possédant la connaissance du bonheur et du malheur. »

La femme vit que l'arbre était bon à manger, séduisant à regarder, précieux pour agir avec clairvoyance. Elle en prit un fruit dont elle mangea, elle en donna aussi à son mari qui était avec elle et il en mangea.

Leurs yeux s'ouvrirent à tous deux et ils surent qu'ils étaient nus. Ayant cousu des feuilles de figuier, ils s'en firent des pagnes.

*Or ils entendirent la voix du Seigneur Dieu qui se promenait au souffle du jour. L'homme et sa femme se cachèrent devant le Seigneur Dieu au milieu des arbres du jardin. Le Seigneur Dieu appela l'homme et lui dit : « Où es-tu ? » Il répondit : « J'ai entendu ta voix dans le jardin, j'ai pris peur car j'étais nu et je me suis caché. » « Qui t'a révélé, dit-il, que tu étais nu ? Est-ce que tu as mangé de l'arbre dont je t'avais prescrit de ne pas manger ? » L'homme répondit : « La femme que tu as mise auprès de moi, c'est elle qui m'a donné du fruit de l'arbre ; et j'en ai mangé. » Le Seigneur Dieu dit à la femme : Qu'as-tu fait là ! » La femme répondit : « Le serpent m'a trompé et j'ai mangé. »**

* Genèse 2,25 – 3,13.

Il dit à la femme : « Je ferai qu'enceinte, tu sois dans de grandes souffrances ; c'est péniblement que tu enfanteras des fils. Tu seras avide de ton homme et lui te dominera. »

*Il dit à Adam : « Parce que tu as écouté la voix de ta femme et que tu as mangé de l'arbre dont je t'avais formellement prescrit de ne pas manger, le sol sera maudit à cause de toi. C'est dans la peine que tu t'en nourriras tous les jours de ta vie, il fera germer pour toi l'épine et le chardon et tu mangeras l'herbe des champs. À la sueur de ton visage tu mangeras du pain jusqu'à ce que tu retournes au sol car c'est de lui que tu as été pris. Oui, tu es poussière et à la poussière tu retourneras. »**

Il dut assez vite convenir, que même sans connaissances théologiques approfondies, en suivant les conseils du Père Szablowski on pouvait faire des découvertes intéressantes.

Ce travail préliminaire eut d'abord le mérite de déblayer le terrain. Devenu plus familier du texte, il était prêt à accueillir avec plus de profit le contenu de l'enseignement du prêtre.

C'est le surlendemain qu'eut lieu le premier de ces entretiens qui permirent progressivement au docteur Ringardet de fonder les représentations de sa foi sur des bases solides et de structurer sa réflexion chrétienne.

« Alors, docteur – on pouvait déceler une petite pointe d'amusement dans sa façon d'appeler Modeste par son titre, qu'il prononçait de manière un peu « ronflante » rehaussée involontairement par son tenace accent d'Europe centrale – qu'est-ce que vous pensez maintenant de l'évolution des relations entre Yahvé et Adam notre père à tous. »

C'était bien en terme de relation qu'il fallait aborder le récit. Le « jeune » converti qui avait lui-même expérimenté la réconciliation avec Dieu si peu de temps auparavant était particulièrement perméable à ce type d'approche.

---

* Genèse 3,16 – 19.

« Il est clair qu'indépendamment de la matérialité un peu obscure de l'objet de la faute, on peut constater qu'il s'est produit une rupture grave entre le Créateur et sa créature. La relation de confiance qui préexistait entre eux deux est manifestement rompue. On a effectivement l'impression que c'est ce que traduit le changement d'attitude d'Adam qui après la transgression de l'interdit a besoin de se cacher. Alors que Yahvé Dieu vient au-devant de lui "au souffle du jour", comme pour un rendez-vous – j'oserais presque dire un rendez-vous amoureux – et l'on pressent que son attitude est remplie d'une prévenance tout aimante à l'égard de sa créature.

– Fort bien vu. Vous rendez parfaitement compte de l'atmosphère de tendresse dont est finalement empreint ce récit, hélas d'une tendresse terriblement déçue... Ce n'est pas le terme de "chute" qui convient pour définir cette situation, mais bel et bien celui de "rupture" en mesurant bien toute la force de la connotation affective que l'on associe couramment à ce mot. Toute l'astuce du tentateur est de fausser le climat harmonieux qui préexiste entre l'Homme et Dieu. Il présente l'interdit posé par Yahvé sous un aspect de domination frustrante vis-à-vis de l'Homme, alors qu'il s'agit en fait d'une limite constitutive de sa liberté.

– Comment ça une limite constitutive de sa liberté? N'y a-t-il pas antinomie radicale entre limite et liberté? Limite et contrainte ne sont-elles pas synonymes, et la contrainte c'est le contraire de la liberté?

– Eh bien, non! Pour s'épanouir véritablement la liberté de l'homme a nécessairement besoin qu'on lui fixe des limites.

– Vous avez le goût du paradoxe, mon père!

– Pas toujours, mon fils, et précisément pas du tout dans le cas présent. Ce n'est d'ailleurs pas uniquement spécifique à l'homme, c'est valable aussi pour toutes les créatures animées.

– Je vous vois venir, vous allez me sortir l'exemple de la plante qui a besoin d'un tuteur pour grandir et s'épanouir ; un thème un peu rebattu non ?

– Rebattu certes, mais néanmoins éclairant, on ne peut le nier. Mais, vous-mêmes, heureux citoyen d'un pays démocratique, ne bénéficiez-vous pas des effets salutaires de la Loi pour que puisse s'exprimer et s'épanouir votre propre liberté ? Le monde libre – du moins celui qui se qualifie comme tel par opposition aux nations soumises à toutes sortes d'arbitraires – le monde libre donc, n'est-il pas avant tout celui où règne l'état de droit ? Et qui dit droit dit lois, et qui dit lois dit limites. La liberté de chacun ne s'arrête-t-elle pas où débute celle des autres ? En voilà une belle définition des limites auxquelles nous soumettons notre propre liberté, de plus ou moins bon gré d'ailleurs… mais cela ne choque personne en Occident me semble-t-il !

– Mais le refus de la soumission aux limites n'a-t-il pas également un côté positif? Il peut aussi signifier volonté de dépassement de soi ou encore refus de situations opprimantes. Alors de quelle limite Adam a-t-il donc voulu s'affranchir ?

– Votre remarque et votre question sont tout à fait pertinentes. Il y a effectivement des limites qui bloquent la croissance et l'évolution des choses, ce n'est évidemment pas de celles-ci dont il s'agit ici. Et d'ailleurs quand Dieu confie à Adam le soin de cultiver le jardin d'Éden il l'invite à franchir les limites de la nature brute pour la faire fructifier. Non, la limite que veut franchir Adam, sur la suggestion d'Ève il faut bien l'admettre, est de nature régressive. C'est une limite inférieure et non supérieure, qui est franchie, malgré les apparences. En effet quand on regarde le texte de près, qu'est-ce qui pousse Ève et Adam à transgresser l'interdit ?

– Apparemment le désir de devenir comme des dieux.

– Exact. C'est donc une volonté de puissance. Et dans le cas présent cette volonté de puissance consiste précisément à refuser la différence entre la créature et le créateur. C'est donc même une volonté de "toute-puissance". Or il y a dans l'évolution de toute créature humaine un lieu où se vit à la fois la toute puissance et l'absence d'autonomie ou de liberté, comme on voudra. Ce lieu c'est le stade fœtal ou néo-natal. C'est en ce sens que l'on pourrait comparer le franchissement de cette limite à la régression à un stade de développement antérieur, infantile, sans avoir en quelque sorte l'innocence propre à l'état d'enfance. Dans ces conditions, ce qui se cache derrière la volonté de toute-puissance suggérée par le tentateur – être comme des dieux – c'est une sorte d'exacerbation de la nostalgie de l'ambiance fœtale ou néo-natale au cours de laquelle tous les désirs sont satisfaits instantanément. Donc véritable lieu de toute-puissance qui exclue l'ascèse de l'attente.

– Vous voulez dire qu'à ce stade le bébé est animé par une volonté de domination ? C'est un peu fort quand même. N'est-ce pas plutôt le stade de l'innocence qu'on ne retrouvera plus jamais ?

– Vous semblez donner au mot innocent une connotation morale, avec comme tout le monde d'ailleurs, un petit brin de nostalgie. Il n'est pas question ici d'un jugement sur les intentions du bébé. Il s'agit tout simplement de la constatation d'un état de fait : à chaque instant ses désirs doivent être satisfaits, et s'ils ne le sont pas, ce n'est pas au père de famille que vous êtes que j'apprendrais qu'il sait parfaitement se manifester et utiliser les moyens qu'il faut pour y parvenir... Point n'est besoin d'être expert en psychologie de la petite enfance pour remarquer que toute croissance est apprentissage progressif de la nécessaire distance entre les désirs et leur satisfaction. C'est comme cela que le petit d'homme acquiert petit à petit son autonomie. Pour en revenir à Adam et Ève, c'est dans le refus de cette distance que se situe la volonté de toute puissance et finalement la régression, car cela équivaut à préférer le mode d'être fusionnel au mode d'être relationnel. C'est peut-être bien là que se situe la faille : il y a dans le désir de toute-puissance d'Adam suggéré par Ève, non pas la volonté de s'émanciper de la tutelle d'une autorité abusive, comme le pensent certains commentateurs et non des moindres, mais bien plutôt soumission à un penchant réducteur de l'autonomie et finalement liberticide. Exactement l'inverse du but recherché. Rejeter la distance entre le Créateur et sa créature c'est pour l'homme refuser cette différence constitutive de son être, cette limite. Paradoxalement, c'est en voulant se libérer de cette distance, de cette différence, qu'il perd sa liberté : la volonté de toute puissance - "vouloir être comme des dieux" - le ramène alors au stade du fœtus ou du tout petit enfant chez qui la toute puissance des désirs à satisfaire et inséparable de la dépendance à la mère. C'est en ce sens que face à certaines pesanteurs susceptibles d'aliéner son état de créature autonome, la limite posée par le Créateur visait à préserver la liberté de l'homme. Le franchissement de cette limite aura alors pour conséquence une faille profonde dans cette liberté.

– J'ai un peu de mal à vous suivre, cependant je crois bien saisir la ligne générale de votre démonstration. Mais, dites-moi, quelle est la part de réalité historique de ce récit ? Et pourquoi l'humanité en supporterait-elle les effets au long des siècles ? Il est difficile d'en admettre la conséquence irréversible.

– Il est aussi bien difficile de répondre à ces questions. Tout d'abord, ce récit possède indéniablement une portée symbolique qui ne permet guère de l'enfermer dans une réalité historique précise. D'autre part sa facture comme sa substance portent les marques du milieu où il a été fixé par écrit, la Cour des rois David et Salomon huit ou neuf siècles avant Jésus Christ. Par contre, pour ce qui concerne la transmission de cette faille originelle, il faut considérer la manière selon laquelle s'élève le petit d'homme. Ce dernier est incomparablement plus dépendant de la responsabilité de ses géniteurs que tout être animal. La croissance de l'enfant ne se réalise qu'au sein d'une relation interpersonnelle qui fait donc obligatoirement intervenir un autre, cet autre qu'est d'abord la mère ou un substitut maternel, et que sont les membres de l'entourage familial, le père ou son équivalent, en particulier. On grandit nécessairement sous, si ce n'est par, le regard de l'autre. On conçoit donc aisément que si cet autre est lui-même atteint dans sa liberté intérieure, l'éducation qu'il transmet ne peut être indemne de cette perturbation.

– Ce fameux péché originel ne se transmettrait pas génétiquement, mais au cours de la structuration psychologique des individus ?

– Hum ! Là vous me posez une colle. Mais a contrario on sait que le peuple chrétien admet depuis des siècles que Marie la mère de Jésus est née elle-même indemne de ce péché originel. C'est ce que l'Église catholique a affirmé solennellement en proclamant le dogme de l'Immaculée Conception il y a seulement 150 ans. On peut constater ainsi que les connaissances psychologiques modernes corroborent étrangement cette très ancienne intuition chrétienne. Marie ne peut simplement être considérée comme une « mère porteuse » : il fallait que la croissance de Jésus en tant qu'homme se réalise aussi par l'intermédiaire de sa relation interpersonnelle avec Marie, sa mère ; mais en tant que Dieu, il fallait nécessairement que cette relation se déroule à l'abri de cette perversion de la liberté qu'est le péché originel… Jésus et Marie sont les seules personnes véritablement libres de l'histoire humaine, et en tant qu'homme et pleinement homme Jésus n'a pu parvenir totalement à cette liberté que parce que sa mère était, elle aussi, véritablement libre. Alors, un processus biologique ou un processus psychologique à l'origine de la transmission du péché originel ? Personnellement je penche plutôt pour une transmission d'ordre relationnel, en sachant que la relation de la mère avec son enfant commence dès la vie embryonnaire, mais peut-on pour autant exclure tout lien biologique ? Je me contenterais de dire : c'est selon… et pourtant je ne suis pas jésuite…

– Remarquez, mon père, il n'y a pas de frontière hermétique entre le biologique et le psychologique, il existe des zones d'interrelation entre les deux domaines, c'est assez évident en pathologie et en thérapeutique psychiatriques par exemple. Mais j'imagine mal malgré tout que l'on découvre un jour sur un chromosome une séquence d'ADN porteuse du gène du péché originel…

– Dont acte ! Et puisque c'est vous qui le dites, docteur, je ne me permettrais pas de contester les vérités scientifiques… Mais dites donc, le Péché Originel et l'Immaculée Conception c'est un programme plutôt consistant pour un premier entretien, allez, je vous laisse un peu digérer tout ça. Je pense que la prochaine fois nous pourrions aborder les conséquences de cette rupture originelle sur les relations entre les créatures humaines, et tout particulièrement entre ces deux prototypes de l'humanité que sont Adam et Ève. Procédez de la même façon pour étudier le texte, voyez quelle transformation radicale se produit dans leur mode d'être réciproque. »

Les propos du Père Szablowski n'auraient certes pas été faciles à assimiler immédiatement par quelqu'un de non averti. Mais Modeste n'eut pas besoin de se les faire expliquer à maintes reprises. Il faut dire qu'il fit rapidement le rapprochement entre ce « franchissement d'une limite constitutive de la liberté » et son histoire personnelle. La recherche des fondements psychologiques de sa dépendance tabagique l'avait préparé à ce type de discours. Et vu le degré de sa consommation il était bien conscient d'en avoir franchi, et largement, des limites… L'aliénation qui avait été ainsi la sienne lui apparaissait clairement comme un bon exemple de cette régression infantile dont parlait le Père Szablowski ; et ses éternels atermoiements avant d'être contraint d'y mettre fin, comme le refus répété de répondre à cette invitation à grandir que Dieu lui avait adressée sans relâche et depuis si longtemps, au moins depuis ce cadeau du ciel qu'avait été son union avec Geneviève.

Mais l'essentiel pour lui fut, que grâce à l'enseignement du Père Szablowski, il parvint assez vite à un mode de représentation de la foi centré sur la notion de liberté intérieure et non sur celui d'une vérité imposée de l'extérieur.

Il en était à peu près certain maintenant : les problèmes de Laurence ne pouvaient être qu'une autre illustration de cette méprise fondamentale sur la nature de notre liberté, certes dans un registre différent de celui qu'il avait connu et qui avait failli lui coûter la vie, mais non radicalement étranger. Et pourtant aujourd'hui, pour lui Modeste, il n'y avait aucun doute : son adhésion au Christ lui avait ouvert les portes du royaume de la vraie liberté. D'ailleurs de quel autre royaume pouvait-il être question dans l'évangile ? Dans l'évangile que seuls les pauvres sont capables d'accueillir en vérité pour connaître la liberté… *le Royaume de Dieu est à vous !*

12. Laurence et Sébastien

« Qu'est-ce qui m'a pris d'exprimer tout haut cette stupide remarque à propos de la liberté, se disait Laurence, j'aurais dû garder tout ça pour moi ou encore le réserver à Modeste, je parie que maman qui a toujours une oreille qui traîne m'a entendue, c'est bien son pas que j'ai perçu quelques secondes plus tard en train de descendre l'escalier... Bof! Tout ça n'a pas beaucoup d'importance, de toutes façons avec l'ambiance que je crée dans cette maison depuis mon retour, ce ne sera pour elle qu'une interrogation de plus, pauvre maman ! »

Depuis qu'elle savait que Modeste était sur la route du retour, elle allait un peu mieux. Mais les deux jours précédents elle n'était pas parvenue à s'extraire de cette rumination morbide dans laquelle elle se vautrait depuis que ça c'était passé. Eh oui ! ça... Mais comment en était-elle arrivée là ? Une fois de plus elle se remémora le film des événements, tout ce qui avait conduit à ça...

Il était de taille un peu au-dessus de la moyenne, bien proportionné, les cheveux d'un noir de geai et légèrement bouclés. Son perpétuel sourire creusait légèrement ses joues si bien qu'à tout juste trente ans, deux rides apparaissaient déjà, perceptibles seulement par ceux ou plutôt celles qui l'observaient de très près. Mais loin de ternir sa beauté de jeune dieu grec, elles offraient à son visage le soupçon de maturité qui en valorisait encore le charme.

Irrésistible, c'est bien le mot qui convenait, le personnel féminin de la clinique n'avait eu d'yeux que pour Sébastien lorsqu'il avait débarqué un beau jour avec son collègue, décorateur comme lui, chargés de proposer un projet de rénovation des locaux. Depuis que l'établissement avait été racheté par un groupe investisseur, la nouvelle direction avait décidé de viser une clientèle plus huppée, le site de l'établissement au Nord-Ouest de Paris s'y prêtait assez bien. Il était donc absolument indispensable que l'aspect des lieux soit à la hauteur des exigences de patients fortunés. On pourrait dire richissimes, puisque très vite des émirs, les poches gonflées de leurs pétrodollars découvrirent et apprécièrent le luxe de l'endroit et les prestations raffinées qu'il était susceptible d'offrir. On n'y était pourtant soigné ni mieux ni plus mal qu'ailleurs, mais les réputations ne se fondent pas uniquement sur des critères d'efficacité objective, c'est bien connu…

Lors de l'inauguration des locaux rénovés, Sébastien avait réussi à convaincre le nouveau directeur d'utiliser le vaste hall de l'établissement pour héberger temporairement l'exposition de Ludovic, un jeune peintre de ses amis. Tout le personnel avait été mobilisé, Laurence dont le physique se prêtait fort bien aux fonctions d'accueil avait été placée naturellement en première ligne… et très vite remarquée par le décorateur.

Elle en fut naturellement extrêmement flattée, mais ce n'est pas seulement son physique qui le rendait suprêmement séduisant aux yeux de la jeune femme. Son apparence non-conformiste jointe à une culture plus étoffée que la sienne dans le domaine artistique produisait sur elle une étrange fascination. Elle en devint très vite intensément amoureuse. Lors du cocktail d'inauguration, elle s'arrangea pour se trouver à ses côtés et lui demanda ingénument de la guider pour une visite des tableaux exposés. Il objecta que c'était plutôt le rôle de leur auteur, mais elle lui fit remarquer qu'une simple secrétaire comme elle ne pouvait se permettre de déranger le « maître ». Celui-ci était d'ailleurs accaparé par un groupe de sommités invitées elles aussi, lesquelles ne manquaient pas naturellement de couvrir son œuvre des propos les plus élogieux. Sébastien accepta et accompagna Laurence dans une « visite privée », ce que la jeune femme souhaitait depuis quelques jours sans oser espérer que cela se réalise.

Non seulement ravie d'être à ses côtés elle fut autant subjuguée par l'enthousiasme qu'il manifestait à l'égard de cette création artistique que par son sens pédagogique. Avec un rare doigté il parvenait à lui faire découvrir les facettes de l'art jusque-là cachées à son regard de « non connaisseur ». Elle ne put qu'apprécier ce dépassement de l'abord immédiat et superficiel des œuvres picturales qui était primitivement le sien. Très réceptive à ce qui est beau la jeune femme manifestait un intérêt non feint aux propos de Sébastien.

Mais l'émotion artistique peut être communicative et engendrer un sentiment d'harmonie entre deux êtres, susceptible de faire vibrer d'autres cordes et d'allumer d'autres feux... Visiblement le jeune homme n'était pas insensible au charme de celle qu'il accompagnait dans cette visite. Mais il s'interrompit soudainement quand ils arrivèrent à proximité du groupe aggloméré autour du peintre. Laurence perçut le regard courroucé que ce dernier lança en direction de son guide. Elle supposa que Ludovic n'avait guère apprécié l'absence momentanée de Sébastien, sa .présence auprès des invités de marque étant peut-être nécessaire à la bonne marche et au succès de l'exposition. Il la quitta avec un clin d'œil complice, mais parvint quand même à se libérer de ses obligations un bref instant pour leur permettre d'échanger leurs cordonnées.

Ils ne tardèrent pas à se revoir dans un cadre moins officiel, puis à se rencontrer dans un espace plus restreint et aussi plus intime...

Laurence crut avoir trouvé ce qu'elle cherchait plus ou moins consciemment chez un homme : de la tendresse, bien sûr, mais aussi une certaine originalité associée à l'élégance du geste et du propos, un non-conformisme qui ne soit pas synonyme de laisser-aller. Et puis il lui sembla qu'il partageait avec elle cet attrait pour la liberté, cette conception de la liberté qui représentait à ses yeux une valeur intangible. Pas question de se lier officiellement bien sûr, on se voit quand on en a envie. On se fait signe, on ne se pose pas de question ni sur l'avant ni sur l'après, les délices de l'instant présent paraissant combler tous les désirs.

Ils se voyaient, pas assez souvent cependant au goût de Laurence, pour passer ensemble une soirée dans son studio à elle ou un week-end dans quelque lieu de villégiature touristique. Sébastien ne manquait jamais de lui faire découvrir les richesses des musées locaux. Toujours avec une patience digne des meilleurs pédagogues et une passion non contenue il lui expliquait comment il fallait regarder un tableau, comment l'artiste jouait avec les différents plans, selon quels axes il était construit, comment il se servait de la lumière, quelles pouvaient être ses intentions, les sentiments qui pouvaient alors animer le peintre... Avant de conclure à chaque fois que ce qui en définitive était le plus important pour le spectateur c'était la qualité de l'émotion que la contemplation de l'œuvre suscitait en lui.

Ces escapades étaient un véritable enchantement pour Laurence, elle découvrait avec émerveillement un univers auquel elle était jusque-là tout à fait étrangère. Et pourtant sur le plan amoureux ce garçon n'était vraiment pas extraordinaire. Elle ne pouvait s'empêcher de penser que compte tenu de l'attirance qu'il ne manquait pas de susciter parmi la gent féminine il ne devait sûrement pas avoir manqué d'expériences... comme on dit. Elle aurait naturellement souhaité que ce soit idyllique dans tous les domaines. Alors, si elle ne se sentait pas à proprement parler frustrée, elle était un peu déçue quand même, estimant que la passion dont il savait faire preuve dans le domaine artistique aurait pu s'exprimer avec un peu plus d'ardeur dans leur intimité...

Ce style de vie bien différent de celui qu'elle avait connu autour d'elle pendant son enfance et son adolescence l'avait proprement ravie dans les premiers temps. Un attachement qui semblait profond, riche de joies et d'émotions partagées, mais qui n'exigeait en contrepartie aucune des contraintes qu'avaient dû subir à ses yeux des générations et des générations de femmes. Même sa mère, pourtant assez peu représentative de la morale bourgeoise traditionnelle était loin de vivre comme elle cette existence de femme libérée...

Elle percevait pourtant chez Sébastien une part de mystère indéfinissable qui engendrait en elle un curieux sentiment d'insatisfaction dont elle ne pouvait tout à fait s'extraire.

Au fur et à mesure que leur relation s'approfondissait, il paraissait toujours fuir quelque chose. Elle se sentait en face de lui comme poussée sans cesse à faire plus pour le retenir, le garder. Et non pas pour triompher de rivales éventuelles. Il ne donnait vraiment pas l'impression de jouer à ce jeu-là avec elle. Il y avait comme quelque chose d'inachevé chez ce garçon pourtant de cinq ans plus âgé qu'elle. Mais ce qui aurait pu réduire en elle l'attirance issue de sa propre féminité engendrait au contraire chez elle un délicieux attachement de nature un peu trouble, quasi maternel.

Au bout de quelques mois, elle sentit cependant le besoin d'inscrire leur relation dans un cadre un tantinet plus stable. Comme nombre de jeunes gens de sa génération elle aurait souhaité vivre avec lui, sans envisager le moins du monde, naturellement, de sceller officiellement une alliance. Avec une extrême gentillesse il lui fit comprendre qu'il ne pouvait en être question. Il avait trop besoin de toute sa liberté pour se sentir à l'aise dans son activité professionnelle. Celle-ci semblait primer beaucoup de choses chez lui.

Une autre chose faisait obstacle à ce projet. Ou plutôt une autre personne : la mère de Sébastien. Veuve très tôt, elle avait durement trimé pour élever son fils unique. Il en était très conscient, trop conscient peut-être et ne manquait pas d'affirmer haut et fort tout l'attachement qu'il lui portait. Et puis elle occupait une partie de l'appartement du jeune homme, il ne pouvait donc décemment lui imposer la présence de quiconque.

« Tu sais ma mère est assez possessive, et je suis persuadé qu'elle est même un peu jalouse de toi. »

Du moins c'est ce qu'il prétendait.

À la réflexion Laurence se rendait bien compte que c'était plutôt un prétexte. Elle avait eu l'occasion de la rencontrer à l'issue d'une représentation théâtrale où se produisait un ami de Ludovic. Celui-ci ne pouvait s'y rendre, aussi il avait demandé à Sébastien d'y assister avec sa mère. Ce qu'il fit, mais en y conviant également la jeune femme. Au restaurant où ils terminaient la soirée, la délicieuse vieille dame assise en face d'elle ne paraissait pas précisément correspondre au portrait qu'en avait dressé son fils. Elle n'accapara nullement la conversation, ne chercha pas du tout à vanter les qualités ou les mérites du garçon, comme Laurence l'avait craint, selon les dires de Sébastien. Elle resta même très discrète à son sujet. Curieusement elle semblait même heureusement surprise de voir son fils en compagnie de la jeune femme. Comme si c'était une chose qu'elle désirait sans vraiment espérer qu'elle puisse se produire un jour. Et pourtant avec son physique de jeune premier, ce ne sont pas les occasions qui avaient dû manquer jusque-là… Laurence comprenait mieux aujourd'hui l'attitude de la vieille dame.

Elle avait remarqué l'attention remplie d'une tendresse non feinte que Sébastien manifestait à l'égard des très jeunes enfants qu'il leur arrivait de croiser au hasard de leurs promenades. Visiblement il y avait chez cet homme une fibre paternelle qui ne demandait qu'à s'épanouir. C'était du moins la conclusion à laquelle elle avait abouti. Cela allait d'ailleurs dans le même sens que les talents pédagogiques dont il savait si bien faire preuve en matière de peinture. Un projet commençait à naître dans l'esprit de la jeune femme. Une idée saugrenue, complètement folle même, ne manquait-elle pas de se dire les premiers temps. Mais, pour la contrecarrer, elle n'arrivait pas à formuler d'autres objections que celles issues de cette morale bourgeoise dont elle voulait se débarrasser à tout prix. Donc une opposition à ses yeux sans valeur.

La tête que fera Geneviève quand elle saura… se disait-elle, agrémentant ses réflexions d'un rire intérieur moqueur, presque méchant. Enfermée dans cette problématique anticonformiste elle refusait d'entendre le murmure discret, mais cependant bien perceptible, de la sévère mise en garde qui jaillissait du tréfonds de son être.

Sa décision était prise. L'occasion se présenta au cours d'une brève incursion sur la côte d'Azur, au moment des fêtes de fin d'année. L'attitude de Sébastien la conforta dans la mise en œuvre de son projet. Après avoir admiré les toiles de Matisse, en descendant la colline de Cimiez ils flânaient bras dessus, bras dessous. Près d'un des bassins agrémentés de jets d'eau qui ornent les jardins du Paillon ils aperçurent un petit garçon âgé de quatre ans à peine, qui visiblement devait avoir échappé à la surveillance de ses accompagnateurs et se penchait dangereusement au-dessus de la pièce d'eau. Sébastien se précipita pour le retenir. Puis, d'une voix très douce, comme pour se faire pardonner la brutalité de son intervention salvatrice, il prononça quelques paroles apaisantes qui rassurèrent le bambin. Laurence partit aussitôt à la recherche de la personne responsable de l'enfant. À quelques dizaines de mètres, les propos que pimente agréablement cet accent qui sent si bon les vacances et les éclats de rire d'un groupe d'adolescents attirèrent son attention. À tout hasard la jeune femme les informa de la découverte de cet enfant perdu. Toute confuse, réalisant sa négligence, une jeune fille se détacha du groupe, se précipitant à la recherche de celui qui devait être son petit frère. Le spectacle qui les attendait toutes deux était charmant, pour ne pas dire attendrissant. Sébastien et l'enfant discutaient gravement, ce dernier paraissait tout à fait à son aise, nullement impressionné par ce monsieur qu'il ne connaissait pas cinq minutes plus tôt. C'est tout juste s'il accepta de se séparer de son nouvel ami, pour rejoindre sa sœur aînée.

Il n'y a pas de doute, il ferait un père excellent, pensa une fois de plus Laurence. À cet instant pourtant, il lui revint comme un ultime avertissement que Nice, où ils se trouvaient alors, c'était le pays de Modeste. Modeste, avec qui elle avait partagé tant de confidences… Il désapprouverait évidemment son projet, surtout depuis qu'il était devenu bigot lui aussi… se disait-elle, bien consciente pourtant de l'injustice de ce qualificatif pour son parrain. Elle s'efforçait de balayer les dernières hésitations qui se faisaient jour en elle malgré tout. Elle y parvint.

À la surprise de Sébastien qui n'y apporta cependant pas une attention excessive, elle ne prit pas les précautions habituelles cette nuit-là ni la suivante d'ailleurs… Fille de médecin, travaillant elle-même en milieu médical, elle doit bien savoir ce qu'elle fait, c'est tout de même une belle marque de confiance à mon égard de se contenter d'une simple contraception orale se disait-il. C'est du moins ce qu'il supposait.

Dans l'esprit de la jeune femme il fallait forcer le destin en quelque sorte. Elle aimait cet homme qui semblait lui-même éprouver les mêmes sentiments à son endroit, mais qui n'arrivait pas visiblement à se décider. Il y avait quelque chose d'immature chez lui, elle ne disait pas les choses comme cela, mais cela revenait au même. Il aime trop les enfants pour ne pas subir un choc décisif quand il apprendra qu'il va être père. Voilà ce qui devrait le conduire à couper définitivement avec ce qui l'empêche d'être aussi libre, aussi adulte qu'il le prétend pensait-elle avec un soupçon d'inquiétude malgré tout. Car si cela se produit effectivement, comment prendra-t-il la chose ? Mais j'ai moi-même trop envie d'avoir un enfant de lui. De toute façon je ne peux plus reculer, les jeux sont faits…

Eh oui ! les jeux étaient faits. Quand elle raconta tout cela à Modeste, à demi-mot, sans entrer dans les détails, ce dernier l'écouta d'abord comme un médecin. Il en avait entendu bien d'autres et de bien pires depuis plus de vingt ans qu'il exerçait en médecine générale. Même si c'était sa filleule qui exprimait ainsi sa détresse, il convenait d'accueillir ses propos avec toute la bienveillance et toute la distance nécessaires, au moins dans un premier temps. Parvenue à ce stade de son récit, Laurence éclata soudain en sanglots. Le plus grave, le plus difficile restait encore à dire.

« Il vaut peut-être mieux faire une pause, lui dit-il. Nous reprendrons tout ça après une petite tasse de café, si tu le veux bien. »

La jeune femme acquiesça, elle avait en effet bien besoin de se reprendre.

Le docteur Ringardet changea alors de point de repère. C'est le chrétien qui profita de cet instant de répit pour replacer tout ça dans une perspective de foi, de charité et d'espérance. Bien sûr, mes références ne sont pas les siennes, et y faire allusion serait de la plus grande maladresse, se disait-il. La vraie question, le seul vrai problème, c'est de l'amener à se pardonner à elle-même.

Naturellement elle n'accepterait pas que j'interprète son drame actuel selon ce registre. Pourtant, elle vient de toucher le fond, c'est certain. Voilà qui me rappelle quelque chose, voilà qui me remet huit ans en arrière. Après nous avoir snobés pendant dix-huit mois, faut-il donc que tu aies souffert non seulement pour te rapprocher de nous mais aussi et surtout pour m'appeler au secours. C'est indéniablement une expérience de grande pauvreté que tu vis en ce moment. Allons, tu ne dois pas être bien loin du Royaume, ce qui ne veut pas dire que l'atteindre ne requiert pas de ta part encore beaucoup de temps et beaucoup de peine. Beaucoup d'effort, non, un peu d'abandon seulement, autrement dit quelque chose qui va tellement à contre courant de la façon dont tu as vécu jusque-là.

S'abandonner comme un petit oiseau entre les mains de Dieu… Petite Thérèse, toi qui étais à peine plus jeune que Laurence, tu dois la comprendre bien mieux que moi. Tu voulais qu'après ta mort terrestre une pluie de roses inonde ce monde, c'est le moment, il faut, oui il faut que Laurence découvre les bienfaits de cette attitude d'abandon, intercède pour elle auprès du Père… aide-moi à le lui faire comprendre : c'est à toi aussi Laurence que s'adresse cette invitation : un peu d'abandon de soi, c'est-à-dire un peu de vraie pauvreté et… *le Royaume de Dieu est à vous !*

13. La convoitise et la domination

Ils restèrent un long moment silencieux. Il fallait lui laisser le temps de se reprendre. Pendant cette pause Modeste repensait à sa filleule quand elle n'était qu'une mignonne petite fille. C'est vrai qu'elle est toujours mignonne, non elle n'est pas mignonne, elle est tout simplement belle, s'était-il dit tout à l'heure, quand elle était entrée dans le bureau de son pavillon. Sa première réaction avait été de supposer qu'il fallait être un vrai saligaud pour l'avoir blessée de la sorte. Évidemment, même s'ils ne s'étaient pas revus depuis des mois, il inclinait naturellement à la considérer de prime abord comme une victime... Il commençait à voir les choses un peu différemment.

Il avait préféré la recevoir chez lui, c'était moins anonyme, plus intime. Et puis il n'avait guère envie de se montrer à son cabinet, après tout, même s'il avait dû écourter son séjour dans le midi, il était encore en vacances pour quelques jours. Alors inutile de risquer de se manifester à la clientèle, sinon c'en était fini de la tranquillité...

Quand il l'avait appelée pour l'avertir de son arrivée, elle avait réagi bizarrement.

« Ah oui ! c'est toi Modeste, tu es déjà de retour, tu as fait bonne route ? »

C'était curieux, il y avait quelque chose de conventionnel dans son propos.

« Tu as l'air presque gênée de me voir revenir du midi plus tôt que prévu ?

– Ce n'est pas exactement le mot qui convient, disons un peu surprise, oui... »

Ce n'était pas le ton auquel il s'attendait, après le coup de fil de la veille.

« Attends, excuse-moi, mais d'après la conversation que j'ai eue avec Gérard hier soir, c'est bien toi qui m'as demandé de revenir dans les meilleurs délais, où alors il y a un malentendu, et je ne serais vraiment pas très content de m'être précipité, crois-moi !

– Mais non, ne te fâche pas, je suis seulement très heureuse que tu sois là, c'est tout...

– Bon, d'accord. On se voit demain matin, si tu veux bien, à mon domicile.

– Si ça t'arrange, c'est comme tu veux. »

Il avait perçu comme une hésitation dans la façon dont elle prononçait ces paroles. Au fond rien d'étonnant, tout près du but elle tergiversait. Elle avait avancé de dix pas et maintenant reculait de neuf. Il avait bien connu ça lui aussi, et pendant des années, avant que les circonstances le conduisent à faire le saut décisif. Allons ce n'est pas le moment de laisser filer l'amarre, se dit-il.

« Écoute, je n'ai pas fait mille kilomètres dans la journée pour rien, alors demain matin neuf heures OK ?

– C'est bon, j'y serai. Oui, c'est vrai, j'ai des choses difficiles et délicates à te confier, mais, excuse-moi de te le dire ainsi, comme je connais la force de tes convictions religieuses je préférerai que tu laisses un peu de côté comment dire... euh ! l'aspect moral des choses...

– Naturellement, tu me connais, je ne suis pas venu pour ça, tu le sais très bien, voyons ! »

Son ton à lui était ferme, sans attendrissement mais sans dureté.

Un ton qui n'était finalement pas étranger à une certaine connivence qui régnait entre eux il n'y avait pas encore si longtemps…

La morale, le grand mot était lâché.

« La morale, c'est ce qui reste quand on a tout oublié de la foi… », aimait à dire le Père Szablowski. Il paraphrasait ainsi un aphorisme sur la culture attribué à un éminent homme politique de la IIIe République.* C'était au cours du deuxième entretien qu'il avait eu avec l'aumônier de l'hôpital que ce dernier avait dû lâcher cette sentence. Lâcher, c'était bien le mot qui convenait, ou même encore « balancer », en mesurant malicieusement et sans avoir l'air de rien, l'effet qu'elle produisait sur son interlocuteur.

Il s'en souvenait comme si c'était hier. Consciencieusement, Modeste avait suivi les directives du vieux prêtre. Vieux, pas tant que ça. Il avait seulement un peu plus de soixante-dix ans, mais en paraissait au moins dix de plus. Ce vieillissement prématuré témoignait des effets de sa captivité en Allemagne, et la tuberculose qu'il avait attrapée peu après la fin de la guerre n'avait rien arrangé. C'est d'ailleurs cette maladie qui l'avait conduit à quitter sa Pologne natale et à venir rejoindre sa famille qui s'était installée dans le Nord de la France dans les années trente. Sa sœur aînée avait fortement insisté pour qu'il s'expatrie, estimant qu'il pourrait disposer de meilleurs soins dans la région lilloise. Il s'était rendu à ses raisons, ses supérieurs aussi, eux-mêmes très inquiets pour son état de santé et peut-être aussi pas fâchés de refiler au clergé français un jeune prêtre trublion et difficilement « casable » dans un exercice ministériel classique.

Finalement son parcours n'avait pas été si excentrique que cela. Après sa convalescence il avait repris des études à l'Institut Catholique de Paris, ensuite il devint aumônier d'étudiants tout en étant vicaire à temps partiel dans une paroisse. Geneviève se

---

* Édouard Herriot : *La culture, c'est ce qui reste quand on a tout oublié.*

souvenait parfaitement de lui, même si elle n'appréciait que modérément l'originalité de son style. Les propos qu'il tenait avaient quelque chose d'un peu déconcertant pour une petite provinciale à l'époque. Mais pour Modeste, il y avait une ressemblance étroite entre ces deux êtres. Le prêtre était issu d'une famille de paysans polonais très pratiquants, et Geneviève d'une famille aristocratique profondément catholique. Au fond l'un et l'autre étaient nés à l'ombre du clocher et y étaient restés toute leur vie. Ce n'était pas son cas à lui, Modeste. Et il appréciait d'autant cette fidélité qui lui avait permis grâce à l'une de retrouver la foi et grâce à l'autre de la structurer intelligemment.

« Alors, cher ami, que pensez-vous des mésaventures qui sont arrivées à nos arrière-arrière-grands-parents ?

– Et bien elles me laissent plutôt perplexe voyez-vous. Comme vous me l'avez suggéré, je me suis attaché à comparer l'attitude d'Adam et Ève avant et après la transgression de l'interdit. Il est certain que leur comportement réciproque a subi une modification radicale.

– Vous pouvez préciser un peu ? Demanda le père Szablowski.

– Avant, ils sont nus l'un devant l'autre et cela ne les gêne pas du tout, après ils ont honte de leur nudité si bien qu'ils éprouvent le besoin impérieux de la cacher. Je pense que cela signifie que leurs relations sont devenues « opaques » en quelque sorte. Et qu'à la joie sans mélange manifestée par Adam quand il découvre la compagne que Dieu lui a donnée, succède un sentiment trouble de crainte et de défiance latentes vis-à-vis d'elle ; on peut supposer qu'il en est de même pour Ève vis-à-vis de lui d'ailleurs. C'est ce qui explique la nécessité qu'ils ressentent tous deux de se vêtir pour échapper au regard de l'autre ; lequel autre est devenu suspect d'une certaine manière, et le regard qu'ils se portent mutuellement ne reflète plus cette innocence originelle. Et puis la réaction d'Adam qui se défausse de sa responsabilité sur Ève a quelque chose de navrant. Attribuer à l'autre, c'est-à-dire en définitive au Créateur la responsabilité de la faute apparaît particulièrement lâche. C'est bien comme cela je pense qu'il faut considérer cette remarque adressée à Dieu : "c'est la femme que tu as mise auprès de moi qui m'a donné du fruit de l'arbre et j'en ai mangé...". Si ce texte a bien une prétention à rendre compte, sous forme de mythe, des réalités dont la valeur est universelle, j'adhère totalement à cette vision des choses. La tentation est bien grande de projeter sur autrui l'origine des malheurs qui peuvent nous accabler. Les exemples ne manquent pas, qu'il s'agisse d'incriminer des groupes ou des individus. Je songe en particulier aux drames historiques provoqués par le rejet de la responsabilité des malheurs collectifs sur des ethnies entières ou sur des groupes sociaux considérés dans leur ensemble. Sans compter qu'aujourd'hui, devant l'adversité il est habituel de remettre facilement en cause la responsabilité de concepts en "-ismes", de catégories sociales ou encore de ceux qui nous ont précédés et de leurs méthodes éducatives par exemple... Le procédé est plus aseptisé, mais la démarche est fondamentalement la même.

– Ne seriez-vous pas, vous-même en ce moment en train de régler quelques comptes ? Allez ! même si c'est le cas, je ne vous désapprouverai pas sur le fond... Mais est-ce tout ce que vous avez découvert en regardant ce texte de près ?

– Et bien, je vous avouerai avoir été un peu scandalisé par les imprécations et les condamnations proférées par Dieu à la suite de cette faute de nos premiers parents... pardon de cette rupture, comme vous disiez l'autre jour.

– Patience, nous y reviendrons. Mais auparavant j'aimerais insister sur un point important. Nous avions remarqué avant-hier que ce qui avait motivé cette rupture justement, c'était le refus de la part de l'homme de la limite qui le constitue comme une créature libre. Ce refus qui s'exprime dans le rejet de sa différence avec le Créateur. Et bien cette faille dans la perception de la différence avec le Créateur va avoir des conséquences gravement dommageables sur la perception de ce qui constitue la différence entre les personnes. Et quelle est la première différence signe de l'identité de notre personne ? La différence entre les sexes, bien sûr. Il n'y a donc rien d'étonnant à ce que ce soit la nudité, signe évident de la différence sexuée, qui soit le premier témoin d'une perturbation grave de la relation interpersonnelle.

– Dîtes donc, ne seriez-vous pas en train de culpabiliser la sexualité par hasard ? J'ai un peu le sentiment que vos propos se sont pas très éloignés de ce que l'on met vulgairement derrière l'expression "croquer la pomme", selon une conception couramment admise de la nature du péché originel, pardon, du péché des origines comme vous dîtes. Il me semble que des réflexions fort pertinentes ont déjà été formulées sur le sujet. J'ai presque envie d'appeler le petit père Freud à la rescousse... »

Le prêtre réprima avec peine une grimace. Visiblement, cette allusion au fondateur de la psychanalyse ne lui plaisait pas beaucoup.

« Laissez donc Sigismond Lajoi là où il est, s'il vous plaît.

– Comment dîtes-vous ? Sigismond quoi ?

– Lajoi, comme la joie, mais sans "e" final. Vous connaissez un peu la langue allemande ?

– Un peu oui... Ah ça y est ! Je vois : die Freude signifie la joie en allemand et avec le prénom Sigismond c'est votre façon de franciser Sigmund Freud. »

Modeste n'appréciait qu'à moitié ce qui lui semblait être une plaisanterie d'un goût douteux. Comme la plupart des gens de sa génération et de sa formation, l'autorité scientifique du vieux maître viennois lui paraissait ne pas devoir être contestée. D'autant que le père Szablowski prononçait Sigismond Lajoi avec une moue dédaigneuse, de la même façon que l'on dit « Dupont

Lajoie »... Mais comme il le comprit plus tard, le prêtre avait beaucoup de respect pour le remarquable travail de défrichage – il préférait d'ailleurs parler de déchiffrage – du fondateur de la psychanalyse, une discipline dont il ne répugnait pas d'utiliser les concepts à l'occasion. Non ce qui l'horripilait particulièrement, c'est l'usage qu'une vulgarisation, une sous-culture qui se disait « de progrès », en faisait pour cautionner n'importe quoi.

« Pardonnez-moi cette réaction, mais il m'arrive à moi aussi de ne pas résister au besoin de régler quelques comptes. Croyez-moi, ce n'est pas à Freud lui-même que j'en veux, mais aux dérives de sa pensée dont il n'est certes pas l'auteur, quoiqu'il ait une part de responsabilité dans l'utilisation qu'une certaine modernité peut en faire. Mais revenons s'il vous plaît à notre sujet. J'ai évoqué le retentissement immédiat de la rupture originelle sur la différence sexuée et non de culpabilisation de la relation sexuelle. Votre réaction témoigne bien des confusions que l'on fait couramment à ce sujet. Une part de l'ambiguïté inhérente à la question peut d'ailleurs être levée avec la suite du récit à laquelle vous faisiez allusion au début de notre conversation : ce que vous nommez les imprécations divines, lesquelles succèdent à la constatation de la situation de rupture avec l'homme. Vous pouvez préciser un peu ce qui vous scandalise ?

– Et bien non pas tant la nécessité de travailler durement le sol pour l'homme ou les souffrances de la grossesse pour la femme, mais plutôt cette phrase terrible adressée à Ève : “tu seras avide de ton homme et lui dominera sur toi”*, propos on ne peut plus “sexiste”, vous ne croyez pas ?

– Je crois qu'il convient d'abord de mieux cadrer l'ambiance de ce discours que Dieu adresse à Adam. N'oubliez pas ce que vous avez vous-même découvert : cette diatribe est proférée par Dieu quand il a eu connaissance de la rupture provoquée par l'homme.

* Voir le texte de Genèse 3, 16, page 136.

Si l'on isole ce texte du reste de la Bible, il est effectivement tentant d'y voir un catalogue d'imprécations. Mais si l'on tient compte de tout ce que l'Ancien et le Nouveau Testament nous apprennent sur le vrai visage de Dieu, c'est-à-dire qu'il est avant tout un Père et un Dieu d'Amour, une tout autre perspective s'offre à nos yeux. Ce n'est plus un Dieu qui lance toute une série de condamnations à la figure de ces deux pauvres humains pris en flagrant délit de désobéissance, dont il s'agit, mais plutôt d'un Père meurtri et consterné qui révèle à ses deux enfants les conséquences funestes pour eux-mêmes de leur geste. Au fond, cela revient à leur dire : "mes pauvres enfants, dans quel pétrin vous vous êtes fourrés, la limite que j'avais établie visait simplement à vous épargner toute une série de catastrophes et de désagréments, voilà malheureusement maintenant ce qui va vous arriver". Alors, ce qu'il y a de véritablement génial dans la phrase qui vous scandalise tant, c'est que l'auteur de ce texte fait référence avec une remarquable maestria et une grande sobriété au climat dramatique dans lequel risquent de s'inscrire désormais les relations qui se vivent dans le couple. Il n'y a pas besoin d'être un grand anthropologue ni un fin psychologue pour constater que la volonté de domination est un penchant plutôt masculin et la convoitise un désir plutôt féminin, tout en remarquant qu'aucun des deux n'a l'exclusive de ces attributs mais qu'ils se répartissent de façon variable au sein de chaque individu quel que soit son sexe. De fait, ce sont les relations inter-humaines en général qui de proche en proche se trouvent ainsi en quelque sorte "piratées", comme vous dîtes en informatique, par le "virus" de la convoitise et de la domination. Bien sûr, on ne saurait réduire à ce seul aspect le vécu des relations entre les personnes, mais reconnaissez que cette tendance existe profondément en chacun de nous.

– Alors, si je comprends bien, ce fameux péché originel qui se transmet de génération en génération, ce serait cette propension à percevoir l'autre comme un objet que l'on serait tenté de soumettre à son pouvoir ou à sa convoitise.

– Du moins il s'agit là des effets qui en sont bien perceptibles. Et vous voyez bien que cette appropriation de l'autre peut être considérée comme un refus de ce qui nous différencie fondamentalement de lui, comme si on voulait en quelque sorte le manger, de façon symbolique naturellement. Remarquez cependant, que cette action de manger est présente dans le récit de l'acte à l'origine de la rupture avec Dieu, du refus de sa différence, du refus de cette limite constitutive de notre liberté. D'autre part, veuillez noter que le remède susceptible de nous aider à surmonter les effets du péché originel, l'eucharistie, fait aussi intervenir l'acte de manger, que l'on nomme dans ce cas la manducation. Il est vrai que le geste de la communion eucharistique est celui d'une appropriation, au sens le plus fort du terme. Cependant non pas dans la perspective d'une volonté de puissance mais au contraire dans celle d'un accueil de Celui qui nous sauve et de sa force au plus intime de notre être.

– C'est vraiment prodigieux cette cohérence de la foi chrétienne. Jamais je n'aurais pu imaginer cette symétrie entre la faille originelle et ce qui nous en délivre.

– Vous n'êtes pas au bout de vos émerveillements, croyez-moi ! Contrairement à ce que prétendent des raisonnements plus "résonants" que raisonnables, la foi chrétienne n'a rien à craindre de sa confrontation avec la Raison avec un grand R. Mais si vous le voulez bien, revenons à notre récit. Vous n'aviez pas tout à fait tort d'évoquer un rapport de ce récit avec la sexualité. C'est effectivement un domaine où la différence peut être pervertie de façon privilégiée par la convoitise et la domination. Comme il peut être, ce qui est sa destination originelle, le lieu où le don total réciproque de l'un et de l'autre participe à l'œuvre de création de Dieu, ce qu'on appelle fort justement la procréation. On comprend assez facilement que le lieu où se manifestent les fantastiques forces de la vie puisse devenir par un usage perverti celui où vont s'exercer les terribles forces de mort. Vous savez aussi bien que moi que le viol, par exemple, est souvent suivi de l'assassinat de la victime. On pourrait trouver bien d'autres illustrations de ce propos dans le domaine de la pathologie, mais j'empiéterais alors sur vos plates-bandes, docteur… Je me permettrais de rajouter simplement que la sexualité n'est évidemment pas le seul lieu où les relations humaines peuvent se trouver perverties par cette propension à la convoitise et à la domination, une propension à laquelle nous sommes tous soumis. L'Argent avec un grand A et le Pouvoir avec un grand P sont des domaines où ces déviances se manifestent avec une excellence toute particulière. Mais là, je crois que j'enfonce des portes ouvertes…

– Je vous suis assez bien, mon père. Mais, dîtes moi, à ce stade du récit on a un peu l'impression que Dieu se contente de prononcer de beaux discours, c'est un peu léger face à une situation qui est quand même dramatique, vous ne trouvez pas ?

– Non, Dieu ne reste pas les bras croisés. N'oubliez pas que la Bible est avant tout une histoire du salut de l'humanité. Déjà dans le récit qui nous occupe, Yahvé revêt Adam et Ève de peaux de bêtes, explicitement pour les protéger des effets néfastes de la prise de conscience de cette nudité. Mais ensuite il ne va pas cesser d'aller au-devant de l'homme pour lui révéler progressivement le chemin qui conduit à une authentique libération des conséquences de la rupture originelle. Cela commence avec Abraham, le patriarche que Dieu appelle pour être à l'origine d'un peuple dont l'élection sera décisive dans son plan de salut. Avec Moïse, le peuple Hébreu fait l'expérience d'une libération à deux niveaux : une libération politique, celle de la soumission à l'Égypte et la libération que réalise le don de la Loi qui justement lui offre les limites grâce auxquelles pourra s'épanouir sa liberté. Sans entrer dans les détails, toute l'histoire du peuple juif est une succession de gestes et de paroles libératrices de la part de Dieu auxquels répondent hélas l'inconstance, voire l'infidélité de ce peuple "à la nuque raide" comme dit l'Écriture. Comme vous le savez, cette histoire culmine avec la venue de Jésus, le Fils qui par le don de l'Esprit nous introduit dans le Royaume de Dieu... Alors vous le voyez, nous avons encore du pain sur la planche... Mais je m'aperçois que, comme avant hier, nous avons abordé en peu de temps des thèmes particulièrement ardus. Vous ne trouvez pas que les bouchées sont un peu grosses, parviendrez-vous à digérer facilement tout ça, je me le demande ?

– Ne vous inquiétez pas, je pense avoir bien compris la ligne générale de votre pensée. Mais si j'ai besoin de précisions supplémentaires, je ne manquerai pas de vous le faire savoir.

– Si je voulais donner d'un mot une conclusion à ce que nous avons abordé aujourd'hui, je dirais simplement que "la morale, c'est ce qui reste quand on a tout oublié de la foi".

– Vous pouvez préciser ?

– Oui, bien sûr. Faire un tant soit peu allusion à ce concept de péché originel n'a pas très bonne presse de nos jours. On préfère juger des choses et des êtres selon un certain consensus moral plus ou moins universel dont on oublie ou même récuse parfois l'enracinement judéo-chrétien pourtant incontournable. Et l'expérience montre que cela ne fait que déplacer le sentiment de culpabilité religieuse vers une culpabilité morale qui n'est finalement pas plus facile à vivre. Comme vous le notiez fort justement au début de notre entretien à propos de cette dérobade d'Adam devant sa responsabilité, on remarque en effet que, dans les situations d'adversité les individus comme les groupes humains ont de plus en plus tendance à se sentir victime des erreurs ou des fautes d'autrui. Cet autrui pouvant désigner aussi bien des personnes que des instances, des mouvements de pensées ou des institutions dont l'action prétendue malfaisante se situe bien souvent dans le passé. Au tribunal de l'histoire les accusés n'ont évidemment pas le loisir de se défendre... Juger avec nos yeux d'aujourd'hui les situations d'hier et surtout d'avant hier a quelque chose d'anachronique, voir même d'indécent. Cette dérive moralisatrice n'a finalement d'autre résultat que de désigner des boucs émissaires inaccessibles puisque disparus mais tellement commodes pour servir de repoussoir sans risque de contradiction de leur part. Le résultat en est que la culpabilité est déplacée vers l'imaginaire et si la "bonne conscience" y gagne la conscience tout court y perd. On rejoint ainsi le désir de toute-puissance, mais là d'une toute-puissance vertueuse, par le rejet sur autrui de cette propension à la convoitise et à la domination qui nous habite tous. Finalement on ne peut que le constater amèrement : l'esquive de l'acceptation de cette faille est déshumanisante. Par contre, si on l'accepte, sans s'y enfermer, cette notion d'une blessure originelle permet d'accueillir le don de la foi et le salut qui nous est offert. Assumer notre condition humaine dans la foi allège considérablement le fardeau.

– Et bien, il y a de quoi méditer, vous ne croyez pas ?

– Je ne vous le fais pas dire... De toutes façons, si vous souhaitez poursuivre ce dialogue après votre sortie de l'hôpital, je suis à votre entière disposition.

– Ce sera avec beaucoup de plaisir, mon père. À très bientôt. »

Modeste rencontra le vieux prêtre assez régulièrement par la suite. Quand il repensait à ces premiers entretiens, c'est un sentiment de profonde gratitude qui l'étreignait. Il lui était particulièrement reconnaissant de lui avoir ouvert les portes d'une approche réfléchie et discursive de la foi. En un mot, il l'avait initié à la théologie, un terme qui sonnait bien étrangement à ses oreilles à l'époque, une discipline intellectuelle dans laquelle il n'aurait jamais songé se plonger auparavant. Ce qui avait été déterminant, c'était cette façon d'aborder des thèmes aussi graves en évitant soigneusement de les enfermer dans une problématique moralisatrice. Le père Szablowski avait pris grand soin de se placer sur le terrain de la raison et de la responsabilité, lui révélant ainsi ce qui structurait l'architecture du décor. Le décor d'apparence désuète que peut revêtir parfois l'énoncé des vérités enseignées par l'Église. La mesure d'une réalité bien tangible, bien enracinée dans le terreau humain se cache en fait derrière les formulations que certains esprits soi-disant « éclairés » qualifient de dogmatiques ou de dépassées, faute sûrement d'avoir cherché à les comprendre ou prisonniers qu'ils sont bien souvent d'un engrenage de rejet ou de refus de leur propre héritage chrétien.

Au fond, quand Laurence lui avait demandé de lui épargner un discours « moralisant », ne révélait-elle pas son enfermement dans la même problématique? Comme nombre de ses contemporains de tous âges et de tous milieux, elle associait spontanément la foi chrétienne avec un moralisme d'un autre âge. N'était-ce pas aussi ma propre façon de voir les choses avant cette expérience de radicale pauvreté qu'a été ma maladie? C'est du moins ce qu'il se disait après la brève conversation téléphonique qu'il avait eu avec la jeune femme le soir de son retour.

Ce qui avait été décisif dans ces entretiens avec le père Szablowski, ce n'était pas tant l'interprétation qu'il donnait de ces récits bibliques – les textes qui ont sûrement fait l'objet du plus grand nombre de réflexions et de commentaires depuis qu'existe la littérature judéo-chrétienne – que le changement d'horizon qu'elle était susceptible de produire chez lui. Dans la mesure où il était réceptif à cette manière de voir, Modeste se sentait désormais à la fois plus humble et plus libre.

Reconnaître que l'homme est tributaire de cette propension à la convoitise et à la domination, non pas de manière innée, liée à notre émergence progressive de l'animalité, mais suite à une sorte de déraillement de ce processus, avait ouvert à ses yeux un horizon radicalement nouveau. Il était finalement très réconfortant de s'apercevoir que la « nature humaine » – en s'abstenant de trop ergoter sur ce que recouvre ce concept – est créée fondamentalement bonne. Mais en même temps le réalisme, le principe de réalité, conduisait à assumer cette condition d'appartenance à une humanité blessée. Livrée à ses seules forces celle-ci était évidemment impuissante à se libérer d'une contrainte qui lui était si intime. Ses entretiens avec le père Szablowski, puis l'enseignement théologique pour laïcs que le vieux prêtre lui avait conseillé de suivre, lui avaient confirmé ce que sa propre expérience lui avait fait découvrir. La Loi, que l'on désigne par là des prescriptions d'observance ou des préceptes moraux, si elle était susceptible d'apporter, un temps, une certaine libération, finissait toujours par être prisonnière de sa lettre aux dépens de son esprit, engendrant ainsi d'autres formes d'asservissement. Elle avait cependant l'immense mérite de préparer le terrain justement à Celui qui ouvrirait les portes de la vraie liberté, sans la renier mais en la dépassant.

« La morale c'est ce qui reste quand on a tout oublié de la foi... », disait le père Szablowski. Encore une de ces sentences que Modeste affectionnait particulièrement. À tort ou à raison, il mettait d'ailleurs dans le même sac la Loi juive et les préceptes moraux d'inspiration chrétienne qui avaient jalonné son éducation. Ceux-ci avaient balisé son chemin, leur utilité n'étaient pas contestable, mais nullement décisive. Ce qui avait été déterminant dans son parcours, c'est l'expérience de la rencontre libérante avec le Christ qu'il avait vécue huit ans plus tôt. Celle-là était liée à la rencontre de témoins de la foi, au premier rang desquels se situait son épouse bien sûr. Mais aussi, et inséparablement, à cette attitude d'abandon en vérité à laquelle l'avait conduit son expérience de la maladie. Une attitude de foi, sans encore la connaître, cette foi. C'était son parcours à lui, nullement généralisable, naturellement. Mais que ce soit soudainement ou progressivement, il était convaincu d'une chose : pour rencontrer le Christ il fallait nécessairement passer par la porte étroite ou bien encore que le chameau se débarrasse de son chargement pour passer à travers le trou de l'aiguille comme dit l'évangile. L'accueil de l'Esprit ne pouvait se réaliser sans « désencombrement » préalable. Mais comment « monnayer » ces découvertes auprès de Laurence, comment lui faire découvrir son propre chemin d'abandon à elle, et à elle seule ? Là était la question. Comment lui dire à elle aussi que dès maintenant… *le Royaume de Dieu est à vous ?*

14. En chute libre...

C'est vers la fin du mois de janvier que Laurence eut la confirmation biologique de sa grossesse. Ce n'était évidemment pas une surprise. Mais bien qu'elle eût tout fait pour qu'il en soit ainsi, ses sentiments étaient pour le moins mitigés. Une certaine inquiétude l'étreignait, qu'elle essayait vainement de dissiper en se remémorant sans cesse ces moments où Sébastien paraissait si heureux de la présence d'enfants à ses côtés. Il fallait maintenant trouver un moment favorable pour lui annoncer la nouvelle. Mais comment allait-il réagir ? Elle était d'autant plus mal à l'aise qu'il n'avait guère été présent à ses côtés ce mois-ci. Un surcroît de travail en ce début d'année, ne manquait-il pas de répéter quand elle lui téléphonait pour lui proposer de se rencontrer. Des projets aussi, en particulier une exposition des œuvres de Ludovic à installer à l'Hôtel de Ville d'Amiens, c'était bon signe pour le jeune artiste que d'être très officiellement invité par un organisme public.

« C'est curieux, se disait-elle parfois sans chercher plus avant, ce Ludovic, je ne l'ai aperçu que lors de l'exposition à la clinique, Sébastien ne me l'a jamais fait rencontrer depuis, pourtant il a l'air d'être souvent en contact avec lui... »

Finalement il parvint à se libérer un jeudi après midi, la demi-journée que prenait Laurence chaque semaine pour compenser sa présence à la clinique le samedi matin. Il faisait froid, mais le temps était très beau en ce début février, ils avaient décidé de flâner le long des quais de la Seine avant de passer par le Quartier Latin.

« Tu parais bien distraite, lui dit-il en franchissant le Pont Neuf, il y a quelque chose qui ne va pas ?

– Non rien, je t'assure, un peu d'énervement simplement. Nous avons un cousin du roi de Jordanie à la clinique en ce moment, alors tout le monde est dans ses petits souliers. À commencer par notre directrice qui est encore plus exécrable que d'habitude. »

Elle ne parvenait pas à aborder le sujet qui lui tenait à cœur. Ils passèrent bientôt devant une école maternelle. C'était l'heure de la sortie et les mamans venaient chercher leur progéniture. Comme toujours Sébastien observait avec un intérêt mêlé d'amusement les mimiques des bambins, d'autant plus expressives qu'ils étaient ravis de revoir leur mère après une aussi longue absence… mais parfois c'était l'inverse, donnant l'impression d'être dérangés par une intruse…

« Vraiment les institutrices de maternelle sont douées, pour arriver à les captiver de la sorte, tu ne trouves pas ? »

Laurence sentit que c'était le moment, il serait sûrement difficile de le trouver plus réceptif.

« Toi qui as l'air de tant apprécier la compagnie des jeunes enfants, tu vas être comblé », lui dit-elle en accompagnant ses propos de son plus franc sourire.

Il la regarda, passablement interloqué.

« Qu'est-ce que tu veux dire par-là ?

– Et bien tout simplement que tu vas être père. »

Le ciel lui tombait sur la tête. Il resta un long moment silencieux. Puis d'une voix à peine audible, étouffant à grand-peine le mélange de colère, de surprise et d'angoisse qui l'étreignait, il lui dit :

« Je comprends mieux maintenant ce qui s'est passé le mois dernier à Nice. Ce n'est pas un accident, c'est volontaire, n'est-ce pas ? »

Totalement décontenancée par le ton sur lequel il avait prononcé « c'est volontaire, n'est-ce pas », elle lui répondit affirmativement d'un signe de tête. Il essaya de toutes ses forces de poursuivre gentiment, mais sans y parvenir.

« Ce n'était pas du tout dans nos conventions, Laurence, tu le sais très bien. J'aime beaucoup les enfants, c'est vrai, mais je ne me suis pas du tout préparé en avoir un qui soit le mien. Tu aurais dû m'avertir de tes intentions, lâcha-t-il d'un ton plus sec qu'il ne l'aurait voulu. Excuse-moi, j'ai besoin de réfléchir. Je te rappellerai. »

Il la planta là, effleurant à peine son front d'un baiser.

Les choses ne se déroulaient pas du tout comme elle l'avait prévu. Et la façon dont il l'avait quittée, lui si prévenant d'habitude, en disait long sur l'ampleur de sa réprobation. Elle n'était qu'au début de ses désillusions, le plus dur restait à entendre, et en plus, d'une autre bouche que la sienne.

Revenu de sa stupéfaction, Sébastien se sentait très partagé sur la conduite à tenir. Une première décision finit par s'imposer à lui : il lui fallait prendre conseil. Deux confidents possibles : sa mère ou Ludovic. Il hésita un long moment. S'ouvrir de cette fâcheuse situation auprès de sa chère maman équivaudrait tôt ou tard à être contraint d'envisager une remise en question déchirante du semblant d'équilibre affectif auquel il était parvenu. Ne s'offrirait à lui alors d'autre issue que celle d'assumer la situation, c'est-à-dire qu'il faudrait opérer un rétablissement à la force du poignet. C'était certain, après l'inévitable moment de surprise, la vieille dame serait finalement très certainement ravie. Elle saurait bien faire valoir à son fils en usant de son habileté coutumière, c'est-à-dire en mêlant les allusions et les propos bien sentis, que la situation dans laquelle il s'était placé désignait de façon explicite sa véritable identité. Il devinait tout cela, mais n'avait pas le cœur de l'affronter. Ou plutôt, il ne parvenait pas se donner le courage d'envisager cet avenir, un avenir de type familial, les contraintes qu'il imposerait et surtout la perspective de la rupture définitive avec Ludovic.

L'autre terme de l'alternative, c'était tout avouer à son amant. Depuis sa rencontre avec Laurence, il y avait de l'eau dans le gaz dans leur relation. Sébastien n'était plus vraiment sûr de son homosexualité, malgré l'amour qu'il portait au jeune peintre. Amour, il ne parvenait pas à se résigner à parler d'affection profonde pour désigner cet attrait qu'il exerçait sur lui. Et pourtant, c'était bien aussi une relation véritablement amoureuse qu'il vivait avec Laurence depuis dix-huit mois maintenant. Et c'était ailleurs, avec une femme. Mais aujourd'hui l'aboutissement de cette relation l'effrayait au plus haut point. Non, ce n'était pas cela qu'il attendait d'elle, en tout cas pas maintenant, pas tout de suite et surtout pas de cette façon. Alors, ne fallait-il pas se résigner à tout déballer devant Ludovic, depuis le temps que ce dernier le tarabustait avec ses questions, ses doutes – justifiés bien sûr – et ses scènes accompagnées de menaces de rupture qui restaient d'ailleurs toujours lettre morte.

L'arrivée inopinée du jeune peintre dans son bureau lui évita de tergiverser plus longtemps. Il était venu pour s'entretenir de l'état de préparation de l'exposition à Amiens, mais il comprit tout de suite que quelque chose ne tournait pas rond chez Sébastien. Il le connaissait suffisamment pour subodorer que les soucis qui l'envahissaient étaient d'ordre affectif. Son ami – ami à tous les sens du terme – réagissait de façon bien différente, c'est-à-dire combative, devant l'adversité d'ordre professionnel par exemple. Alors que là il avait l'air penaud, presque contrit. Non, pour le coup il avait perdu de sa superbe et paraissait même bien vulnérable. Il sentit très vite que cette fois-ci le beau Sébastien, son beau Sébastien, n'aurait pas l'avantage et qu'il ne pourrait pas s'en tirer par un grognement ou un haussement d'épaule comme à l'accoutumée.

« Et bien, Bastien, ça n'a pas l'air d'aller comme tu veux, une peine de cœur je parie, lâcha-t-il perfidement. On t'aurait peut-être joué un bien vilain tour ?

– Tu ne crois si bien dire. Je suis dans un drôle de pétrin, quel naïf je suis, tu ne peux pas savoir…

– Oh ! que si ! et je crois même deviner de qui il s'agit, bien que je n'aie aucune idée du motif, mais avec certaines créatures on peut s'attendre à tout ; n'est-ce pas ! »

Sébastien lui expliqua brièvement de quoi il retournait. Ludovic triomphait.

« Et bien voilà, tu as tout compris maintenant. La bague au doigt, elles sont toutes les mêmes, elles ne pensent qu'à ça. Elle a utilisé le moyen de chantage le plus classique, cette façon d'agir est vieille comme le monde…

– Tu crois vraiment ? Pourtant elle ne m'a jamais parlé mariage…

– Et bien, tu peux être sûr que ce sera pour la prochaine fois. J'espère que tu vas te décider enfin à voir clair dans son jeu. Elle t'a bien eu. Tu comprends maintenant ce qu'elle voulait, et sûrement dès le départ… »

Il s'interrompit. Son compagnon avait vraiment l'air trop malheureux. Il fallait avoir le triomphe modeste, d'autant que la partie n'était pas encore gagnée. Avec son foutu attachement pour les enfants, il serait bien encore capable de se laisser embobiner.

Le jeune peintre, lui, ne se posait plus de questions sur ses propres tendances. Il acceptait son homosexualité sans laisser paraître de doute ni de honte, conforté en cela par l'opinion consensuelle de l'intelligentsia sur le sujet en cette fin du vingtième siècle. Dans le milieu artistique dans lequel il avait grandi et qui était le sien depuis que sa vocation s'était affirmée, la chose n'avait rien d'exceptionnel ni de scandaleux. Au moment de l'adolescence, il s'aperçut assez vite qu'à la différence des garçons de son âge, il n'éprouvait vis-à-vis du corps féminin, même dénudé, guère d'émotion, si ce n'est d'ordre esthétique. Alors, aidé par quelques initiateurs, il s'était apparemment assez bien adapté à cette situation.

« Je pense que tu as besoin de prendre un peu de recul avant de prendre une décision. Repose-toi, ne te polarise pas sans arrêt là-dessus. Et puis sois sans crainte, moi je ne t'abandonne pas, je suis toujours à tes côtés... » Il avait envie d'ajouter : « ...malgré tout le mal que tu m'as fait... » Mais il se retint. Son compagnon devina parfaitement ce que cachait cette interruption du cours de sa phrase.

« Je te demande pardon Vic... Oui, vraiment je ne sais plus où j'en suis. J'ai effectivement besoin de prendre du champ vis-à-vis de tout ça, un peu de temps, disons deux ou trois jours... »

Ludovic avait déjà sa petite idée sur la façon d'appréhender la suite. Il fallait qu'il vît Laurence, et vite. En tout cas avant que Sébastien trouve le courage d'en faire autant.

« Mademoiselle Marty ? C'est Ludovic, Ludovic Dujardin, oui, le peintre, c'est ça. Notre ami Sébastien ne va pas très bien en ce moment, pourrais-je m'entretenir un peu à son sujet avec vous ? »

Laurence était réellement surprise. Ce coup de téléphone était surprenant. Qu'est-ce qu'il venait faire celui-là, et dans un moment pareil ? Un doute commença à germer dans l'esprit de la jeune femme. Des idées bien sûr... qu'elle s'efforçait de chasser sans y parvenir tout à fait. Non, ce n'est pas possible, ce serait vraiment incroyable que je me trouve plongée dans un tel micmac. Enfin, de toutes façons il vaut mieux savoir ce qu'il veut exactement. Elle lui fixa rendez-vous dans un bistro, pas très loin de la clinique, mais à distance suffisante quand même, inutile de donner prise aux éventuels commérages. Si ça se trouve, il y a des langues qui tournent, et depuis déjà pas mal de temps. Certains silences qui survenaient soudainement lors de son passage devant ses collègues ou des infirmières lui revenaient en mémoire…

« Bonjour Mademoiselle… Mademoiselle Laurence Marty, n'est-ce pas ?

– Oui, c'est bien ça. Bonjour, euh !… bonjour Maître. »

Le peintre l'impressionnait depuis le début, depuis le jour de l'exposition à la clinique. Elle se souvenait parfaitement du regard courroucé qu'il avait lancé à Sébastien après la visite « privée » que ce dernier lui avait consacrée. La notoriété grandissante de son talent accentuait encore la timidité qu'elle éprouvait en se trouvant seule face à lui.

« Vous pouvez m'appeler Ludovic, je ne pense pas qu'il soit bien nécessaire de faire preuve d'une distance conventionnelle qui serait de toute façon incongrue dans les circonstances présentes. J'ai des choses très désagréables à vous dire, alors inutile de se soumettre à des convenances que j'estime dépassées. Je préfère aller droit au but. »

La jeune femme n'était pas du tout, mais vraiment pas du tout, à son aise.

« C'est comme vous voudrez, Monsieur…

– Que désirez-vous prendre, à cette heure-ci une tasse de thé peut-être ?

Heu, oui… C'est une excellente idée. »

– Mademoiselle, cela va être difficile à entendre, mais il faut que vous sachiez que Sébastien et moi sommes homosexuels, notre liaison dure depuis trois ans maintenant. Je ne sais pas ce qui lui a pris de vivre cette aventure avec vous, car ce n'est qu'une aventure, croyez-moi. Mais la tournure que vous avez voulu donner aux événements lui a rendu sa lucidité. Il a été profondément perturbé par votre initiative. Dans cette épreuve il avait besoin d'aide et c'est naturellement vers moi qu'il s'est tourné. Je suis sincèrement désolé de vous voir plongée dans une situation dont l'issue sera évidemment très délicate pour vous, mais il vaut mieux voir les choses en face, vous ne croyez pas ? »

Laurence était anéantie. Ses craintes, suggérées par la brève conversation téléphonique de la veille se trouvaient malheureusement fondées. Elle resta un long moment silencieuse. Que dire, mais y avait-il quelque chose à ajouter? Les paroles de Ludovic avaient au moins le mérite de la franchise. Bien que gênée d'aborder un registre d'affectivité qui lui était tout à fait étranger, elle finit par exprimer ce qui lui était venu d'emblée à l'esprit : l'incompréhension de cette situation, la difficulté à concevoir, à se représenter effectivement ce qu'elle ne pouvait percevoir que sous l'aspect de la compromission de la virilité de celui qui était son amant.

« Mais qu'est-ce qui peut bien vous attacher à cet homme, à Sébastien ? »

Ludovic ne pouvait que constater que ni le ton ni l'allure de son interlocutrice n'étaient ceux d'une intrigante, comme il l'avait supposé après la « confession » de Sébastien. Cette jeune femme était apparemment sincère. Au fond c'est tout simplement une rivale, pensa-t-il. Finalement, nous sommes, elle et moi, dans le même bateau, mais pas du même bord malheureusement.

« Et bien, je l'aime, Mademoiselle, et nous nous aimons, c'est tout. »

La nausée l'envahit. Elle pénétrait dans un univers dont les repères lui étaient complètement étrangers. C'était plus un sentiment de répulsion que de colère ou de jalousie qu'elle éprouvait en ce moment. Ludovic devina sa réaction.

« Mademoiselle, la communion qui peut s'établir entre deux personnes de même sexe peut atteindre des niveaux que vous ne soupçonnez peut-être pas. Je ne pense pas pouvoir partager de manière plus intense les mêmes émotions avec quiconque d'autre que Bastien. »

Il avait employé sciemment le diminutif qu'il utilisait avec lui, pour bien souligner le degré de leur intimité.

« Et je suis bien certain que la réciproque est vraie. Sur le terrain de l'art, mais ce n'est pas le seul, nous sommes en parfaite concordance. Ce qui ne signifie pas qu'il n'y ait pas de différence entre nous dans l'appréciation et l'exaltation du beau. Cette harmonie qui existe entre nous n'est pas synonyme d'identité. Nous vibrons selon les mêmes harmoniques mais chacun à notre façon, comme la flûte et le violon se répondent pour exprimer leurs merveilleux accords... Le déroulement de ma carrière artistique lui doit beaucoup, et je suis certain que je l'ai beaucoup aidé dans son éducation esthétique, lui qui au départ savait surtout utiliser ses connaissances théoriques et très peu user de son intuition... »

Chez la jeune femme une espèce de sentiment d'infériorité s'associait maintenant à la sensation d'écœurement qu'elle avait de prime abord éprouvée. Dans quel milieu me suis-je fourré ? J'ai bien l'impression de n'être qu'une gamine totalement ignare devant ces gens-là... Cependant une petite voix intérieure très ténue, la même qui l'avait mise en garde contre son projet, lui murmurait : « tout cela ce sont de beaux discours, mais que pèsent-ils en face de cette petite vie qui pousse dans ton ventre ? » Inutile d'aller plus loin. Il valait mieux mettre un terme à cet entretien. Tout était dit. Elle le dévisagea. C'est vrai qu'il avait des traits extrêmement fins, mais féminins n'était pas le qualificatif qui leur seyait. Ses mains étaient particulièrement soignées, la manucure était évidemment passée par-là. C'était plus en observant ses gestes et ses mimiques que son aspect physique et son allure que l'on aurait pu deviner ses penchants homosexuels. Tout cela elle le remarquait sans réfléchir, sans l'imprimer dans sa conscience. Une déconnexion s'était opérée entre ce que recueillait ses sens et ce que son être tendu à l'extrême pouvait encore produire d'activité mentale. Comme dans un rêve, à demi abasourdie, elle s'entendit murmurer :

« C'est parfaitement clair, je ne pense pas qu'il soit nécessaire de poursuivre plus avant cette conversation.

– Je regrette infiniment de vous avoir fait souffrir de la sorte, Mademoiselle. Il était pourtant inévitable d'en passer par-là. Vous êtes jeune, vous êtes belle, vous arriverez à surmonter cette épreuve j'en suis sûr. La loi offre maintenant des possibilités de sortir de certaines situations, de certaines impasses, voulais-je dire, sans dommages excessifs. »

Il se rendait bien compte de l'effet dévastateur de ses propos et mesurait ce que ses dernières paroles avaient de terrible dans la situation présente. Il avait voulu simplement défendre ce qu'il considérait être « son bonheur » ce qui inévitablement allait briser celui de son interlocutrice. Dans la vie courante, il prenait généralement soin d'éviter de blesser les gens directement, mais dans cet affrontement-ci il devait y avoir forcément une victime. Désireux d'agir et vite, il n'avait pas prévu l'ampleur du désarroi dans lequel son intervention plongerait la jeune femme. Tu es un franc salaud, Sébastien, pour nous avoir entraînés, elle et moi, dans cette galère, pensa-t-il. Tu es un vrai salaud, mais je t'aime…

Il paya les consommations auxquelles ni l'un ni l'autre n'avaient d'ailleurs touché, la salua, sans oser lui tendre la main, en réprimant une envie de lui adresser un geste de compassion, lequel aurait été tout à fait déplacé, il le sentait bien.

À peine la porte vitrée du café se fut-elle refermée derrière lui que Laurence se précipita vers les toilettes pour vomir. Et ce n'était pas un effet de sa grossesse débutante.

Elle finit par réussir à s'extraire de la banquette, sortit comme un automate. Elle n'eut pas la force d'esquisser le sourire qu'elle réservait habituellement aux murmures admiratifs que son passage suscitait assez souvent de la part de la gent masculine, tels ces trois jeunes hommes attablés au comptoir. Elle était jolie fille, elle le savait, mais dans les circonstances présentes cet atout, dont elle n'usait d'ailleurs que très modérément, n'avait plus aucun sens. En rentrant chez elle, elle essaya de réfléchir un peu plus posément. « Quand même, je sais bien que je ne suis qu'une naïve petite idiote, mais il aurait pu faire ses commissions lui-même », se disait-elle, plongée dans le bain chaud qu'elle s'était fait couler en arrivant. Une manière de se débarrasser de ce sentiment d'ambiance poisseuse qui l'avait gagnée depuis la conversation avec ce Ludovic. Une manière, aussi, de retrouver la sensation de bien-être et de protection qui puise ses origines, comme chez tout un chacun, dans le vécu archaïque, celui du séjour dans le sein maternel. Elle ne fit d'ailleurs pas le rapprochement avec cette vie qui commençait à émerger en elle.

Elle avait du mal à se reprendre, passant confusément d'une idée à une autre. Finalement cette expérience m'aura permis de modifier mon point de vue sur les homosexuels. « Je m'imaginais des gens plutôt du genre pervers. Sébastien est ce qu'il est, mais il a toujours fait preuve du plus profond respect à mon égard. Je comprends maintenant pourquoi il n'était pas prêt à parler d'avenir. Au fond, j'ai joué et j'ai perdu. Mais que faire maintenant? À qui se confier? Mais est-il nécessaire de se confier? » L'issue qu'avait évoquée Ludovic lui revenait en mémoire. Elle était assez bien placée pour savoir comment il conviendrait de procéder, bien que ce fût une activité très marginale de la clinique. Tout s'embrouillait dans sa tête. Elle finit par s'extirper de la baignoire, réussit à avaler un verre de jus de fruit et se mit au lit. Elle sombra aussitôt dans un profond sommeil. Un étrange sommeil, sans rêve, qui lui permit quand même de récupérer un peu.

Le lendemain matin elle réussit à mettre un semblant d'ordre dans ses idées. Une priorité : évidemment cette grossesse. La première chose raisonnable à faire aurait été de prendre conseil avant de décider quoi que ce soit. Mais auprès de qui ? De ses proches naturellement, c'était ceux qui devraient être les mieux placés pour lui apporter une aide, et inconditionnellement. De fait le climat dans lequel s'étaient déroulées leurs relations ces derniers mois rendait la chose malaisée. Cela aurait pris l'allure d'un retour de l'enfant prodigue, ce que, même dans sa détresse actuelle elle n'était pas prête à accepter. En plus, se sentant pleinement responsable, elle ne voulait pas faire supporter à ses parents, à son père surtout, une situation qu'elle jugeait avant tout humiliante.

Dans ce genre de situation, il est bien rare qu'une jeune femme n'ait pas parmi ses connaissances une amie susceptible de recueillir ses confidences. Il est vrai que Laurence s'était montrée particulièrement discrète pour ce qui concernait Sébastien. À la réflexion, elle se rendait compte maintenant que ses collègues de la clinique n'avaient pas, de leur côté, manifesté une grande curiosité sur le sujet. Probablement, avaient-elles eu vent de quelque chose à propos des fréquentations du beau décorateur, se gardant bien de l'avertir, par pudeur, discrétion ou pour d'autres raisons plus mesquines.

Il lui vint à l'esprit qu'il y avait dans ses relations une personne capable de recevoir ses confidences. Elle n'habitait plus la région parisienne, mais qu'elle aurait pu la contacter quand même : Géraldine. Géraldine, une camarade d'études avait traversé trois ans auparavant une situation semblable à la sienne. Elle aussi s'était retrouvée enceinte, mais pas exactement dans les mêmes circonstances. Il s'agissait plutôt du scénario « séduite et abandonnée », ce qui ne correspondait pas tout à fait au sien. Elle se remémorait les confidences de son amie, ses doutes, ses hésitations. Le type était un franc salaud ou bien un irresponsable. C'est ce que Laurence pensait à l'époque. Mais malgré sa détresse ce n'était pas tout à fait l'avis de Géraldine. Ce qui se passe entre les êtres est bien souvent incommunicable… Quoi qu'il en soit la jeune fille avait décidé de garder l'enfant. Sa mère, bien que profondément meurtrie par cet état de fait, n'avait fait aucune objection ; une autre issue était totalement contraire à ses convictions.

Le hasard avait justement fait que Géraldine avait donné de ses nouvelles une dizaine de jours auparavant, sous la forme d'un faire-part de mariage d'ailleurs. Dans la missive qui l'accompagnait elle donnait quelques détails supplémentaires. Vraiment elle était tombée sur le bon numéro… Le garçon, nettement plus âgé qu'elle, avait une situation stable et avait même accepté de donner son patronyme à la petite Céline. Après la naissance, elle s'était vue contrainte d'interrompre ses études pour travailler, mais au bout de deux années difficiles, les perspectives qui s'ouvraient à elle étaient plutôt réjouissantes. Son futur époux souhaitait qu'elle reprenne la formation déjà entreprise, à Rennes où ils allaient désormais s'établir.

Le « hasard » avait dit Laurence, un hasard providentiel sûrement pensa Modeste quand Laurence parvint à ce point de son récit. C'est-à-dire, n'ayons pas peur des mots, un petit signe de la Providence. Bien sûr, il en était bien conscient, il faut les yeux de la foi pour considérer les événements sous cet angle. Il avait immédiatement reconnu l'histoire qui était arrivée à Géraldine, la fille de Thérèse Letellier. La veuve qui participait à la récitation du chapelet avec Geneviève. Elle avait beau avoir déjà essuyé pas mal de coups de chien avec ses cinq lascars, comme elle disait, mais ce qui était arrivé à Géraldine dépassait ce qu'elle imaginait humainement pouvoir supporter. Humainement, sûrement. Mais la confiance que Thérèse accordait à la Vierge lui permit de dépasser ses propres limites.

Elle s'était saignée aux quatre veines pour leur assurer un avenir meilleur que le sien et Géraldine était de tous ses enfants celle qui était sur le point réussir le mieux sa vie professionnelle. Alors la voir tout gâcher de la sorte était proprement insupportable. Mais pas question de rejeter cette naissance, il n'était pas pensable pour elle de considérer la vie autrement que comme un don de Dieu. Géraldine n'aurait pas exprimé les choses de la même façon, mais sa décision allait dans le même sens. La preuve que ce qui avait été transmis avait été bien reçu malgré les apparences d'une conduite à l'opposé des souhaits maternels. La communauté chrétienne à laquelle Modeste appartenait désormais n'avait pas été l'un des moindres secours dans l'épreuve que la mère comme la fille avaient traversée. Le signe que l'Esprit est à l'œuvre en tous temps et en tous lieux. En la circonstance, en permettant à la future petite Céline d'accéder à la vie, il s'agissait bien « d'accueillir le pauvre, le petit, le mal aimé », comme le dit un cantique. Heureuse petite Céline, pauvre parmi les pauvres, pour toi, pour d'autres aussi… *le royaume de Dieu est à vous!*

15. Le fond de la détresse?

Laurence était très partagée. Joindre Géraldine était chose aisée. Elle hésitait cependant. Un sentiment de honte devant cette situation à ses yeux tellement inadmissible. « Tomber » enceinte, passe encore, mais se faire engrosser par un homosexuel, dur à avaler et encore plus difficile à avouer, même à une oreille a priori on ne peut moins défavorable.

Bien que sa situation ne soit pas strictement comparable, comme beaucoup de femmes contraintes de faire face à une grossesse non désirée, elle n'avait qu'une envie: effacer, effacer tout ça. Que tout ça n'ait pas eu lieu, que ça ne soit pas arrivé. D'où la hâte, la trop fréquente et trop grande hâte pour prendre la décision qui en apparence, mais en apparence seulement, devrait tout effacer.

« Tu n'as pas l'air en forme Laurence... lui lança le docteur Grimaud en la croisant dans le couloir. » Il était particulièrement sympa le docteur Grimaud, il saluait tout le monde et ne manquait pas d'accompagner ses « bonjour » d'un petit mot aimable pour les membres non médecins du personnel de la clinique, ce qui était loin d'être le cas de tous ces « docteurs »...

La jeune femme tenta d'esquisser un pauvre sourire, mais au

même moment elle ressentit une nausée accompagnée d'un léger malaise. Ce qui n'échappa pas au coup d'œil exercé de Bernard Grimaud, gynécologue de son état.

« Oh ! Mais ça n'a pas l'air d'aller du tout on dirait ? Allez, viens donc dans mon bureau qu'on regarde ça de plus près. »

Laurence, prise au dépourvu, mais finalement bien contente de pouvoir saisir une main secourable accepta. Il l'examina.

« L'échographie préciserait le terme exact, mais disons six semaines. »

Il l'observa d'un regard à la fois bienveillant et interrogatif. Elle demeurait figée, sans réaction. Il rompit de silence qui devenait pesant.

« Qu'est-ce que tu comptes faire ? Et le père qu'est-ce qu'il en pense ? Il est au courant au moins ? »

Le ton amical et compréhensif du praticien eut raison des dernières défenses de la jeune femme. Elle s'effondra et dans un flot de larmes elle raconta toute l'histoire.

« Ah oui ! Je me souviens bien de ce gars là. Cette histoire d'exposition dans le hall de la clinique ne me plaisait d'ailleurs qu'à moitié. Personnellement, je n'aime pas tellement qu'on mélange les genres, mais les investisseurs ont d'autres motivations. Le profit dépend de la publicité, et sous cet angle-là c'était sûrement une bonne opération. En tout cas, pour le peintre je ne suis pas surpris, mais que le décorateur marche à la voile et à la vapeur, c'était plus inattendu. Bien qu'à la réflexion, c'est vrai, ils avaient l'air d'entretenir d'étroites relations tous les deux.

– Je pense, maintenant, que d'autres personnes étaient au courant parmi le personnel…

– Ah ! les chères copines, quelle magnifique preuve de pudeur et de discrétion… ajouta-t-il, sarcastique. Alors qu'est-ce que tu vas faire maintenant, c'est plutôt mal engagé non ? Écoute, réfléchis encore un peu, mais ne tarde pas trop quand même. Quand tu es décidée, tu me fais signe, je te fais ça dans une autre clinique, et là sois-en persuadée, discrétion totalement assurée... Allez, va, sois sans crainte, tu t'en remettras... »

L'attitude compatissante du gynécologue lui avait fait du bien. Elle se remit au travail. Mais quand même, sa dernière phrase : « je te fais ça... », avait du mal à passer. Il y en avait des choses derrière ce « ça »... Pour Laurence un drame de toutes façons. Pour le praticien, on aurait pu conclure qu'il évoquait là un geste courant, presque banal. En apparence seulement. Au fond, comme la plupart de ses confrères de même discipline, il n'aimait guère pratiquer cet acte. Son boulot, c'était naturellement d'accompagner l'émergence de la vie, de traiter aussi, bien sûr, toutes les défaillances de ce merveilleux appareil génital féminin et de soulager les souffrances dont il pouvait être la cause. Il y avait dans ce « je te fais ça... » comme une manière d'exorciser un sentiment d'inconfort, un vague malaise intérieur que le recours à l'attitude rationalisante et culturellement dominante sur le sujet ne parvenait pas à dissiper complètement.

On ne pouvait le nier, le docteur Grimaud était un brave type, il y avait de la compassion dans ses propos comme dans son acceptation de procéder à « ça ». Quand il lui arrivait de se poser des questions, il se disait qu'au fond, il était au bout de la chaîne, l'ultime intervenant chargé par la société contemporaine de « réparer » les conséquences des errements dont elle a bien souvent une part de responsabilité. Et même une lourde part, que ce soit sur le plan social ou par sa propension à diffuser, suggérer ou tolérer des modèles de comportement pour le moins contestables au nom de la sacro-sainte liberté. Cette pseudo-liberté qui n'ose pas dire qu'elle est bien souvent le synonyme de permissivité ou de démission. Et puis, comme nombre de ses confrères et la majorité de l'opinion publique, il considérait que les forces à l'œuvre dans l'exercice de la sexualité sont soumises à la fatalité de ce qu'on appelle l'instinct et qu'en pratiquant ces interventions il ne faisait que limiter les dégâts causés par ces forces obscures. Ce n'était cependant pas l'avis de tous les médecins, ni des couples qui savent par expérience que la maîtrise de la sexualité n'est pas une gageure. Modeste était de ceux-là, grâce à Geneviève naturellement, mais depuis sa conversion, avec l'aide du Père Szablowski il était parvenu à assimiler l'enracinement spirituel des intuitions de son épouse et à leur donner un contenu objectif. Mais pour cela il fallait bien sûr situer le cadre de sa pensée et de sa réflexion autrement que dans les étroites limites d'un univers clos sur lui-même...

La pauvre Laurence était bien loin de toutes ces considérations. Elle était confrontée à une dramatique prise de décision, et ses points de repères étaient bien flous. Si seulement Sébastien avait eu la bonne idée de donner de ses nouvelles... En dépit de leurs appréciations totalement divergentes de la situation, avec tout ce qu'ils avaient partagé ensemble, cela aurait dû être la moindre des choses. Elle n'avait pas le sentiment d'avoir abusé de sa confiance au point de ne pas mériter une explication, même brève. Malgré tout, c'était bien son attitude, son attitude pleine de tendresse à l'égard des jeunes enfants qui était à l'origine de la situation présente. C'est bien ce comportement si attachant qui lui avait donné l'idée d'agir de la sorte, même si c'était à son insu. Elle avait envie de l'appeler, mais le souvenir de la conversation avec Ludovic bloquait toute initiative de sa part.

Du côté des deux hommes les choses n'étaient pas simples non plus. En rentrant chez lui, après son entrevue avec Laurence, Ludovic était plutôt mal à l'aise. La façon dont s'était déroulée leur rencontre témoignait de ce que cette jeune femme ne correspondait pas du tout à l'idée qu'il s'en faisait auparavant. Il était évident aussi que cet entretien l'avait littéralement brisée. Et puis

Sébastien réagit assez mal lorsqu'il eut connaissance de l'initiative de son compagnon.

« Je pensais être assez grand pour régler cette histoire moi-même. J'avais seulement besoin d'un peu de temps pour juger de la moins mauvaise façon d'agir. Ton intervention a été prématurée, si ce n'est intempestive.

– Dis donc, tu as la mémoire bien courte, tu ne te rappelles pas dans quel état tu étais quand tu as appris dans quelle situation elle t'avait fourré. Mais je te concède une chose, elle est sûrement très bien cette petite, ce n'est pas l'intrigante que j'imaginais.

– Oui, et c'est bien ça le drame, et maintenant qu'elle a appris de ta bouche la nature de nos relations, ça ne va pas être facile de reprendre le dialogue. Écoute, je sais que je suis dans mon tort vis-à-vis de toi, et d'elle aussi dans un sens, mais c'est à moi, et à moi seul, de régler cette affaire. Aussi promets-moi de me laisser agir comme je l'entendrai désormais. Je vais réfléchir, mais hâtons-nous lentement, il est nécessaire de faire preuve d'un minimum de doigté.

– À ta guise, mais je veille au grain, sois en bien conscient. »

Sébastien finit par se convaincre que le meilleur moyen de reprendre contact avec Laurence était de lui écrire. C'était délicat, mais après avoir déchiré plusieurs fois le brouillon de sa lettre, il parvint à exprimer ce qui lui paraissait le plus pertinent. C'est-à-dire au moins gagner un peu de temps avant d'entreprendre quoi que ce soit. Il s'empressa de poster sa missive. Malheureusement des perturbations dans le service public, dues à des actions en rapport avec certaines revendications catégorielles comme il se doit, apportèrent quelque retard à son acheminement.

Une fois de plus Laurence fit taire l'espèce de présence intérieure qui cette fois-ci murmurait un prénom: Géraldine,

Géraldine. Les circonstances n'étaient décidément pas les mêmes, son amie ne pourrait lui être d'aucun secours. Non, il fallait tirer toutes les conséquences du silence de Sébastien. Elle s'était trompée sur toute la ligne, ce qui s'était mis en route en elle n'avait plus aucun sens. Autant tout effacer…

L'intervention se déroula sans histoire. Le docteur Grimaud s'efforça de procéder avec le maximum de délicatesse et chercha à la réconforter du mieux qu'il put. Mais les efforts du gynécologue pour minimiser la portée et la signification de ce geste ne parvinrent guère à atteindre leur but. Même son refus d'accepter des honoraires ne réussit pas à réduire le désarroi dans lequel se trouvait plongée la jeune femme. Elle était très sensible à la gentillesse du praticien, mais cela ne supprimait pas cette étrange sensation : ce soudain vide en elle devenait une présence dont elle n'arrivait pas à évacuer la représentation. Une représentation qui allait la hanter. Et qui allait la hanter combien de temps ?

La lettre de Sébastien qu'elle trouva dans son courrier à son retour chez elle aggrava encore le profond sentiment de malaise qui l'envahissait depuis sa sortie de la clinique. Elle était datée du dix-huit février et on était le vingt cinq. Une semaine pour franchir deux arrondissements

Laurence,

Je n'ai pas réussi à introduire cette lettre par « Chère Laurence » comme il eût été convenable de le faire si les événements ne s'étaient pas précipités de la manière que tu sais. Je n'ai pas eu l'entière maîtrise des dernières péripéties et je regrette beaucoup la malencontreuse initiative de Ludovic. Elle a eu cependant le mérite de la clarté. Il t'a donc mise au courant de la nature de nos relations. Tout cela doit te paraître incompréhensible, et doit même te scandaliser. Il est peut-être bien tard pour le dire, mais depuis que je te connais, depuis ce que nous avons vécu, je ne sais plus très bien où j'en suis vis-à-vis de mes tendances profondes. Mais il était bien trop tôt pour entreprendre ce que tu avais décidé, et que tu avais décidé seule. Avec un peu de recul, je comprends mieux les raisons qui t'ont poussée à agir de la sorte. C'est vrai que j'aime beaucoup les enfants, mais tu dois bien admettre qu'il m'est difficile d'accepter d'être mis ainsi devant le fait accompli. Non je ne suis pas prêt actuellement à assumer ce type d'engagement. Mais on ne peut présumer de l'avenir.

Je ne sais pas quelle décision tu vas prendre. Il me semble que la loi te permet de prendre encore un peu de temps pour le faire avec le maximum de sérénité. Au cas où tu déciderais de mener à son terme cette grossesse, je préfère te dire qu'il n'est évidemment pas question pour moi de reconnaître cet enfant dans l'état actuel des choses. Mais par contre, je suis prêt à t'apporter toute l'aide nécessaire pour subvenir à ses besoins matériels. Comme tu le sais l'argent n'est pas un problème pour moi. De toute façon je respecterai ta décision.

Je garde de ces dix-huit mois où tu as largement occupé mon cœur et mes pensées un souvenir tendre et lumineux. Pardonne-moi de n'être pas capable de te suivre sur le chemin que tu as choisi.

Sébastien

D'un certain point de vue, cette lettre lui faisait du bien. Sébastien n'était pas le salaud irresponsable qu'elle avait imaginé ces derniers jours. Elle le retrouvait tel qu'elle le connaissait. Tel qu'elle l'avait aimé. Peut-être aussi tel qu'elle l'aimait encore malgré tout. Et puis il ne fermait pas définitivement l'avenir.

Mais d'un autre côté quelle catastrophe ! La proposition qu'il évoquait à la fin de la lettre aurait bien pu lui offrir une issue somme toute acceptable. Mais trop tard, trop tard. Quelle idiote, quelle idiote – elle employait un autre mot, naturellement – ah ! Géraldine, Géraldine pourquoi, mais pourquoi ne t'ai-je pas appelée ? Tu m'aurais sûrement dit les paroles qui m'auraient conduite à agir autrement, à ne pas passer par ça ! Trop tard, trop tard, ne cessait-elle de se répéter en proie à une véritable déroute intérieure, un effroi indescriptible, un état qu'elle n'avait jamais traversé jusque-là.

Elle se mit à injurier la Poste, à vitupérer le docteur Grimaud – ah ! celui-là avec sa gentillesse – et à maudire la législation : la précédente était inadaptée, mais celle-ci avait été incapable de la protéger contre elle-même… En fait c'est à elle, et à elle seule qu'elle en voulait, au point de ne même plus supporter l'image que lui renvoyait la glace de la salle de bain où elle s'était réfugiée pour chercher dans le contact rafraîchissant de l'eau sur son visage un illusoire apaisement. Ses traits si fins marqués par l'épreuve physique et morale qu'elle venait de subir gardaient cependant tout leur charme. Elle fit claquer si violemment la porte de l'armoire de toilette que le miroir vola en éclats. Elle ne prit pas la peine de ramasser les bris de verre, plongea sur son lit, enfouit sa tête dans l'oreiller et resta prostrée un long moment. Elle finit par s'extraire de cette position, se leva, prit son manteau et remplie soudainement d'une froide et inquiétante détermination, elle sortit.

Jacqueline Marty avait fait part à Geneviève du souci que lui causait l'absence de nouvelles de Laurence. Celle-ci n'était pas très prodigue en coups de téléphone et encore moins en visites, mais elle n'avait eu aucun écho de ce que faisait sa fille depuis la fin janvier, ce qui était tout à fait inhabituel. Elle avait essayé de la joindre chez elle à plusieurs reprises, et avait dû à chaque fois se contenter de la Petite Musique de Nuit qui introduisait le message d'accueil du répondeur. Laurence avait pris connaissance de ses appels, mais sa mère était bien la dernière personne à qui elle se serait confiée dans le cas présent. Elle finit par se résoudre à appeler la clinique. On lui fit savoir que sa fille serait absente ce vendredi et le lendemain. Il n'était évidemment pas possible d'en savoir plus.

Geneviève était perplexe, ne sachant que lui répondre, si ce n'est les sempiternelles « pas de nouvelles, bonnes nouvelles », que l'on sort en pareils cas. Rentrée chez elle, elle réfléchissait à la manière dont elle pourrait agir pour aider la famille Marty. Elle savait très bien ce qu'il convenait de faire dans ce genre de situation : prier. Mais elle avait du mal à s'y mettre. Donc c'était un bon signe qu'il fallait justement s'engager dans cette voie.

Elle regrettait un peu que Modeste ne soit pas là, lui qui avait une relation privilégiée avec sa filleule. Mais, de toutes façons, cela n'aurait rien changé à leur manière de faire. Depuis sa conversion, son mari partageait sa foi naturellement, mais pas forcément toutes les manières de la manifester, cette foi. Ils avaient essayé de prier en commun, mais cela s'était révélé peu concluant, surtout lorsqu'ils s'efforçaient d'exprimer verbalement leur prière. Prier en commun, oui dans certains lieux ou dans certaines occasions, mais toujours en silence. C'était le style qu'ils avaient fini par adopter. De toutes façons ils n'avaient pas les mêmes rythmes. Les contraintes professionnelles du docteur Ringardet excluaient la régularité et encore plus la ponctualité. Le père Szablowski avait bien insisté sur la nécessité d'une fréquentation assidue de la prière dans toute vie chrétienne et tout particulièrement dans une existence aussi sollicitée que la sienne. Alors Modeste pratiquait l'oraison comme il pouvait : le matin de bonne heure – mais pas systématiquement – ou encore l'après-midi quand il y avait un creux dans l'activité, mais rarement le soir, ce n'était pas son moment pour prier. Par contre Geneviève aimait bien profiter de ces instants de tranquillité avant le dîner, en attendant le retour de son époux, pour reprendre ce contact intime avec le Seigneur. Elle y retrouvait la paix dont elle avait besoin et y puisait la force nécessaire pour vivre fidèlement sa foi au quotidien.

Thomas et Isabelle avaient éteint le téléviseur, après avoir regardé comme il se doit leur feuilleton préféré – dont ils n'auraient pour rien au monde manqué un seul épisode. Jérôme qui avait « intégré », comme il disait, l'École Supérieure de Chimie de Lyon ne serait pas de retour avant le lendemain et Modeste était donc parti le matin même. Il avait décidé de se mettre au vert quelques jours pour rédiger sa dissertation de licence de théologie. Sa licence de théologie... Quand elle y songeait, quelle aventure n'avait-elle pas vécue avec lui ? De quelle puissance la grâce n'est-elle pas capable ? Un tel résultat était-il imaginable il y a seulement dix ans ? Oui, mais il avait fallu passer par de rudes moments quand même. Cela la ramena à la conversation qu'elle avait eu deux heures plutôt avec Jacqueline. Allez, elle avait un bon moment devant elle avant de se mettre à préparer le repas du soir. Il n'y avait qu'une chose à faire : prier pour Laurence et sa famille.

« Ah ! mais au fait, il faut que je réponde à Marie-Thérèse, voilà plus d'un mois qu'elle m'a écrit, elle va trouver que j'exagère un peu, elle qui est si attentive à ce que deviennent ses neveux et nièces... » Il s'agissait de sa sœur, la religieuse, qui se trouvait maintenant à Madagascar. Elle reconnut bien vite qu'il ne pouvait s'agir que d'un prétexte pour fuir ce moment d'oraison qui risquait d'être plutôt aride. Finalement, cette tentation était un bon signe de l'importance que devait revêtir justement sa prière en cet instant. « Bah ! elle a attendu cinq semaines, elle pourra bien attendre un jour de plus ! »

Prier pour Laurence, mais qu'est-ce à dire ? Demander à Dieu qu'il intervienne pour que les choses reprennent un cours plus normal, que son histoire avec ce Sébastien trouve une issue, dans un sens ou dans un autre ? Mais qui était-elle au juste pour savoir ce qui convenait à cette jeune femme ? Où se situait la volonté de Dieu pour elle ?

Elle avait du mal à cerner l'univers affectif dans lequel évoluait Laurence. Ce style de vie lui était totalement étranger. Et puis, on ne pouvait pas dire qu'elles accrochaient facilement toutes les deux. Question de caractère, plus que de différence de génération sûrement. Elle décelait une certaine désinvolture chez la filleule de son mari, une espèce de « je m'en foutisme » – bien que ce ne soit pas le mot vraiment adéquat – qui l'agaçait profondément. Et puis ce Sébastien, où donc était-elle aller le dénicher celui-là ? C'était curieux, il était beau comme un astre, mais sa beauté, justement n'impressionnait en rien sa féminité à elle, Geneviève. Elle n'allait pas chercher d'explication plus avant, mais c'était bizarre quand même.

Elle finit par se convaincre qu'il était inutile de ressasser ces habituelles remarques à son sujet. Une seule chose était certaine, Laurence était aimée de Dieu, comme ses enfants à elle, comme Jérôme, Thomas et Isabelle. Alors il fallait prier le Père comme elle le faisait pour ses propres enfants. Tout simplement. Depuis fort longtemps, même avant la maladie de Modeste, elle avait appris à purifier sa prière de demande. Ce dernier lui avait d'ailleurs rapporté un de ces mots qu'affectionnait le Père Szablowski, et dont il n'était sûrement pas l'auteur, mais qui résumait assez bien l'état d'esprit dans lequel elle s'efforçait de se plonger quand elle priait pour quelqu'un en particulier. « Ne demandons pas tant que le Seigneur exauce notre demande, mais surtout qu'il exhausse la personne pour laquelle nous prions ». Que cette personne soit « exhaussée », c'est-à-dire qu'elle devienne ou redevienne un fils ou une fille tels que le Dieu les aime : debout, proche et confiant en Lui. C'est seulement ainsi qu'il ou elle sera capable d'aimer l'autre et les autres comme un frère et en définitive d'adopter la meilleure attitude face aux difficultés qui l'assaillent. Lui montrer qu'elle devait devenir ou redevenir une fille de Dieu, voilà l'œuvre qu'il fallait demander à l'Esprit d'accomplir en Laurence.

« Maman, comme on n'a pas à attendre Papa pour dîner, on pourrait peut-être se mettre à table un peu plus tôt ce soir ? Il y a un match de foot à huit heures à la télé, je ne voudrais pas le manquer. »

Le premier devoir d'une mère de famille n'est-il pas de nourrir ses enfants ? D'accord, mais les tiens quel âge ont-ils ? Dix-neuf et quatorze ans, n'est-ce pas, alors ils peuvent bien se débrouiller tout seuls, ça ne peut que leur faire du bien, lâche leur un peu les baskets...

Ce soir la tentation s'était servie de Thomas et de sa passion pour ce sport pour la distraire. Encore un bon signe que sa prière était très utile. Alors, pas de doute, il fallait durer, durer dans la prière.

« Écoute, avec Isabelle vous n'avez qu'à préparer ce que vous voudrez, servez-vous dans le réfrigérateur, je suis occupée pour encore une petite heure... »

Le chemin de la prière, lui aussi, nécessite un certain appauvrissement... se disait Geneviève, il y a des moments ou des circonstances où ça va tout seul, mais ce soir c'était particulièrement difficile. Et pourtant elle se sentait poussée à continuer malgré tout. Les textes de la liturgie du jour ne l'inspiraient guère : un psaume de louanges, est-ce que c'était vraiment le moment ? Dieu, source et aboutissement de toute vie, l'adorer, le louer pour Lui-même, c'est bien quand je suis en pleine nature ou au cours d'une retraite, mais là, pour Laurence ?

Même sans percevoir de lien entre ces textes et les ambiguïtés de la situation présente, il fallait s'abandonner dans l'amour de Dieu, c'est comme si c'était vital. Vital, elle ne croyait pas si bien dire. S'abandonner comme la « petite » Thérèse. Tiens, elle avait le même âge que Laurence. Elle saura mieux que moi comment il convient de prier le Père pour elle. Allez, il faut lui demander d'intercéder pour Laurence, elle trouvera bien les mots qu'il faut...

« Dieu a besoin des hommes », un beau film... un titre riche d'une signification quotidienne lui avait dit un aumônier universitaire. Il ajoutait : Dieu a besoin que l'on manifeste son amour pour lui et pour nos frères en le priant. Ce n'est pas réservé aux seules vies consacrées. Vous êtes partie prenante dans la réalisation de son Royaume, c'est aussi ce que signifie : *...le Royaume de Dieu est à vous !*

16. Souvenir, souvenir…

Pendant que Geneviève s'efforçait de durer dans la prière, Laurence, indifférente à la pluie glaciale qui giflait son visage, dirigeait ses pas en suivant le chemin que lui dictait cette idée fixe : refaire en sens inverse le dernier trajet qu'elle avait accompli en compagnie de Sébastien. Elle arriva devant l'école maternelle, l'endroit de cet aveu qui lui avait coûté si cher. Il était dix-neuf heures passées. Le personnel éteignait les lumières et les dernières mères de famille qui utilisaient les services de la garderie s'éloignaient de l'établissement après avoir récupéré leur progéniture. Elle intercepta le regard d'un bambin d'à peine trois ans qui rayonnait de joie en retrouvant sa maman. Une flèche de plus qui l'atteignait en plein cœur. Le visage de la jeune mère devait être autant illuminé que celui de son enfant. Elle lui tournait le dos, elle ne pouvait donc le voir, mais elle l'imagina. C'était pire encore. Voilà ce dont elle s'était privée, et à tout jamais puisque depuis une heure elle n'aspirait plus qu'à une seule chose : rejoindre ce petit être qu'elle avait projeté dans le néant quelques heures plus tôt. Ce petit être qui, en elle, n'avait demandé rien d'autre que de devenir une personne humaine et n'y parviendrait jamais…

La nuit était tombée sur la capitale depuis un bon moment. Elle avançait, le corps raidi, le regard figé, incapable de prêter la moindre attention autour d'elle. Elle croisa peu de monde dans les rues. La pluie avait dissuadé les passants de sortir et de traverser ce quartier pourtant habituellement encore très animé à cette heure-là. Elle se retrouva sur le Pont Neuf.

« Il y a quelque chose qui ne va pas, Laurence ? », se souvint-elle. Une des dernières paroles que Sébastien avait échangées avec elle. Oh ! que oui ! et ça ne va pas, mais pas du tout. Tu ne peux pas t'imaginer à quel point ça ne va pas et que ça n'ira jamais d'ailleurs, se disait-elle dans une espèce de rire intérieur à la fois sauvage et méchant. Son visage s'anima du même rictus que deux mois plus tôt quand elle pensait à la tête que ferait Geneviève quand elle apprendrait qu'elle menait une grossesse hors mariage. Elle ne pouvait imaginer combien en cet instant la même Geneviève pouvait être proche d'elle.

Elle s'arrêta au milieu du pont, fascinée par le flot tumultueux qui rugissait quelques mètres plus bas. Il pleuvait sans arrêt depuis une quinzaine de jours. Tiens, remarqua-t-elle, la dernière belle journée de février, c'était celle-là, celle passée avec Sébastien. Depuis la nature s'est mise à l'unisson de mes états d'âme et de mes angoisses. En amont de Paris la situation était sérieuse. Les habitants des zones pavillonnaires inondables avaient dû se réfugier dans les niveaux supérieurs de leurs demeures. Les écluses étaient noyées, et le long des rives de la Seine des barrières et des sacs de sable avaient été disposés entre les parapets pour combler les espaces permettant en temps normal d'accéder au fleuve. Le fameux zouave du Pont de l'Alma n'aurait pu tenir un siège fort longtemps : il avait de l'eau jusqu'à la ceinture, la moitié de sa cartouchière détrempée…

À travers la pluie fine et pénétrante, l'éclairage public ne parvenait à répandre qu'une lumière glauque. Les flots sombres qui tourbillonnaient en contrebas n'en paraissaient que plus inquiétants. Il en émanait une atmosphère repoussante et attirante en même temps. Oui attirante, fascinante même. C'est du moins ce qu'éprouvait la jeune femme en cet instant. Les événements qui venaient de l'atteindre au plus profond d'elle-même associés à la fatigue accumulée par les nuits sans sommeil avaient fini par retentir sérieusement sur son équilibre nerveux.

Elle savait nager, bien sûr, mais n'avait aucun entraînement, aussi le courant glacé et les violents remous auraient très vite raison de ses forces au cas où l'instinct de conservation prendrait le dessus au dernier instant... alors quoi, un mauvais moment qui serait vite passé, comme celui de ce matin. Il n'était pas si haut que ça ce parapet, il serait bien vite franchi...

Elle n'était pas, à strictement parler, animée d'une volonté suicidaire, mais cela revenait au même. Elle était surtout possédée par le désir de rejoindre dans le néant cet être qui l'avait un moment habité, qui avait été pendant ces dernières semaines la chair de sa chair. Son esprit était hanté par la représentation d'une étroite et étrange correspondance : celle qui s'établissait entre les eaux tourbillonnantes du fleuve en crue et ces eaux bienfaisantes dans lesquelles cette petite vie avait commencé de se construire en elle et qu'elle avait délibérément interrompue.

Il n'y avait pas grand monde sur ce pont, mais encore trop à son goût. Si elle devait accomplir ce geste, ce serait loin des regards, en secret. Elle avait trop entendu son père parler de ces tentatives d'autolyse, comme il disait, qui n'étaient que des appels au secours déguisés ou des moyens de chantage affectifs au cours desquels le ou plus souvent la candidate prenait bien soin de s'assurer de la présence de quelqu'un à proximité pour intervenir à temps. Non elle n'agirait pas pour la galerie. Elle avait su fait preuve de détermination dans tous ses choix jusque-là, il en serait de même pour cette ultime décision.

Elle franchit le pont, résolue à longer le fleuve en se dirigeant vers l'Île Saint-Louis où les rives seraient sûrement plus désertes. Des travaux sur le trottoir qui borde le quai l'obligèrent à traverser la chaussée. Ce qu'elle fit sans regarder ni à droite ni à gauche. Le chauffeur de taxi qui pila littéralement à vingt centimètres d'elle lui lança :

« Eh bien, mignonne t'as de la chance que j'ai changé mes pneus il y a quinze jours, sinon tu te retrouvais tout près d'ici, à l'Hôtel Dieu, et j'te dis pas dans quel état ! »

Elle ne prêta aucune attention à ses propos, et continua imperturbablement. Elle obliqua vers la droite, pour emprunter le quai de la Mégisserie. L'une des dernières boutiques d'oiseleurs où il y avait encore de la lumière à cette heure tardive s'apprêtait à fermer. Un client qui avait eu du mal à se décider en sortit avec une cage à la main. Il la tenait à hauteur des yeux et l'observait attentivement comme pour mieux se convaincre de la qualité de son choix. Il faillit heurter Laurence qui passait juste à ce moment-là. La jeune femme se trouva nez à nez avec la cage dans laquelle un oiseau, dont elle aurait été bien incapable de nommer l'espèce, s'évertuer à voleter.

« Excusez-moi, mademoiselle je ne vous avais pas vue… »

Laurence haussa les épaules et ne répondit rien. Comme sous l'effet d'un flash, l'image du volatile emprisonné dans sa cage s'était imprimée brutalement dans son espace visuel. Une scène et une parole jusque-là profondément enfouies dans sa mémoire surgirent alors, et investirent complètement son esprit. La phrase se répétait, se répétait, comme un écho :

« Dis donc, Modeste, est-ce qu'on les baptise aussi les oiseaux ? Dis donc Modeste… Dis donc Modeste… » Elle avait cinq ans alors, c'était peu après son propre baptême… Elle s'en souvenait très bien, au zoo de Saint-Vrain... et l'anecdote avait été si souvent répétée dans la famille...

C'était la même voix qui dans un murmure lui avait suggéré à Nice de ne pas donner suite à son projet de grossesse et qui hier encore prononçait le nom de Géraldine quand elle avait décidé de l'interrompre. Mais cette fois-ci elle était encore plus insistante...

Elle s'arrêta brusquement, resta immobile un long moment sous la pluie. L'acheteur d'oiseaux s'approcha :

« Je ne vous ai pas blessé au moins, ça va bien mademoiselle ? »

Elle l'entendait à peine.

« Ne vous inquiétez pas, tout va bien en vérité, je vous assure. » L'autre ne pouvait imaginer la portée de ce mot « vérité » à ce moment précis... Cette fois-ci elle l'écoutait cette voix qui venait du plus intime d'elle-même, la laissait longtemps résonner en elle, longtemps, longtemps...

Passablement interloqué l'homme la laissa, se demandant quand même si cette bien jolie personne avait toute sa tête...

« Modeste, Modeste, ce serait si simple et si facile... Tout lui raconter, tout lui dire... C'est on ne peut plus clair, pourquoi ne pas se confier à lui ? Mais qu'est-ce que j'étais en train de faire, où j'allais moi ? Pourquoi n'y ai-je pas pensé plus tôt. » Prenant appui sur cette saine évidence, réunissant ce qui lui restait de vitalité, dans un sursaut désespéré elle parvint à s'arracher à ses pensées morbides et à rejeter ce terrible appel du néant, cet insistant appel vers le néant qui depuis quelques heures la possédait. La possédait diaboliquement.

Elle bifurqua brusquement, s'engouffra dans la première bouche de métro. Elle n'avait pas pris son sac à main, pas de ticket... Tant pis, elle sauta par-dessus le bras du portillon, comme elle l'avait souvent vu faire par d'autres jeunes, dont elle ne se privait pas habituellement de critiquer le comportement, réprima la grimace générée par la douleur que ce brusque mouvement produisait sur son bas-ventre encore endolori, ignora les cris et les menaces de l'employé qui l'avait vue, et finit par plonger littéralement dans le wagon dont les portières se refermaient. La rame démarra aussitôt.

Cette ligne, ce n'était pas le trajet le plus direct, mais elle finit par arriver chez elle. Elle ne savait plus si c'était la pluie ou ses larmes qui mouillaient son visage. Elle pleurait enfin ! Elle pleurait doucement, calmement, tranquillement, savourant ses larmes, témoins d'une paix enfin retrouvée.

En arrivant dans son appartement elle se précipita dans la salle de bains une balayette à la main, ramassa les morceaux du miroir éparpillés sur le carrelage. Oui, le miroir était brisé, oui, c'était irréparable mais à quoi bon se blesser, se torturer avec les débris du passé, il doit bien y avoir quand même une issue, un avenir, puisque je sais qu'il y a des personnes qui ne me refuseront jamais leur amour… Papa, Maman, Modeste, mais aussi Geneviève. Geneviève, tiens donc, mais comment se fait-il que son nom résonne si fort en moi en ce moment, comment se fait-il que je la sente tout d'un coup si proche, elle avec qui je n'ai pourtant aucun atome crochu… ?

Geneviève resta au salon pour regarder la deuxième mi-temps avec son fils. Celui-ci trouvait ça un peu curieux, c'était inhabituel de la voir s'intéresser au foot… Le club parisien dont Thomas était un fier et fervent supporter écrasa l'Inter de Milan trois à zéro.

« Tu sais, maman, ce n'était pas du tout couru d'avance. C'est vraiment un résultat exceptionnel.

– Mais ce soir, c'était tout à fait normal, j'étais certaine du résultat. »

Ma sainte femme de mère doit confondre la basilique de

Lourdes et le Parc des Princes… décidément elle ne comprendra jamais rien au football, pensa-t-il. Il savait très bien, sans en comprendre le sens, quel genre d'occupation la retenait pendant qu'il préparait le repas avec sa sœur. Cela ne lui posait guère de question puisque cela faisait partie depuis toujours de l'environnement familial. Mais il en faudrait encore du temps et de la patience avant qu'il soit enfin prêt à faire sien ce message de foi qui lui était transmis depuis sa naissance… Nul n'est prophète en son pays, il y a des précédents célèbres… se disait Geneviève, même si cette constatation la laissait un peu amère. Il n'empêche que ce soir elle se sentait légère, comme délivrée d'un poids dont elle ne soupçonnait pas l'existence. Et pour cause. Les problèmes de Laurence ne la concernaient pas directement, et elle ne connaîtrait jamais l'intensité du drame qui se jouait pendant qu'elle s'efforçait de prier pour elle. Mais le premier fruit de cette prière à l'intention de la jeune femme, vis-à-vis de laquelle elle n'éprouvait pas de particulière sympathie, c'est elle qui le recevait : elle avait surmonté, et dans la durée, ce sentiment de rejet et de défiance que lui inspirait jusque-là la filleule de son mari. Alors, finalement, Geneviève était, elle aussi, exhaussée, comme aurait dit le père Szablowski…

Elle se rappelait très bien qu'un soir où il était venu dîner à la maison – Modeste avait dû beaucoup insister pour qu'il accepte – elle lui avait demandé des explications à propos du dogme catholique de la « Communion des Saints ». Une notion dont elle avait toujours eu beaucoup de difficultés à comprendre le sens. Il s'était lancé dans de longues explications, puis selon cette habitude que Modeste connaissait bien, il avait conclu par une boutade : « pour résumer tout ce que je viens de vous dire, rappelez-vous simplement que ce qu'il y a d'incroyable dans le Royaume de Dieu, c'est-à-dire dès ici-bas, c'est que lorsqu'il demande l'intercession des Saints, le plus humble des sujets de ce royaume a, sûrement à son insu, autant de pouvoir que le Premier Ministre de ce même royaume. Il n'y a pas plus démocratique. » Il jouait bien évidemment sur le sens que prend le mot ministre en religion. Mais pourquoi ce souvenir venait-il l'habiter ce soir ? Une heure de prière à l'intention de la filleule de mon mari, il n'y a pas de quoi révolutionner la planète…

Tu ne crois pas si bien dire, Geneviève, c'est aussi comme cela que vous le construisez mon si démocratique Royaume… *le Royaume de Dieu est à vous !*

TROISIÈME PARTIE

…elle conduit à la lumière.

À toutes celles qui, pour quelque motif que ce soit, sont passées par ça.

17. Le retour au bercail

Laurence dormit comme elle ne l'avait pas fait depuis au moins quinze jours. Au matin sa décision était prise, elle irait passer chez ses parents quelques jours, pour se reposer de toutes ces péripéties et essayer de rencontrer Modeste. Elle avait donc besoin d'un arrêt de travail et n'avait aucune envie de le demander au docteur Grimaud. Elle se résolut à consulter le généraliste qui exerçait tout près de chez elle.

Elle se souvenait de ce que son père avait l'habitude de dire : qu'il n'y avait rien de plus pénible pour un médecin que d'avoir en face de soi quelqu'un qui masque sciemment la vérité, cela oriente sur de fausses pistes et finit par mettre tout le monde mal à l'aise. Alors autant jouer franc jeu. Elle s'expliqua le plus sobrement qu'elle put.

Le médecin, un homme d'une quarantaine d'années se montra très compréhensif, mais aussi très attentif.

« Il est certain qu'on ne sort pas totalement indemne d'une épreuve comme celle-là. Vous paraissez assez fatiguée, physiquement s'entend, cela un non-médecin aurait pu le constater aussi bien que moi. Mais comment ça se passe au point de vue du… comment dirais-je, du moral ? »

Qu'est-ce que c'est ennuyeux de tomber sur un médecin consciencieux et qui ne rechigne pas à passer du temps avec ses patients!, pensa-t-elle. Ce que je souhaite avant tout c'est qu'il me donne mon arrêt de travail. Il faut donc que j'en dise un peu plus…

Elle lui expliqua qu'elle avait effectivement beaucoup de mal à accepter d'être passée par-là. Elle lui parla des difficultés qu'elle avait rencontrées pour trouver le sommeil, pour se rendormir quand elle se réveillait la nuit et sur la peine qu'elle éprouvait pour se concentrer sur une tâche. L'éventualité d'un épisode dépressif réactionnel à tout ce qu'elle venait de subir traversa l'esprit du praticien.

« Je peux vous prescrire quelque chose pour vous aider à mieux dormir pendant les quelques jours qui viennent, mais cela ne résoudra sûrement rien. Peut-être auriez-vous besoin d'un soutien psychothérapeutique parallèlement, afin de parvenir à réellement assumer cette situation. »

Devant la moue que fit la jeune femme il battit un peu en retraite. Dès qu'on utilise le « psy-quelque chose » on risque de rencontrer des résistances, pensa-t-il, pourtant elle me paraît intelligente. Elle est secrétaire médicale, elle devrait savoir que cela n'a rien d'infamant.

« Enfin, c'est une simple suggestion. Mais si vous voyez que ça ne s'arrange pas, n'hésitez surtout pas à me contacter, je vous orienterai sur quelqu'un de très bien dans ce domaine. »

Le médecin et sa patiente n'étaient, en fait, pas exactement sur la même longueur d'onde. Mais cela il l'ignorait forcément.

Laurence se disait qu'indéniablement, il avait une attitude d'honnête praticien, désireux de l'aider de son mieux et conscient de ses limites. Mais, je sais déjà à qui je vais me confier et justement je pense qu'avec lui nous ne nous enfermerons pas dans le cadre d'une technique médicale, je le sais et je le redoute en même temps, se disait-elle. Elle se souvenait d'une conversation entre son père et Modeste. Celui-ci affirmait que s'il était indéniable que la psychologie associait subtilement finesse d'observation des comportements et objectivité scientifique, cela ne signifiait pas pour autant qu'elle soit capable de répondre à toutes les attentes, notamment à toutes les quêtes de sens. Et il avait ajouté : « le gros problème de nos contemporains c'est un déficit de sens, de sens de l'existence, ce qui veut aussi bien dire absence de signification qu'absence de direction. La plupart du temps ils n'en ont pas conscience ou bien ne veulent pas le reconnaître, ce qui revient au même ».

Une recherche de sens voilà ce que tous ces événements ont suscité en moi, car je suis bien en déficit de sens, et depuis peut-être bien longtemps. La réflexion de Modeste d'alors me paraît bien convenir à la situation présente. C'est dans cette direction que je veux aller et pas dans une autre. Quoi qu'il puisse m'en coûter !

« C'est d'accord docteur, je ne manquerai pas de vous faire signe si ça ne s'arrange pas assez vite. Mais en attendant j'ai vraiment besoin de me reposer.

– Bon, bon, je pense qu'une petite semaine devrait être bien suffisante. Si vous comptez partir à la campagne pour mieux récupérer, n'oubliez pas d'en demander l'autorisation à votre caisse de Sécurité Sociale, je peux vous faire un papier en ce sens...

– Non, je vais aller chez mes parents qui habitent la banlieue.

– Chez vos parents ? C'est sûrement une très bonne idée. La proche famille c'est le lieu le plus sûr, le plus inconditionnel, je veux dire le moins contraignant ou le moins exigeant quand ça ne va pas. Vous avez bien raison d'y avoir recours. Au revoir, mademoiselle et bon courage.

– Au revoir, docteur. »

Sympa, ce toubib. Dans d'autres circonstances, pour d'autres motifs, je le reverrais volontiers.

Elle fit sa valise et se rendit chez ses parents le lendemain. Sa mère fut évidemment ravie de la voir, mais bien vite comprit que sa fille venait de traverser et même traversait encore une crise grave. Laurence parut très désappointée d'apprendre que Modeste était absent pour une semaine. Gérard accepta assez vite que leur fille préférât ne pas se confier à eux, ses parents. Puisqu'elle désirait voir Modeste, il fallait respecter son choix. Il parvint à convaincre Jacqueline que la meilleure façon d'agir c'était d'admettre cette solution. Cela la blessait un peu dans son amour, et peut-être aussi dans son orgueil de mère, mais elle finit par se rendre à ses raisons. Il fallait donc attendre le retour de Modeste.

L'atmosphère était quand même pesante à la maison. Laurence n'apparaissait qu'aux heures des repas et à table ne disait pas grand-chose. À sa mère qui s'évertuait à engager la conversation sur tous les sujets possibles elle répondait invariablement qu'elle avait surtout besoin de se reposer et que les bavardages avaient en ce moment plutôt le don de l'exaspérer. Même son frère Thierry, plus jeune de cinq ans ne parvenait pas à la dérider malgré des efforts méritoires. Quant à son père, lui, il avait deviné pas mal de choses. Il préférait ne rien dire, mais souffrait en silence. Il était clair pour lui qu'elle ne se confierait pas à un membre de sa famille. Aussi, le retour de son associé lui tardait.

Le surlendemain de son arrivée, Laurence se leva un peu plus tôt, elle désirait voir son père avant qu'il ne parte au travail. Un sourire plein de retenue anima le visage déjà marqué par les ans de Gérard quand il la vit s'approcher. Visiblement, l'absence de nouvelles de sa fille, puis son retour sans explication en avait encore creusé les rides et durci les traits.

« Écoute, papa, crois-tu qu'il soit vraiment inconvenant de demander à Modeste d'abréger un peu son séjour dans le midi, j'ai vraiment envie, pardon, besoin de le rencontrer rapidement. »

Un peu surpris par cette demande à brûle-pourpoint et aussi un peu déçu, un moment il avait cru que Laurence allait enfin livrer quelques confidences, il garda le silence un bref instant, puis répondit :

« Tu sais, c'est un peu délicat. Depuis sa maladie, même s'il est apparemment guéri, Modeste éprouve plus souvent le besoin de se mettre au vert, c'est du moins ce qu'il dit. Et puis tu sais qu'il a entrepris des études de théologie, il investit beaucoup de son temps de loisir dans cette activité. Il ne m'a pas dit précisément comment il comptait meubler cette dizaine de jours de vacances, il est très discret sur ce sujet, mais j'ai bien l'impression qu'il ne manquait pas d'occupation intellectuelle. D'ailleurs il est parti seul, Geneviève et les deux plus jeunes sont restés ici, les congés scolaires de leur zone sont déjà terminés.

– Ah, bon ! Ce fut au tour de Laurence d'être un peu déçue. Ce n'est pas grave, j'attendrai. »

C'est naturellement Jacqueline qui avait informé Geneviève du retour de Laurence, mais elle n'avait que vaguement fait allusion à son désir de ne s'entretenir qu'avec Modeste. Geneviève éprouva tout d'abord une grande joie à cette annonce, d'abord parce que c'était une bonne nouvelle et puis aussi parce qu'elle y voyait une confirmation de l'efficacité de la prière.

Elle fut assez surprise du coup de téléphone que Gérard lui adressa en fin de matinée. Il était assez inhabituel qu'il prenne lui-même le téléphone pour donner des informations d'ordre familial à qui que ce soit... Mais elle comprit vite que sans le lui demander directement, il aurait aimé savoir si les occupations auxquelles se livrait Modeste et dont il ignorait la nature, permettaient qu'on le dérangeât et s'il était possible de lui dire qu'ils étaient, Jacqueline et lui, un peu inquiets au sujet de Laurence. Sacré Gérard, il faut que tu en aies vraiment gros sur le cœur pour te résoudre à effectuer cette démarche ! pensa-t-elle.

Elle lui répondit qu'elle-même lui en dirait quelques mots,

mais que le mieux était que lui, Gérard, téléphone à son associé et lui exprime franchement ce qu'il pensait de l'état de sa fille. Après tout elle était sa filleule, et il était bien connu qu'ils avaient eu longtemps une relation privilégiée. Une manière de laisser entendre, qu'en présentant bien les choses, un retour anticipé de Modeste n'était peut-être pas impensable… Elle avertit donc son mari, sans trop entrer dans les détails, mais suffisamment quand même pour que celui-ci se prépare à accueillir les éventuelles suggestions de son associé et ami.

Modeste avait donc eu le temps de râler un bon coup devant la perspective de ce contretemps dans la réalisation du programme qu'il s'était fixé. Mais à la réflexion, si son travail n'était pas terminé pour Pâques, il le serait à La Trinité… ou après les grandes vacances… Finalement rien ne pressait, sinon le désir d'en finir avec cette tâche qui était quand même une astreinte, et une astreinte assez ardue. Mais qu'est-ce que tout cela pesait face au retour de l'enfant prodigue ?

Alors le lendemain soir, une fois que Gérard lui eût fait part de la situation, c'est assez facilement qu'il accepta de rallier la région parisienne. Il partit donc peu avant l'aurore.

La nouvelle de l'arrivée prochaine de Modeste eut immédiatement un effet positif sur Laurence. Elle commença par gratifier tout le monde d'un sourire aimable et à s'enquérir un peu de la situation et des problèmes de chacun dans la maison. Les autres recommençaient à exister pour elle, c'était bon signe. Et puis elle se mit à mettre un peu d'ordre dans les affaires en cours.

Tout d'abord elle écrivit au docteur Grimaud pour lui dire qu'elle ne saurait admettre son refus d'honoraires au sujet de ce qu'il savait. Elle avait avant tout besoin de ne pas se sentir redevable vis-à-vis de lui. Au fond elle lui en voulait d'avoir été compatissant et peut-être – c'était quand même un peu injuste – trop complaisant dans cette affaire en définitive. Elle était bien placée pour connaître les tarifs, elle lui fit parvenir le chèque correspondant, en le priant de ne pas lui adresser de feuille de maladie. Elle ne voulait pas de remboursement, c'était une façon pour elle d'assumer entièrement ce qui s'était passé. Elle n'y avait jamais prêté attention jusque-là, mais aujourd'hui elle avait du mal à concevoir que cet acte soit assimilé aux autres actes médicaux, ne serait-ce que sur le plan de son financement.

Après tout, se disait-elle, Geneviève n'a pas tous les torts quand elle se demande pour quelles raisons fait-il l'objet d'un remboursement, comme pour une maladie. Car ce n'en est pas une. Du fait de ses convictions très assurées, il ne faisait de mystère pour personne qu'elle était particulièrement réticente vis-à-vis de cet acte, mais elle admettait encore moins sa prise en charge par la Sécurité Sociale dont le budget est alimenté par tous les citoyens. Alors pourquoi n'existerait-il pas un fond spécial pour se substituer le cas échéant aux femmes qui ne peuvent en assumer le paiement ? avait-elle imaginé. Un fond qui serait alimenté volontairement par tous ceux, largement majoritaires dans notre pays, qui ne sont pas à même de concevoir d'autre issue que cette intervention face à ces situations de détresse. Geneviève ajoutait qu'il existe bien des dispositions fiscales favorisant les dons à toutes sortes d'œuvres, auxquelles chacun est libre d'apporter ou non une aide. Ceux qui se prétendent solidaires de cette manière de régler ces situations pourraient ainsi concrétiser leur solidarité, ceux qui pensent que l'on devrait favoriser d'autres solutions pourraient agir de même. Quand il l'avait entendue tenir ces propos, son père avait traitée Geneviève de « douce rêveuse ». Sans préjuger du réalisme d'une telle proposition, Laurence pensait aujourd'hui que ce n'était pas si idiot que ça en avait l'air.

Il y avait une autre affaire à régler. Bien plus délicate celle-là. Elle se devait de donner une réponse à la lettre de Sébastien, ce qui n'était pas une mince entreprise. Elle redoutait au plus haut point de remuer tout ce passé encore trop récent et de raviver ces blessures toutes fraîches. Enfin, elle se mit courageusement à l'ouvrage, et après un certain nombre de tentatives infructueuses ou insatisfaisantes, elle parvint finalement à trouver le ton juste pour exprimer ce qu'elle désirait lui transmettre.

Sébastien,

J'ai bien reçu ta lettre datée du 18 février, malheureusement après un délai d'une semaine. C'est-à-dire trop tardivement pour tenir compte éventuellement des propositions que tu y formulais. Je crois que c'est bien dommage, mais la faute en revient à l'acheminement du courrier. Tout s'est donc déroulé de la manière maintenant admise par nos mœurs modernes, c'est-à-dire la plus triste. J'ai traversé de très sales moments, mais je commence à récupérer.

Je pense, comme toi qu'il vaut mieux tourner complètement la page. Il faut bien admettre que nous nous sommes trompés l'un l'autre. Je reconnais qu'il n'était pas très honnête de te mettre ainsi devant le fait accompli, enfin c'était plutôt bête et présomptueux, mais la dissimulation de tes penchants était aussi un sacré mensonge. Mais c'est ainsi, n'y revenons pas.

Cependant je ne parviens pas à me résoudre à considérer notre relation sous un angle entièrement négatif. Tout d'abord, je ne regarderai plus la peinture comme avant et je te remercie de m'avoir initié à la compréhension des œuvres d'art et à leur contemplation. D'autre part, en relisant la dernière partie de ta lettre et sachant toute l'affection que tu portes d'une manière générale aux enfants, je te suggère d'affecter l'aide matérielle que tu me proposais à une œuvre de

bienfaisance qui les concerne, celle de ton choix. J'aurai ainsi l'impression de n'avoir pas complètement tout gâché, et je suis persuadée qu'il en sera de même pour toi.
Adieu donc, Sébastien.

Laurence

Elle avait eu du mal à rédiger ces lettres, surtout la deuxième, mais une fois ces deux objectifs atteints elle se sentait beaucoup mieux. Elle se félicitait surtout de cette dernière idée qui lui était venue en écrivant: orienter vers des enfants défavorisés l'aide que Sébastien était prêt à fournir, c'était un peu comme une façon de réparer « ses bêtises ». Ce qu'elle appelait « ses bêtises », c'était autant l'issue récente que le point de départ, l'idée saugrenue qui avait été à l'origine de ce qu'elle venait de vivre. C'est d'ailleurs à ce moment-là que dans un profond soupir elle prononça à haute voix la phrase que sa mère attrapa au vol. « Liberté, liberté, que de bêtises l'on commet en ton nom ». Elle ne se souvenait pas quel était l'auteur de la version originale, il lui semblait que c'était Victor Hugo, un jour il faudrait qu'elle demande à Geneviève, avec sa maîtrise de lettres classiques, elle devait sûrement savoir tout ça par cœur...

Cette remise en ordre, ce travail qu'elle venait d'accomplir lui redonnait confiance en elle. En réapprenant à se concentrer sur une tâche précise, en s'efforçant de la mener à son terme, elle commençait à retrouver un peu de goût à l'existence. Elle augmenta le volume de la chaîne Hi Fi qu'elle n'écoutait jusque-là qu'en sourdine, au point de susciter une réaction d'agacement de Thierry qui travaillait dans la chambre à côté. Comprenant tout à coup que ce vacarme signifiait que sa sœur émergeait enfin de cet incroyable état de torpeur dans lequel elle était plongée depuis son retour, il se précipita chez elle pour lui dire:

« Ce n'est pas le volume qui me gêne, mais tu sais bien que je n'aime pas la musique reggae… mais, dis-moi sœurette, ça a l'air d'aller beaucoup mieux ! »

Ils poussèrent tous deux un éclat de rire et se retrouvèrent dans les bras l'un de l'autre.

Mon Dieu que c'était bon de partager de nouveau ces émotions toutes simples avec lui. Pouvait-il y avoir quelqu'un de plus proche qu'un frère, même bien plus jeune. Il avait bien raison le médecin qu'elle avait vu trois jours plus tôt, la famille c'est un lieu d'accueil inconditionnel…

Mais paradoxalement, le fait de se sentir mieux rendait moins urgente l'entrevue avec Modeste, si ardemment désirée la veille encore ; elle s'en voulait maintenant de son impatience et de son exigence. C'est la raison pour laquelle elle accueillit l'annonce de son arrivée quelques heures plus tard avec une certaine réserve dans le ton qui n'échappa pas à son parrain. Elle oubliait simplement que c'est justement en prenant appui sur la perspective de ce retour proche qu'elle avait trouvé le courage et l'énergie nécessaires pour accomplir ces deux tâches qui lui paraissaient urgentes mais qu'elle repoussait depuis son retour chez ses parents…

Laurence achevait son récit. Elle n'avait rien caché à son parrain, si ce n'est le contenu exact des deux missives : celle qu'elle avait reçue de Sébastien et celle qu'elle-même lui avait adressée la veille. C'était trop intime, il y avait même quelque chose de sacré dans ces textes, comme un témoin inaliénable de ce que tout n'avait pas été désastreux dans leur rencontre. Les restes d'un magnifique édifice, les vestiges qui demeuraient après les effets dévastateurs d'un tremblement de terre. Les ruines peuvent aussi être belles parfois, et toujours riches de sens… se disait-elle, elles orneront malgré tout mon jardin secret. Elle ne s'était pas trop étendue non plus sur le degré de détermination morbide qui l'animait avant sa rencontre fortuite avec le passant qui sortait de chez l'oiseleur.

Modeste avait prêté la plus grande attention aux propos de Laurence et était resté très silencieux tout au long de son récit. Il lui avait simplement pris une main entre les siennes quand il avait senti que c'était vraiment très dur pour elle de continuer à raconter son histoire.

Ils restèrent encore un long moment sans rien dire. Il sentait qu'il n'était pas nécessaire de rompre ce silence qui s'était naturellement instauré entre eux. Un silence qui n'avait rien de pesant, un silence paisible, un silence qui exprimait non seulement la résurgence de leur vieille amitié complice passée mais qui témoignait aussi, de la part de Modeste, d'une compassion non feinte.

« Mon Dieu, comme tu as dû souffrir, Laurence... ! »

Des larmes coulèrent de nouveau sur les joues de la jeune femme. Lui-même avait du mal à retenir les siennes.

« Mais c'est fini, maintenant, ajouta-t-il en caressant doucement les cheveux de sa filleule. Après la tempête, le beau temps revient forcément. » Il était bien conscient de la banalité du propos, mais en cet instant il n'avait qu'une chose à lui donner: une présence, un accueil confiant. Ce dont elle avait besoin avant tout.

« Dis-moi, Modeste, comment ai-je fait pour aboutir à ça? Comment ai-je fait pour devoir un jour passer par ça? »

Pour en arriver à formuler les choses de la sorte, c'est qu'elle a vraiment touché le fond, se dit-il. Cela ne préjuge évidemment pas de la suite, mais révèle au moins de sa part une certaine disponibilité à adopter une écoute et un regard différents. À moi de jouer, mais je n'ai au mieux qu'une longueur d'avance sur elle et dans un sens je suis démuni autant qu'elle, je suis presque aussi pauvre qu'elle... La seule solution, la meilleure façon de procéder, c'est de le reconnaître humblement. Tout ça me renvoie huit ans en arrière. Je traversais la même situation de détresse. Je comprends encore mieux maintenant cette image des trois croix plantées sur le Rocher de Roquebrune. Les constructions de mon imagination à partir du récit de la crucifixion de Luc sont somme toute assez pertinentes. Un larron un peu plus averti que l'autre, voilà ce que je suis ni plus ni moins… *Heureux, vous les pauvres : le Royaume de Dieu est à vous.*

18. Se réconcilier avec soi-même ?

En cette matinée de début mars, le ciel d'Île de France avait bien voulu se parer de ces ornements qui lui confèrent un charme auquel Modeste était particulièrement sensible. Ce n'était pas le grand bleu de la Côte d'Azur, non. Mais il appréciait tout autant ce bleu pastel parsemé de blanches formations nuageuses qui en rehaussaient le ton. Il faisait beau, c'est fréquent, bien que peu durable, à la fin de l'hiver en région parisienne et d'autant plus apprécié que cela contraste avec cette grisaille qui n'en finit pas pendant des mois. Cette année-là les pluies diluviennes de février avaient ajouté leurs ravages. Elles avaient cessé et depuis deux jours le soleil avait enfin repris l'avantage. Il fallait en profiter pour se remettre en phase avec cette nature qu'il avait dû quitter précipitamment. Depuis sa maladie, il éprouvait fréquemment le besoin de retrouver cette espèce de complicité avec ce qui témoignait de la victoire de la vie sur les forces de mort. Le printemps qui s'annonçait en était le symbole auquel il ne pouvait qu'être éminemment sensible. Et les confidences de Laurence ne pouvaient que le conforter dans cette manière de se représenter le changement de saison qui s'annonçait.

« Et si nous allions faire un tour au bois pour continuer notre conversation ? Il fait beau aujourd'hui, profitons-en, il n'est jamais sûr que cela dure longtemps par chez nous… Et puis avec ta mine de papier mâché ça ne te fera pas de mal de t'oxygéner un peu. Qu'en penses-tu ? »

Laurence avait séché ses larmes, un peu surprise par cette proposition, elle se dit qu'au fond c'était une excellente idée.

« D'ailleurs comme c'est jeudi, Geneviève et les enfants ne rentreront pas déjeuner, nous trouverons bien un endroit sympa pour casser une petite croûte, comme au bon vieux temps… »

Un franc sourire anima le visage de la jeune femme.

« Tout à fait d'accord. Je vais prévenir maman que je ne serai pas avec eux à midi. Et puis laisse-moi un peu de temps pour m'arranger un peu s'il te plaît… »

La coquetterie reprenait ses droits, c'était bon signe.

Il y avait peu de monde dans les allées de cet espace forestier à proximité de la capitale. Heureusement que la « bétonite aiguë » a épargné ces deux espaces verts à l'est et à l'ouest de Paris, le bois de Vincennes et le bois de Boulogne sont de vrais poumons pour l'agglomération, se félicitait Modeste. Ils marchaient tranquillement, croisant seulement quelques sexagénaires soucieux de garder la forme en pratiquant leur jogging. Au milieu de cette verdure égayée par un soleil enfin généreux, Laurence retrouvait progressivement un peu de cette sensation de quiétude intérieure qui lui avait si longtemps fait faute.

« Il y a une chose qui m'intrigue un peu, Laurence, et qui n'a rien à voir directement avec ton récit.

– Oui, laquelle ?

– J'aimerais savoir la raison pour laquelle tu as fait appel à moi plutôt que d'avoir recours à un soutien psychothérapeutique, comme te le proposais ce confrère parisien. Parce que sur un plan strictement technique, je ne suis pas forcément le mieux placé pour t'apporter l'aide dont tu as besoin. Compte tenu de la proximité et de l'ancienneté de nos relations, mon intervention n'est peut-être pas la mieux indiquée, elle risque de manquer de l'objectivité et la distance nécessaires.

– Je n'ai pas à proprement parler besoin d'un avis « technique », comme tu dis. La prise de conscience soudaine qui m'a arrêtée dans ma conduite morbide, s'appuyait sur l'évocation d'un vieux souvenir où ta présence était déterminante. J'ai tout simplement suivi mon intuition… »

Là où elle parlait d'intuition il pensait qu'il s'agissait plutôt d'inspiration… Mais il était trop tôt pour le lui dire, ne serait-ce qu'allusivement. Il fallait s'y prendre autrement, mais l'objectif demeurait le même : aller au fond des choses.

« D'accord. Mais qui désires-tu rencontrer : le vieil ami – j'allai presque dire le vieux complice – ou bien le médecin, l'associé de ton père ou encore le parrain. Tu sais bien ce que signifie ce mot parrain, il y a une note religieuse sous-jacente à l'utilisation de ce terme, tu en es bien consciente et comme tu l'as évoqué hier soir au téléphone tu te doutes bien que depuis ma conversion, il y a huit ans, j'ai plutôt tendance à l'utiliser dans son sens originel, c'est-à-dire chrétien. »

Elle resta un moment silencieuse, puis lui répliqua :

« Tu es devenu plutôt intellectuel depuis que tu t'es lancé dans la théologie… En fait, je ne me suis pas posé toutes ces questions. Moi, je suis simplement venue rencontrer une personne en qui j'ai confiance, c'est tout. C'est-à-dire que je suis venue voir quelqu'un qui possède tous les titres que tu viens d'énoncer, mais que je ne peux pas réduire à cette seule énumération. Moi je suis venue voir Modeste Ringardet que je connais de puis plus de vingt ans, un point c'est tout. »

En quelques mots et avec cette franchise et ce ton direct des jeunes gens de son époque, elle avait remis les pendules à l'heure: ce qu'elle souhaitait c'était avant tout une rencontre interpersonnelle. Il se convainquit aisément que c'était très bien comme ça. Il se sentait plus libre, plus libre d'agir en fonction de sa propre personnalité, selon les fruits de son expérience et au gré de son inspiration…

« Je vais te dire pourquoi j'ai tenu à faire allusion à ce qui fonde le rôle du parrain. Tu vois, il y a une chose qui m'a frappé dans la fin de ton récit, dans ce qui finalement t'a poussée à souhaiter me rencontrer. Ce qui a été déterminant, au fond, ce n'est ni plus ni moins que l'évocation d'un souvenir qui indéniablement puise ses racines dans ton baptême. Et qui plus est, je trouve que cette péripétie décisive est inséparablement liée au symbolisme de l'eau d'une triple façon: l'eau nourricière pour cette petite vie que tu as portée en toi quelques semaines, l'eau mortifére qui cherchait à t'aspirer vers le néant et enfin l'eau salvatrice de ton baptême qui t'en a empêchée. N'oublie pas que pour un chrétien ce sacrement a la signification d'une deuxième naissance. J'ai quand même un peu l'impression que ce qui s'est passé ce soir-là, vu l'état d'esprit dans lequel tu te trouvais, pourrait être considéré presque comme une résurrection, tu ne crois pas? »

Laurence resta un long moment sans répondre. Modeste se demandait s'il n'était pas allé un peu trop vite en besogne, s'il n'avait pas cherché à vendre un peu trop rapidement sa camelote, comme on dit…

« Aux yeux de l'Église, ce que j'ai fait est tout à fait condamnable, je crois, alors quand tu me parles de résurrection j'ai bien peur que tu t'adresses à quelqu'un d'autre, non? Le point de vue du Pape et des Évêques m'est assez étranger. Oui j'ai du mal à accepter que des gens qui ne connaissent sûrement pas grand-chose à la vie puissent décider ainsi de ce qui est bien et de ce qui est mal pour autrui. Il y a là une façon d'agir assez rétrograde à mon sens. »

Il devait bien s'y attendre, la grille de lecture des événements et la façon d'en rendre compte qu'utilisait la jeune femme procédait des représentations communes à cette génération – et à d'autres d'ailleurs – et qui se traduit par une confusion entre morale et religion. Elle n'avait pas utilisé la formule devenue banale du rejet d'un « retour à l'ordre moral », ce ne devait pas faire partie de son vocabulaire, mais cela revenait au même. Derrière cette expression il y a d'abord la réduction du jugement des actions selon des critères relevant des seuls comportements moraux aux dépens des repères qui concernent leur sens et leur finalité, pensait-il. C'est bien ce que disait le Père Szablowski : « la morale c'est ce qui reste quand on a tout oublié de la foi… »

« Mais si, c'est bien à Laurence Marty que je m'adresse. Tout d'abord il convient de préciser les choses. À l'image de son fondateur, Jésus le Christ, l'Église condamne les actes, non pas les personnes. Elle désigne certains choix, certains actes comme contraires à la finalité de la création, comme s'opposant radicalement à ce qui constitue la vérité et la vocation de chacun c'est-à-dire à sa légitime recherche du bonheur. Pour t'éclairer sur cette position je te propose de réfléchir sur ce que signifie cette condamnation à laquelle tu parais finalement assez sensible. Poser un interdit s'exprime en français sous la forme d'une "défense" : "défense de faire ceci ou cela". Or c'est le même mot dont on se sert pour signifier l'action de protéger comme dans "défense nationale" par exemple. La condamnation à laquelle tu fais allusion a valeur de sérieuse mise en garde contre un acte qui va à l'encontre de la transmission de la vie et qui est très dommageable pour la personne qui le subit. Tu viens de me dire que tu en as fait l'amère expérience, et tu n'es pas la seule, crois-moi.

– Tu sais j'y ai été un peu contrainte par les circonstances. Un enchaînement d'événements dont je n'avais pas la maîtrise. Suis-je vraiment coupable ?

– La question ne se pose pas en terme de faute et de culpabilité au sens ou on emploie ces mots généralement. Ce qu'il faut plutôt considérer c'est qu'apparemment au fond de toi tu t'es sentie – et probablement tu te sens encore – divisée, déchirée, même si tu ne l'exprimes pas avec ces mots-là. Appelons ta conduite désespérée de ce fameux soir, comme on voudra, mais n'avait-elle pas avant tout valeur d'une sorte d'autopunition, ne signifiait-elle pas un refus de toi-même, un radical rejet de ta propre personne face à cet acte qui venait d'être accompli en toi ? Il est à mon avis très clair que ce dont tu as vraiment besoin, ce que tu recherches confusément sans oser le nommer, c'est une véritable réconciliation avec toi-même. »

Il s'interrompit. Encore une fois il craignait qu'emporté par la force de ses convictions, il ne risquât de dérouter son interlocutrice et ne finisse par la braquer. C'était oublier qu'elle avait effectivement touché le fond de la détresse. Elle revenait de très loin. C'était aussi ne pas pressentir que, sans s'en rendre encore bien compte, elle était prête à effectuer de sérieuses remises en cause. Bien sûr, elle utilisait encore les schémas de la pensée dominante de son époque, mais plus par habitude que par solide conviction. L'écorce paraissait encore solide, mais le noyau de la résistance à la grâce avait bien perdu de sa consistance et de sa dureté et commençait même à se désagréger…

« Une réconciliation avec moi-même, qu'est-ce à dire ? »

Elle resta un long moment à réfléchir sur le sens de ces derniers mots. Visiblement la formule avait fait mouche.

« J'étais surtout à la recherche de sens, je croyais avoir surtout besoin de parvenir à comprendre ce qui s'était passé, comment j'avais pu en arriver à ça. Je pense que je pourrai peut-être l'enfouir au tréfonds de ma mémoire, en réduire considérablement la portée morale, mais je sais très bien que je ne pourrai jamais me le pardonner vraiment.

– Toi, non sûrement. Mais il y a quelqu'un qui peut le faire à ta place.

– Faire quoi à ma place ?

– Te pardonner.

– Quelqu'un qui pourrait me pardonner ce que moi-même je ne peux pas me pardonner ?

– Oui. Tu es vraiment sûre que tu ne vois pas de qui je veux parler ? »

Ils continuèrent leur marche d'un pas tranquille. Il préférait ne rien dire. Elle devrait bien parvenir à découvrir elle-même à qui il faisait allusion. Elle finit par se résoudre à prononcer le nom qui lui était venu tout de suite à l'esprit.

« Tu veux parler de Jésus Christ je pense ? Tu ne peux pas t'empêcher de mettre la religion au centre de tout...

– Je n'ai pas parlé de religion, j'ai évoqué Jésus Christ, ce n'est pas la même chose, même si l'une ne peut se concevoir ni vivre sans l'autre. Ne me dis pas que tu ne doutais pas que d'une façon ou d'une autre nous allions en passer par Lui : je ne te croirais pas. Tu es seulement surprise par le chemin qui nous y a conduits. »

Elle demeura pensive quelques instants. Ils longeaient une des pièces d'eau que l'on nomme par ici pompeusement des lacs. Des canards étaient en train de s'ébattre, deux cygnes glissaient sur sa surface laissant derrière eux un sillage légèrement ondulant. Le port très digne de leur tête, leur trajet paisible traversant tour à tour des espaces de ciel bleu et les ombres des arbres aux feuilles persistantes qui se miraient sur l'étendue aquatique, réveillaient en elle une délicieuse sensation d'harmonie intérieure, presque une sorte d'ingénuité enfin retrouvée. Par sa simplicité même, le tableau diffusait une atmosphère pacifiante et réconfortante à laquelle la jeune femme était à cette heure tout particulièrement réceptive. Comme si la nature elle-même l'invitait elle aussi à une sorte de réconciliation…

« C'est curieux, ce n'est pas l'image que j'ai spontanément du Christ. Je le vois plutôt comme un penseur généreux et bienfaisant et aussi comme une victime de la dureté et de la bêtise de certains hommes. Il a vécu deux mille ans avant nous et je ne vois pas comment il interviendrait aujourd'hui, si ce n'est peut-être comme un modèle à suivre parfois… »

Elle s'interrompit soudain. Devant eux, au milieu de l'allée, s'avançait une mère de famille qui poussait un landau. Le bébé devait avoir trois mois tout au plus. La jeune femme à peine plus âgée que Laurence respirait la joie de vivre. Le spectacle était banal, bien sûr, attendrissant quand même. L'image d'un rêve brisé. Elle se rendait bien compte que cette blessure au plus profond d'elle-même était loin d'être cicatrisée. Elle poussa un soupir qui n'échappa pas à Modeste.

« Allons Laurence, ce qui a été raté une fois ne préjuge pas de ce que peut réserver l'avenir, crois-moi, rien n'est définitivement perdu.

– Je veux bien te croire, j'ai surtout besoin de te croire… Mais revenons à cette réconciliation avec moi-même. Comment Jésus Christ, je veux bien l'admettre, un personnage plutôt hors du commun mais malgré tout un homme du passé, peut-il intervenir aujourd'hui dans nos existences, enfin dans mon existence ?

– Je pourrais te répondre que la force de son enseignement transcende les siècles et que son message transmis de proche en proche depuis deux mille ans garde intégralement son efficacité aujourd'hui. Mais mon propos serait alors sûrement assez réducteur. Dans ce cas le personnage Jésus rejoindrait effectivement la cohorte des grands penseurs qui ont marqué et qui marquent peut-être encore l'histoire de l'humanité tout particulièrement en Orient et en Extrême-Orient. Non, ce qui est essentiel dans le christianisme et qui est, je pense, spécifique, c'est que Jésus, son fondateur, est ressuscité, qu'il est vivant et qu'il vit parmi nous. Alors bien sûr la question qui vient immédiatement c'est : comment se manifeste sa présence aujourd'hui ? Rappelle-toi, Laurence, tes leçons de catéchisme.

– Tu sais, j'ai oublié un peu tout cela. Comme beaucoup de jeunes de ma génération toutes les questions de religion m'ont laissée indifférente depuis longtemps ! Nous y voyons plutôt un ensemble de rites surannés et de prescriptions contraignantes.

– D'accord, alors je vais te rafraîchir la mémoire. Le Saint-Esprit, cela ne te dit rien ? La présence de Jésus le Ressuscité se manifeste aujourd'hui comme au long des siècles sous la forme du Saint-Esprit agissant parmi nous, avec nous et en nous. C'est-à-dire d'une manière diffuse et discrète, invisible, bien sûr, mais dont on peut repérer les effets.

– Le Saint-Esprit, si je me souviens bien, c'est ce qu'on reçoit à la Confirmation, mais moi je me suis arrêtée avant...

– Rassure-toi, il était déjà avec toi lors de ton baptême. Le sacrement auquel tu fais allusion est propre à l'Église Catholique. Comme son nom l'indique, il désigne l'acte par lequel le chrétien, au cours d'une célébration communautaire, confirme sa décision de vivre avec et selon cette force de vie qu'est l'Esprit Saint. Mais il est présent et agit en toi depuis fort longtemps... Son action aujourd'hui actualise la mission que Jésus a accomplie pendant sa vie terrestre. Si bien que l'on peut légitimement dire que Jésus le Christ continue avec nous ici et maintenant son œuvre entreprise il y a deux mille ans.

– Et bien, j'en ai appris des choses aujourd'hui. Dis donc, je vais avoir besoin d'un peu de temps pour digérer tout ça !

– Et bien puisque tu parles de digestion, que dirais-tu si nous cherchions un endroit pour déjeuner ? »

Ils étaient assis l'un en face de l'autre. Dans ce bistro à l'orée du bois, il n'y avait pas grand monde en semaine à midi. Ils pouvaient tranquillement continuer leur entretien sans que leur liberté d'expression et le choix des sujets échangés puissent être gênés par la proximité d'autres clients.

Pour souffler un peu et prendre de la distance vis-à-vis de la gravité des propos échangés jusque-là, Modeste tenta d'orienter la conversation dans une autre direction : le travail de Laurence à la clinique, les relations avec ses collègues et les médecins par exemple. Il était assez curieux de connaître l'atmosphère qui pouvait régner dans cet établissement médical de luxe, assez étranger à sa pratique quotidienne. Visiblement elle n'avait guère envie de s'étendre sur le sujet et surtout il n'y avait peut-être pas grand-chose à dire. Finalement, en dehors des caprices et des exigences d'une clientèle fortunée, les malades sont toujours les malades et la médecine est toujours la médecine…

C'est elle qui avait besoin de s'informer sur ce qu'ils devenaient, lui et les siens. Depuis qu'elle vivait cette relation avec Sébastien elle n'avait guère manifesté d'intérêt pour la famille Ringardet. Modeste s'attacha à lui décrire dans le détail l'évolution de chacun. Il était assez fier de Jérôme qui avait réussi à intégrer après sa première année de « math spé » cette école d'ingénieur à Lyon. Thomas, lui avait eu son bac l'année précédente, en ayant fait vraiment le strict minimum pour cela, il s'était inscrit en fac de droit, sans être vraiment convaincu que c'était sa voie, mais il faut bien faire quelque chose, n'est-ce pas ? Quand à Isabelle, elle n'en était pas encore à l'heure des choix décisifs, mais elle envisageait, à la grande satisfaction de son père et comme Thierry, le frère de Laurence, d'entreprendre des études de médecine.

Laurence l'écoutait tout en s'interrogeant sur l'homme qu'elle avait en face d'elle. Derrière le comptoir en zinc, la patronne qui n'était pas submergée d'activité les dévisagea longuement. Non, visiblement, il ne s'agissait pas du père et de la fille. Le sourire plein de sous-entendus qu'elle échangea avec le serveur qui venait de prendre leur commande n'échappa pas à la jeune femme. Il y avait gros à parier qu'il signifiait quelque chose comme : « il y a des quinquagénaires qui ne s'ennuient pas... elle pourrait être son enfant... sa bague au doigt n'a pas l'air de le gêner beaucoup pour lever une petite minette... enfin ça ne me regarde pas... ».

Laurence sourit intérieurement, comme on peut se méprendre à propos de la nature des relations humaines se disait-elle. Depuis le début de leur conversation dans le bois, et plus encore dans ce bistro, elle avait le sentiment d'avoir un grand frère en face d'elle. Ce n'était pas une impression radicalement étrangère à celle qu'il lui inspirait depuis de nombreuses années. À travers leur différence de génération, n'avaient-ils pas été pendant longtemps les meilleurs amis du monde ? Mais il y avait quelque chose de différent depuis quelques heures. L'homme qu'elle avait en face d'elle avait parlé de la foi avec passion, avec son cœur. Nul doute que ses propos s'enracinaient dans une expérience profonde, il devait lui aussi être passé par des épreuves qui l'avaient atteint jusqu'au plus intime de son être. Lui aussi ? Pourquoi ce « aussi » ? Voilà que j'identifie mon destin au sien ! Ils ne sont pas comparables pourtant. Mais c'est bien un sentiment de véritable fraternité que j'éprouve pour lui en ce moment.

Elle se souvenait très bien que son père avait été passablement affecté lorsqu'il avait été informé de la nature du mal qui atteignait son associé. Affecté, mais pas surpris. Combien de fois n'avait-il pas dit à la maison que ce tabagisme insensé finirait par avoir les plus funestes conséquences... Elle se rappelait aussi ses réactions quand il avait appris ce que Modeste lui-même appelait « sa conversion ».

« C'est ce qui peut lui arriver de mieux, dans l'état actuel des choses, ça va certainement l'aider à affronter la suite », avait-il dit à l'époque. Apparemment il avait perçu cette adhésion à la foi comme relevant essentiellement de la quête d'un soutien dans une passe particulièrement difficile. Il appréciait suffisamment son associé pour ne pas réduire sa démarche à la recherche d'une assurance pour l'au-delà au cas où… Par la suite l'enthousiasme du jeune converti l'avait d'abord un peu amusé puis quand même troublé. Il se posait des questions mais il n'en faisait part à personne, autant par tempérament que par souci de ne pas risquer de bouleverser en lui-même un équilibre rationnel fondé sur un respect équivalent pour toute forme de croyance. Parfois, il laissait échapper son sentiment d'étonnement devant les changements qu'il avait vu s'opérer chez Modeste : lui qui était auparavant si facilement sarcastique et critique devant les comportements infantiles de certains de ses patients, prenait maintenant de la distance et s'efforçait de manifester une certaine compréhension. En matière de mœurs, tout en se gardant de porter le moindre jugement, il se montrait particulièrement exigeant sur la qualité du dialogue avec ses patients. Même si elles ne se manifestaient pas par un prosélytisme intempestif ses nouvelles convictions le conduisaient à prendre beaucoup plus de temps pour discuter avec eux de leurs motivations profondes face aux décisions relatives à la sexualité et aux aléas de la vie affective et conjugale. Certains ne manquaient pas de faire savoir à Gérard qu'ils préféraient ne plus avoir affaire au Docteur Ringardet parce ils étaient venus voir un médecin – c'est-à-dire dans leur esprit plutôt un prescripteur – et non pas un philosophe ou un curé… Cependant la plupart appréciaient le temps qu'il consacrait à les écouter, sauf naturellement quand la consultation précédant la leur durait près de trois-quarts d'heure alors qu'eux-mêmes n'étaient venus que pour une simple angine…

« Il est à la fois vrai et faux que la foi peut vous changer un homme. Au fond c'est toujours le même type, mais il s'est transformé », avait lâché un jour Gérard Marty. Il ajoutait : « il n'y a rien de miraculeux dans son apparente guérison, il a eu la chance d'être pris à temps, c'est grâce à Geneviève d'ailleurs, mais ce qui est étonnant c'est cette espèce de distance, de liberté, qu'il a pris depuis par rapport à beaucoup de choses ».

Elle ne portait guère d'attention à tout cela à l'époque, mais aujourd'hui c'était bien différent. Et dire qu'elle l'avait traité de bigot ! Heureusement en pensée seulement. Il n'a pas eu une seule parole de jugement sur ma conduite, et pourtant je sais très bien que ça va à l'encontre de ses convictions, je lui ai fait interrompre ses vacances et il me parle de réconciliation avec moi-même... La foi ça peut vous transformer quelqu'un disait papa, est-ce que ça peut me concerner... ? Après ce que j'ai fait ça ne va sûrement pas être facile. Je suis d'origine catholique comme Modeste, alors il va falloir se confesser et tout le bazar...

Elle l'interrompit alors qu'il était entrain de lui dire que l'équipe de foot de Thomas avait été sélectionnée pour un tournoi international et qu'il devait prochainement se rendre à Oslo pour participer à une série de rencontres. Visiblement ce sport le passionnait plus que ses études...

« Dis-moi, comment faut-il procéder pour se réconcilier avec soi-même ? »

Il fut un peu décontenancé par cette demande soudaine. Finalement, la conversation de ce matin avait eu plus d'impact qu'elle n'en avait l'air. Il se surprit à lui répondre sans y avoir trop réfléchi :

« La réconciliation avec soi-même passe par la réconciliation avec Dieu puisque la division à l'intérieur de nous-mêmes signifie une déchirure, une rupture avec notre propre liberté dont il est la source.

– Alors ça veut dire qu'il faut se confesser ? »

Devant la moue qui accompagnait sa question il ne put s'empêcher d'éclater de rire. Il se rappelait très bien sa propre histoire. Si Geneviève lui avait demandé de passer par-là le soir où il avait fait cette expérience décisive pour sa foi, il l'aurait probablement envoyée gentiment balader…

« Écoute : si tu dois un jour te confesser, ce sera l'aboutissement d'une démarche paisible mais ce ne saurait être en aucune façon un préalable imposé et passablement imbuvable.

– Mais alors que me conseilles-tu ? »

Modeste réfléchit un court instant. Elle avait soif de quelque chose dont elle ignorait la nature mais dont l'importance à cette heure ne lui échappait pas. Seule une rencontre personnelle avec Celui qui a le pouvoir de tout réconcilier pouvait l'aider à avancer de manière décisive. Bien évidemment il n'avait aucun pouvoir pour provoquer cette rencontre, mais au moins pouvait-il suggérer une piste.

« Je pense que tu ne perdrais rien à lire quelques textes évangéliques qui ont justement un rapport avec ta recherche. Je te propose de lire le chapitre quinze de l'Évangile de Saint Luc. Tu y retrouveras une histoire très connue, je ne t'en dis pas plus, mais ne néglige surtout pas les paraboles du début. Elles sont courtes, mais sûrement très riches d'enseignement.

– Après tout, pourquoi ne pas essayer ? Mais toute seule j'ai bien peur de ne pas parvenir à découvrir grand-chose. Ne pourrais-tu pas me servir de guide au moins au commencement ?

– Non, Laurence, aide-toi et le ciel t'aidera. Par contre si tu le souhaites, une fois que tu te seras livrée loyalement à cet exercice, je veux bien que nous nous rencontrions pour faire le point de tes découvertes.

– Bon, d'accord ! Mais quand je considère l'aisance avec laquelle tu parles de toutes ces choses je me sens vraiment démunie, vraiment très pauvre. Et puis, je me sens aussi si loin de cette foi qui t'habite depuis déjà plusieurs années.

– Tu as prononcé le mot le plus important de l'Évangile, le mot "pauvre", ne crains rien Laurence : *Heureux vous les pauvres : le Royaume de Dieu est à vous !* »

19. La brebis retrouvée

Ces quelques heures passées avec sa filleule avaient laissé Modeste assez songeur. Avant de la rencontrer, il se doutait bien que le drame qu'elle avait traversé était de nature affectivo-sexuelle. Mais une aventure avec un homosexuel, ce n'était quand même pas tout à fait banal. Et puis l'issue de toute cette affaire, non exceptionnelle bien sûr – son expérience hélas, ne l'avait pas privé de ce genre de confidences – laisserait forcément chez elle des traces longues à effacer.

Il y avait une chose qui l'avait frappé par-dessus tout, cependant. C'était l'ambivalence apparente du but de sa démarche. « Pourquoi, comment ai-je pu en arriver à passer par ça ? » avait-elle dit à la fin de son récit. Elle désirait semble-t-il ardemment comprendre ce qui dans le parcours de sa jeune existence avait pu être à l'origine de cet épisode désastreux. Et pourtant elle avait refusé de s'engager dans la démarche de type psychothérapeutique, qui compte tenu de son époque et de son environnement aurait dû paraître la plus plausible dans ces circonstances.

D'autre part, il y avait chez elle quelque chose de tout à fait remarquable, c'était sa façon d'assumer franchement sa responsabilité dans toute cette histoire. À aucun moment elle n'avait cherché à se poser en victime de la fatalité des événements ou des circonstances. Elle n'avait jamais accusé la malchance, la tricherie des hommes ou la perversité des mœurs. Elle n'avait même pas l'air d'en vouloir à Sébastien, vis-à-vis de Ludovic, c'était sûrement un peu différent… Et puis en se confiant à lui, Modeste, elle n'avait pas craint de risquer de déchoir aux yeux d'un proche dont elle connaissait les références et les valeurs, aux antipodes de sa conduite…

Il percevait chez elle, derrière tout cela, une profonde exigence de vérité. Une exigence de vérité profonde de l'être qui, d'une façon qu'il ignorait, la conduirait forcément un jour ou l'autre à une plus grande lumière… D'ailleurs, même si elle ne s'était pas trop étendue sur le sujet, cette espèce de désir de mort qui l'avait étreinte un moment témoignait bien d'une certaine volonté d'authenticité qui veut que l'on aille jusqu'au bout de ses choix quelles qu'en soit les conséquences. C'est la même détermination qui l'avait sûrement poussée à décider d'entreprendre une grossesse pour contraindre son compagnon à devenir un peu plus adulte. Elle s'était complètement fourvoyée, bien sûr, mais ce qu'il y avait d'éminemment sympathique dans tout cela c'était qu'elle ne rechignait pas à aller jusqu'au bout dans tout ce qu'elle entreprenait. Pas de doute elle avait du cran et de la personnalité cette petite Laurence…

Et puis il y avait cette parole à propos de la liberté recueillie subrepticement par sa mère et que lui avait rapportée Geneviève. Maintenant qu'il connaissait le fin mot de l'histoire, cette parole témoignait d'une remarquable prise de conscience de la véritable nature de ses errances : une perversion de sa liberté. Voilà qui illustrait magistralement les enseignements du Père Szablowski sur la faille qui risque de perturber chez tout homme l'usage de cette fameuse liberté. Naturellement, il était hors de question d'asséner à Laurence une leçon sur le péché originel, dans l'état actuel des choses. Mais, elle avait vraisemblablement franchi sans s'en rendre compte une étape décisive : celle qui consiste à se débarrasser de cette tendance qui pousse à rejeter la responsabilité de nos malheurs sur autrui ou sur la fatalité, que l'on mette derrière ce terme les caprices du destin ou le jeu des déterminismes psychosociologiques. Une tendance inhérente à la nature humaine si l'on en croit le récit biblique, puisque la première réaction d'Adam est de reporter sur Ève la responsabilité de la faute des origines...

D'où lui venait cette saine capacité à réagir dans de telles circonstances ? Peut-être tout simplement de son milieu éducatif, pensa Modeste. Il est vrai que chez les Marty on était souvent en phase avec les références dominantes en matière de mœurs. Mais profession libérale aidant, on savait bien qu'en définitive devant l'adversité on ne devrait s'en prendre qu'à soi-même et ne compter que sur ses propres forces. Paraphrasant un verset de l'évangile, il n'avait pas craint de rétorquer au Père Szablowski : « Les fonctionnaires ont la sécurité de l'emploi, les salariés ont les congés payés ; le travailleur indépendant, lui, n'a nulle part où reposer la tête »* un jour que ce dernier avait évoqué les prétendus privilèges des membres de sa profession. Le prêtre avait d'ailleurs fort bien accepté la réplique, appréciant l'humour de « son élève » et surtout la familiarité grandissante avec les textes bibliques dont elle témoignait. L'Esprit Saint se sert de toutes les valeurs forgées par les affrontements authentiques avec la réalité de l'existence, songea Modeste, pour d'autres milieux ce seraient l'expérience de la solidarité par exemple...

L'autre versant de la question c'était celui de la position de Laurence face à la fameuse « évolution des mœurs ». Les repères qui avaient été les siens depuis presque une dizaine d'années procédaient naturellement des conceptions en usage, des modes de pensée qui prévalaient désormais. Comme c'est la règle pour toutes les périodes de l'histoire, ces conceptions qui se prétendent

* Luc 9,58 : « ...Les renards ont des terriers et les oiseaux du ciel des nids, le Fils de l'homme, lui, n'a pas où poser la tête. »

nouvelles éprouvent le besoin de s'affirmer comme originales en s'opposant à celles qui les précèdent. Et les bons esprits ont beau jeu de présenter les façons de vivre et les mœurs passés sous leur jour le plus déplaisant, le plus rétrograde. Ah! comment pourrait-on asseoir sa propre identité si l'on ne pouvait utiliser les us et coutumes d'antan comme des repoussoirs...

Eh oui! mon discours se tient très bien, mais il est inutile d'aborder ce sujet de front avec elle, se disait-il. Comme la statue aux pieds d'argile, tout ce système de pensée s'effondrera lorsque la vérité de la foi lui aura apporté l'éclairage suffisant pour juger de l'inanité de certaines des conceptions à la mode. Il semble bien qu'il y ait une amorce de cheminement en ce sens, écartons toute velléité de discours qui pourrait chez elle être perçu comme moralisateur...

Il était effectivement assez surpris par la rapidité avec laquelle elle avait accepté de le suivre sur le terrain de la foi, un domaine qui ne lui était pourtant pas familier jusque-là. Quand il lui avait suggéré d'entreprendre un chemin de réconciliation avec elle-même, elle avait saisi la balle au bond et n'avait apparemment pas rejeté l'idée que ce chemin puisse passer par la personne du Christ. Pour l'instant il ne s'agissait que de l'idée, bien sûr. La rencontre avec la personne même de Jésus, c'était une autre affaire... peut-être beaucoup plus proche qu'il ne l'imaginait en cet instant.

Sur quoi va déboucher tout ça, je me le demande, se disait il en s'interrogeant sur la façon dont il devait jouer son rôle de « bon larron », partie prenante du cheminement de son complice vers la foi. La représentation des trois croix de Roquebrune qu'il s'était forgé la veille était toujours sous-jacente à sa réflexion. Il n'est évidemment pas question de dévoiler quoi que ce soit des confidences de Laurence à Geneviève, mais ce soir nous prierons ensemble pour elle, même si ce n'est pas très facile. Après tout, « lorsque deux ou trois d'entre vous sont réunis en mon nom, je suis au milieu d'eux »...

Une fois retournée chez elle, Laurence essaya de faire le point de la situation. Cette rencontre qu'elle avait ardemment souhaitée mais aussi redoutée avait donc eu lieu. Elle se sentait libérée d'un poids énorme. Elle avait l'impression de flotter, d'avoir quitter les rails sur lesquels, jusque-là, roulait aveuglément son existence.

La jeune femme n'aurait certes pas formulé les choses de la même façon que son parrain, mais ce qu'elle éprouvait à ce moment c'était le besoin de prendre de la distance vis-à-vis de cette tentation de rejet des « valeurs passéistes » qui jusque-là lui avait servi de référence, voire d'axe directeur. Elle avait eu ces dernières années le sentiment de mener son existence à sa guise, s'écartant des repères qu'elle jugeait comme bien des jeunes de son âge, surannés. Le terrible événement qu'elle venait de vivre la conduisait à remettre en question les modèles ambiants sans toutefois envisager le moins du monde de se mettre tout d'un coup à adorer ce qu'elle avait brûlé il n'y a pas si longtemps.

De cette matinée en compagnie de Modeste elle retenait autant la forme que le contenu. Au fond ce qui concourrait au plus intime de son être à produire cette sensation de légèreté c'était surtout le sentiment de n'avoir pas été jugée. À vrai dire, elle n'avait pas tant redouté une leçon de morale que l'invitation à une analyse critique rigoureuse pour discerner ce qui dans son parcours avait pu la conduire à cette extrémité. Elle l'avait redouté et désiré à la fois. N'avait-elle pas, assez naturellement, situé sa quête dans la perspective d'une recherche des causes de ses malheurs? C'est bien ce que signifiait son « comment en suis-je arrivée à ça? » de ce matin.

Apparemment son parrain ne l'avait pas suivie sur ce terrain. Au contraire, il l'avait résolument invitée à se tourner vers l'avenir et la voie qu'il suggérait n'était pas celle de la culpabilité mais celle de l'ouverture, de l'accueil gratuit de l'aide d'une autre personne: Jésus. Il y avait bien longtemps qu'elle ne s'était pas interrogée sur le Christ, l'avait-elle même jamais fait? Après avoir écouté les paroles de Modeste elle se sentie envahie par un sentiment de curiosité sympathique pour ce personnage. Elle se décida à regarder de près le texte qu'il lui avait indiqué.

Les Marty, comme de nombreux foyers possédaient une Bible magnifiquement reliée qui trônait en meilleure place dans la bibliothèque du salon. Mais naturellement, ils ne l'ouvraient jamais. Indépendamment de son aspect décoratif, la présence de ce « beau livre » avait sûrement le mérite de signifier une appartenance que l'on ne s'était pas résolu à renier. Laurence hésitait cependant à l'extraire de son rayonnage, essentiellement en raison du besoin d'une certaine discrétion.

Elle se rappela qu'à l'issue de son parcours catéchétique elle avait reçu un Nouveau Testament en édition livre de poche. Il devait bien avoir survécu aux rangements successifs de sa chambre, alors il suffisait de le chercher. Elle finit par réussir à mettre la main dessus en se félicitant de n'avoir pas eu la bonne idée de l'emmener quand elle avait emménagé dans son studio à Paris. À dire vrai, à l'époque, la question ne se posait pas du tout…

Elle pensait bien que Modeste ne l'avait pas orientée par hasard sur le chapitre quinze de l'Évangile selon saint Luc. Aussi, ne fut-elle pas surprise par les intitulés des trois sections du texte : parabole de la brebis retrouvée, parabole de la pièce retrouvée et parabole du fils retrouvé. Dans chacun des titres il y avait donc ce mot « retrouvé » qui entrait évidemment en résonance avec sa situation présente.

Le texte de la dernière parabole, bien plus long que celui des deux premières, ne lui était effectivement pas inconnu. Ce récit appartient d'ailleurs dans ses grandes lignes à la culture commune. On le retrouve derrière l'expression : « le retour de l'enfant prodigue ». Elle ne manqua pas évidemment d'établir un certain parallèle entre cette histoire et la sienne, dans la mesure où elle avait renoué avec l'ambiance familiale après avoir pris ses distances avec celle-ci. L'accueil sans condition de ce fils par son père qui, elle l'avait compris, désignait l'attitude de Dieu, lui rappelait celui que lui avait offert sa famille, et particulièrement son père à elle. À propos du fils aîné de la parabole qui a besoin de demander la permission pour inviter ses amis, elle ne put s'empêcher de rapprocher le comportement de ce grand dadais de celui d'une grand-tante assez bigote, dont Gérard Marty demeurait le seul lien familial. « Ah ! la tante Adèle, elle n'aura sûrement pas besoin de demander à Dieu le pardon de ses péchés, il y a belle lurette qu'elle n'est même plus capable d'en commettre un seul... » lançait parfois son père lorsque la tante Adèle l'avait particulièrement excédé par ses exigences tatillonnes et ses scrupules à n'en plus finir.

C'est à peu près tout ce que lui suggéra cette première lecture. En effet, elle n'avait pas l'impression d'avoir claqué la porte de la maison ou de s'être brutalement séparée de Dieu comme le suggère à première vue le comportement du fils cadet. Quand même, se disait-elle, ce qui le pousse à revenir, c'est une grande détresse, en ce sens mon expérience n'est pas étrangère à la sienne, il faudra que je reprenne ce récit de manière plus approfondie et sûrement avec l'aide de Modeste.

Elle suivit les conseils de son parrain et porta toute son attention sur les deux premiers textes, et en particulier sur celui de la brebis retrouvée.

Alors il leur dit cette parabole :

« Lequel d'entre vous, s'il a cent brebis et qu'il en perde une, ne laisse pas les quatre-vingt-dix-neuf autres dans le désert pour aller à la recherche de celle qui est perdue jusqu'à ce qu'il l'ait retrouvée ?

Et quand il l'a retrouvée, il la charge sur ses épaules, et, de retour à la maison, il réunit ses amis et ses voisins et leur dit : "Réjouissez-vous avec moi, car je l'ai retrouvée, ma brebis qui était perdue !"

*Je vous le déclare, c'est ainsi qu'il y aura de la joie dans le ciel pour un seul pêcheur qui se convertit, plus que pour quatre-vingt-dix-neuf justes qui n'ont pas besoin de conversion. »**

Voilà bien un récit qui parlait directement à son cœur et à son esprit. Elle n'avait aucune peine à s'identifier à la brebis perdue. Oui, elle s'était égarée, c'était parfaitement clair. Son aventure avec Sébastien en était une manifestation indubitable. Mais cette erreur ne devait pas être isolée, alors depuis quand errait-elle dans de mauvaises directions, depuis longtemps ? Impossible de répondre en cet instant à cette question. D'ailleurs ça n'avait apparemment aucune importance dans le récit qui captait toute son attention. Nul doute : ni la cause – volontaire ou involontaire – ni la durée de ses errements n'étaient prise en compte par le berger à la recherche de l'animal. Aucun préalable n'était exigé pour qu'il se mette en route et la ramène.

Elle se rappelait qu'autrefois au catéchisme, pour illustrer un récit évangélique, le prêtre animateur invitait les enfants à participer à une sorte de jeu de rôle, en prenant la place de tel ou tel personnage. Elle se voyait encore très bien, agrippée sur deux chaises brinquebalantes pour incarner Zachée qui avait grimpé sur un arbre pour mieux voir Jésus… Cette fois-ci elle s'identifiait par la pensée à cette brebis, se représentait son parcours. L'animal batifolait tout d'abord dans une prairie verdoyante puis empruntait ensuite un chemin escarpé et caillouteux pour aboutir enfin, épuisée et sous une pluie battante au bord d'un précipice où grondaient en contrebas les flots tumultueux d'un torrent. Un torrent dont les eaux avaient décuplé sous l'effet d'une crue aussi violente que soudaine. Le berger la saisissait, l'empoignait vigoureusement alors que transie, désespérée en même temps que fascinée par l'abîme, elle était sur le point de se laisser glisser sur la pente implacable…

* Luc 15, 4 – 7.

L'évocation de ce qui s'était passé moins d'une semaine auparavant la fit frissonner. Elle continua sa lecture : *Et quand il l'a retrouvée, il la charge tout joyeux sur ses épaules*... Tout joyeux... donc pas la moindre réprimande, pas même un reproche, au contraire il projette déjà de fêter l'événement avec ses amis. Il la charge sur ses épaules... Elle imaginait la scène : l'animal trempé, anéanti et couvert de boue les pattes arrières sur l'épaule gauche du berger, la panse plaquée sur son dos et sa nuque, les pattes avant accrochées à son cou et la tête blottie tout contre son épaule droite. Pouvait-elle éprouver cette brebis en cet instant autre chose qu'une sensation de douceur, de paix, de quiétude enfin retrouvée ?

Des larmes coulèrent de nouveau sur le visage de Laurence, les mêmes que ce fameux soir quand elle était parvenue enfin à regagner le havre de son studio. Elle avait pris la précaution de s'enfermer dans sa chambre. Elle put ainsi se laisser aller à pleurer sans retenue...

Ce berger, c'est Jésus-Christ bien sûr. Il était donc tout près ce soir-là... Par l'action du Saint-Esprit m'a dit Modeste... et puis peu importe comment, après tout. Il était là c'est sûr et ça suffit. Il est encore bien présent aujourd'hui. C'est bien lui qui me soutient depuis quelques jours. Et puis après cette conversation de ce matin, cette impression de légèreté qui remplit tout mon être, comme si j'étais soutenue, comme si j'étais portée... sur son dos... la tête blottie tout contre son épaule. La précision, le réalisme de l'image lui firent presque peur. Le visage appuyé sur l'épaule d'un homme, voilà qui la renvoyait à sa triste et récente expérience... Mais non, ça n'a rien à voir. Cette tendresse-ci est d'un autre ordre. Indemne de toute possession, de toute convoitise, mais prévenante et gratuite. Remplie d'une infinie douceur.

Est-ce cela la foi ? se demanda-t-elle, complètement décontenancée par ce qu'elle venait d'éprouver. Elle n'osait plus bouger de peur de sentir se dissoudre cette délicieuse impression d'une présence si sûre et pourtant impalpable, si proche et pourtant indéfinissable. Elle ne résista pas à l'envie de lui dire : « reste avec moi ! ». Était-ce donc tout simplement cela la prière ?

Elle finit par reprendre sa lecture en continuant de s'impliquer de la même façon dans cette représentation du texte. S'il me porte ainsi c'est pour rejoindre ce dont je me suis éloignée et que j'ai quitté depuis déjà pas mal d'années. Je vais donc devoir entreprendre un parcours en sens inverse. Je ne peux décidément pas échapper à une relecture de ce qu'a été ma vie jusque-là. C'est bien ce que je souhaitais et redoutais à la fois. Mais je ne suis plus seule. Il m'accompagne. Il saura bien me guider sur ce chemin, peut-être même m'indiquer des raccourcis...

Et puis cette joie, cette ambiance de fête pour célébrer le retour de la brebis égarée, la conversion du pêcheur, Dieu le Père serait-il ainsi ? Tiens, je comprends mieux la parabole du fils perdu et retrouvé. Quant aux quatre-vingt-dix-neuf justes qui n'ont jamais péché, ils ne réjouiraient donc pas autant le cœur de Dieu... pauvre tante Adèle !

Il fallait donc se réjouir. Allez, même si je ne peux pas leur fournir d'explication à propos de mon comportement, je vais leur montrer à tous les trois combien ils me sont chers. Des fleurs pour maman, une revue d'œnologie pour papa et un bon roman policier pour Thierry, ça le changera de ses bouquins d'anatomie... Et c'est moi qui fait la cuisine ce soir.

Chez les Marty, il y eut une ambiance de fête ce soir-là. Ses proches comprirent qu'il ne fallait se poser ni poser aucune question : ils retrouvaient Laurence telle qu'elle était vraiment, telle que Jacqueline et Gérard connaissaient leur fille, telle que Thierry connaissait sa sœur.

Gérard Marty qui, malgré l'absence de son associé avait pour une fois réussi à terminer de bonne heure, se félicita de son initiative : quelle bonne idée il avait eu d'appeler Modeste avant hier soir. Et Dieu sait que ça n'avait pas été facile, Dieu... ? Le souhait de sa fille de voir Modeste rapidement l'avait laissé assez perplexe dans un premier temps. Il y était même plutôt réticent. Par tempérament autant que par éducation il n'était guère enclin aux confidences surtout quand elles avaient trait à sa vie familiale. Modeste Ringardet était son associé et ils avaient tous deux de vrais rapports d'amitié. Mais de là à l'appeler en quelque sorte « au secours » il y avait un pas qui s'avérait difficile à franchir. Malgré tout, il était « l'ancien », installé cinq ans avant Modeste, c'est lui qui lui avait fait la « courte échelle » à ses débuts, lui avait prodigué toutes sortes de conseils, l'avait un peu « parrainé » vis-à-vis de la clientèle... On a beau bien s'entendre, l'amour propre ça compte aussi. Et puis, il ne se sentait pas le droit de lui écourter ses vacances, question de code d'honneur tacite là aussi. Finalement, non sans peine, il parvint à dissiper toutes les objections qu'il soulevait contre la suggestion de sa fille. « Son bien être avant tout. Elle a traversé une sale épreuve, je ne sais même pas laquelle, c'est vrai, mais peu importe que mon amour-propre soit blessé et que les convenances soient négligées. Je fais ça pour elle, un point c'est tout. »

Sacré Gérard, va! Sans avoir une foi explicite, tu as eu une vraie attitude de pauvre selon l'évangile, et sans que tu aies le moins du monde conscience de t'être adressé à lui, l'Esprit saint t'a exaucé... *Heureux, vous les pauvres, le Royaume de Dieu est à vous!*

20. La parabole de l'amour du père

Après toutes ces péripéties, il va bien falloir remettre les pieds sur terre… de toute façon le berger ne va pas porter la brebis indéfiniment. Il va nécessairement à un moment ou un autre la déposer sur le sol et lui demander de le suivre par ses propres moyens… Laurence, bien consciente de la réalité des choses, poursuivait ainsi son interprétation de la parabole en se rendant le lendemain matin chez Modeste.

Sur le seuil de la maison des Ringardet elle croisa Geneviève qui se préparait à se rendre au collège. Les préventions qu'elles éprouvaient jusque-là l'une envers l'autre effleurèrent leur esprit un bref instant, mais s'estompèrent aussi vite. Sans qu'elles puissent en discerner l'origine un mouvement intérieur irrésistible les poussa à s'embrasser chaleureusement. Geneviève était pressée, il n'était donc pas question de s'attarder; mais à quoi bon se perdre en propos qui de toute façon se seraient révélés dérisoires eu égard à la joie simple et pure qui les traversait toutes deux en cet instant! Leurs regards en se croisant avaient exprimé bien au-delà des mots tout ce qu'il y avait à dire…

Modeste qui avait accompagné sur le seuil son épouse,

contrainte, elle, de se rendre à son dur labeur, n'avait pas perdu une miette de la brève scène qui venait de se dérouler. « La journée commence décidément sous d'heureux auspices, Laurence traverserait-elle à son tour une sorte d'état de grâce ? En tout cas si ce n'est pas le cas cela y ressemble fort » se dit-il. Il était un peu surpris de voir débarquer sa filleule à l'improviste. Ils n'étaient pas convenus d'un délai précis pour se rencontrer une autre fois, aussi ne s'attendait-il pas à la revoir si rapidement, surtout avec un Nouveau Testament sous le bras…

« Je n'ai pas pu résister à la tentation de te demander des explications sur les textes que tu m'as suggéré de lire hier, dussé-je te tirer du lit pour les obtenir…

– Des tentations comme celle-là ne risquent pas de te conduire en enfer, crois-moi… Quant à me tirer du lit, bien que disposant encore de trois jours de vacances, tu penses bien que j'ai bien d'autres façons de les occuper qu'à faire la grasse matinée… Alors, dis-moi, mon confrère et ami Saint Luc à l'air de t'inspirer, on dirait !

– Tiens, je ne savais pas qu'il était aussi médecin.

– Eh oui ! Il semble bien qu'il ait exercé cette profession, de nombreux indices le laissent supposer. Je pense cependant, que tu n'es pas spécialement venue me trouver ce matin pour parler de la personnalité de l'auteur du troisième évangile. Tu désirerais quelques éclaircissements, d'accord, je vais faire mon possible pour te les fournir, mais tu sais, je ne suis pas un spécialiste…

– Tu vas encore me faire le coup de la fausse modestie, Modeste – excuse-moi de jouer une fois de plus avec ton prénom – mais de toute façon tu en sais beaucoup plus que moi. Pour te mettre tout à fait à l'aise, je vais quand même d'abord essayer de te faire part de mes découvertes. »

Pas de doute, la petite Laurence reprenait du poil de la bête, comme on dit. Il la retrouvait telle qu'il la connaissait depuis toujours : juste ce qu'il fallait de malice et d'effronterie quand il s'agissait d'aborder les choses un tantinet sérieuses.

« Ah ! mais c'est très bien ça, tu te mettrais donc toi aussi à la théologie si je comprends bien. Je vous écoute cher maître… ou plutôt ma révérende mère.

– Là tu vas finir par m'intimider. Ce que j'ai à dire n'est que le fruit de mon expérience, et même, je dirais de ma petite expérience.

– Mais c'est justement ce qui est le plus important, ce la signifie que pour toi les choses de la foi ne sont plus des concepts abstraits et que tu deviens capable de faire le lien entre les mots de l'évangile et ce que tu vis.

– Oh ! Si peu…

– Vas-y, je t'écoute.

– C'est-à-dire que ce n'est pas très facile à expliquer.

– C'est normal, puisque ce qui est de l'ordre du religieux s'appuie naturellement sur l'expérience d'une relation intime.

– Intime, c'est bien le mot qui convient. La parabole de la "brebis retrouvée" me va droit au cœur. Cela va peut-être te faire sourire, mais en la lisant, j'ai tout d'un coup pris conscience que depuis ce terrible moment de désespoir qui faillit m'être fatal, j'étais comme accompagnée par quelqu'un. Et même plus qu'accompagnée, portée par ce berger qui ne craint pas d'abandonner le reste de son troupeau pour aller à la recherche de cette brebis égarée. Cette brebis égarée que j'étais… enfin, que je suis encore sûrement. Dis donc, ce berger, c'est bien Jésus, n'est-ce pas ?

– Il y a de sérieuses chances que ce soit lui, en effet.

– Donc cela veut dire que je compte pour lui. Et bien que je me sois éloignée de lui, et depuis longtemps, je serais donc aimée de lui, autant que si j'étais demeurée proche de la religion ?

– Non pas autant, mais plus, beaucoup plus que si tu t'étais contentée d'une pratique régulière mais bien pépère…

– Effectivement, c'est bien ce que semble dire la fin de la parabole quand le berger offre un festin pour se réjouir avec ses amis. Mais tu ne peux pas imaginer le sentiment de bonheur que j'ai pu éprouver en m'identifiant à cette brebis que le berger va arracher à la fin désastreuse qui l'attendait sans son intervention. Et puis quelle douceur de se sentir portée la joue contre son épaule… »

Ils restèrent un moment silencieux. En l'écoutant Modeste se remémorait le parcours qui avait été le sien, selon des modalités certes différentes, mais néanmoins convergentes. Huit ans déjà… Il se rappelait cet autre texte de Luc comme si c'était hier, le texte qui avait capté son regard, ouvert ses yeux jusque-là désespérément incrédules. Lui aussi traversait alors la crise la plus terrible de son existence, tout s'écroulait comme pour Laurence. Et puis cette découverte soudaine : se sentir appelé par son nom, reconnu pour soi-même, aimé sans préalable ni condition. Bien sûr, la situation était sensiblement différente : l'expérience qui avait été décisive pour sa foi était inséparable de cet amour humain partagé avec Geneviève depuis plus de vingt ans, alors que pour la jeune femme cette découverte survenait au décours de l'épreuve affective la plus déstabilisante qu'une femme puisse subir. Il n'était donc pas surprenant que la dimension affective soit justement au premier plan de son processus de guérison spirituelle. L'issue désastreuse de sa relation avec Sébastien avait bien évidemment laissé une plaie béante, il était tout à fait concevable que l'effet initial de sa rencontre avec le Christ soit de produire un apaisement comme l'application d'un baume sur une blessure. La connaissant, il y avait peu de risque qu'elle fantasme sur le sujet, il n'y avait guère de danger que la folie mystique menace son équilibre intérieur…

Laurence interprétait cependant son silence comme l'expression d'une certaine réserve.

« Ce que je raconte ne te paraîtrait pas un peu trop sentimental par hasard, peut-être incongru même, c'est quand même du Christ dont il s'agit ?

– Sentimental n'est pas du tout le terme qui convient, il vaudrait mieux parler d'affectivité. Oui, il y a indéniablement une dimension affective dans toute expérience de foi authentique, c'est ce que disait le père Szablowski, mon regretté directeur spirituel. Comme tout ce qui a trait à la relation entre deux personnes elle est en grande partie incommunicable, mais ce qui semble transparaître de tes propos c'est que tu as découvert combien tu étais aimée du Seigneur, quel prix inestimable tu avais aux yeux de Dieu. N'aie pas honte de ce que tu ressens en ce moment Laurence, les coups de cœur ne sont pas l'apanage des amours humaines. Tu n'es qu'au début de la route, tu verras que les émotions spirituelles seront bien souvent susceptibles d'égayer ton cheminement avec et à la suite de Jésus Christ.

– C'est agréable de t'entendre exprimer les choses de cette façon, ça me rassure ou plutôt ça me réassure, ce chemin doit être le bon. Mais ne pourrais-tu pas éclairer un peu ma lanterne à propos de la parabole de l'enfant prodigue?

– D'accord je vais essayer. Mais il est préférable de l'intituler: "parabole du fils retrouvé", comme dans la version œcuménique ou mieux encore: "parabole de l'amour du père", car c'est de cet amour du Dieu Père dont il est question avant tout dans ce passage. Tu sais, c'est un texte extraordinaire. Il a fait et il fait encore l'objet de nombreux et savants commentaires. C'est aussi un sujet traité par les peintres, et non des moindres, je pense tout particulièrement à un célèbre tableau de Rembrandt... »

Il s'interrompit une fraction de seconde. Il avait perçu un léger froncement de sourcil et comme une ombre qui passait sur le visage de Laurence quand il avait prononcé le mot « peintre ». Visiblement il y avait un représentant de cette catégorie d'artistes qu'elle n'était pas prête d'oublier. Elle était sûrement encore moins disposée à accorder son pardon à ce Ludovic... Il poursuivit:

« Je crois que chaque fois que je le relis j'y découvre quelque chose de nouveau. Bien sûr, les ruptures avec Dieu qui émaillent la vie de tout homme – de tout croyant même, car la vie du chrétien n'est pas "un long fleuve tranquille" – ne sont pas toujours aussi radicales que celle de ce jeune homme vis-à-vis de son père, mais personne n'échappe un jour ou l'autre, d'une façon ou d'une autre et forcément plusieurs fois au cours de l'existence, à cette nécessité d'un retour vers celui qui est la source de notre être : Dieu le Père. Mais peut-être conviendrait-il que tu précises ce qui te pose question dans ce récit. Je vois que tu n'as pas manqué de te munir d'un Nouveau Testament, tu commences à acquérir les bons réflexes...

– Et bien vois-tu, je trouve qu'au fond ce garçon n'a pas grand mérite à revenir chez son père une fois qu'il a claqué tout son fric et qu'il se retrouve dans une misère noire. Les exemples d'un tel comportement ne sont pas exceptionnels, tout particulièrement de nos jours.

– Je retiens le mot mérite dans ce que tu viens de dire. Il y a de toute évidence une contradiction flagrante avec la découverte de la gratuité totale du don de l'amour de Dieu pour toi à laquelle tu faisais justement allusion il y a quelques instants. En effet, la recherche comme l'accueil de la brebis égarée ne sont en aucune façon soumis à un quelconque mérite de la part de celle-ci...

– En fait j'ai surtout plus de mal à m'identifier avec ce garçon qu'avec la brebis perdue et retrouvée. Une question de comportement peut-être : ce type de rupture brutale comme l'opère ce jeune homme est assez étranger à ma pratique, une façon d'agir typiquement masculine à mes yeux ; je me sentirais nettement plus proche des ruptures progressives et sans heurts, un peu comme cet animal qui a échappé certainement discrètement à la surveillance du berger pour en quelque sorte "vivre sa vie"...

– Le résultat est pourtant le même. Dans ce chapitre quinze, que lis-tu au verset 13 ?

– *Peu de jours après, le plus jeune fils, ayant tout réalisé, partit pour un pays lointain et il dissipa son bien dans une vie de désordre.*

– "Il dissipa tout son bien dans une vie de désordre". Ce que je vais te dire maintenant va peut-être te sembler dur à avaler.

Mais si tu esquives cette question tu risques de ne pas récolter les fruits que l'authenticité de ta démarche permettrait logiquement de récolter : ne te sens-tu pas directement concernée par cette parole ? Je ne te demande pas de me fournir la réponse, c'est à toi et à toi seule que cette interrogation s'adresse. »

Laurence demeura un long moment sans mots dire. Jusque-là elle n'avait pas considéré sa situation sous cet angle-là. Et pourtant, l'interrogation qui la prenait ainsi au dépourvu pourrait bien se révéler être l'amorce de la réponse à la question qui la taraudait depuis une semaine : pourquoi, comment en suis-je arriver à passer par ça ? Il fallait évidemment prendre l'expression « dissiper tout son bien » au figuré, mais même ainsi elle ne voyait pas exactement ce que cela pouvait précisément signifier pour elle. Par contre « une vie de désordre » lui paraissait – même si elle la trouvait très exagérée – une expression pas vraiment incongrue pour désigner le style de vie qui avait été le sien depuis quelques années. Cette espèce de retour sur soi-même vers lequel elle se sentait poussée à s'engager désormais était certes désagréable, mais le sentiment d'être soutenue et accompagnée par cette force présente au plus intime de son être le rendait tout à fait tolérable et l'incitait à aller plus avant.

« Je ne te fais pas de leçon de morale, tu le sais bien, ne put s'empêcher d'ajouter Modeste, que le long silence de sa filleule rendait perplexe.

– Je ne le prends pas du tout comme ça, sois tranquille. Mais moi qui désirais aller au fond des choses, je crois que je vais être servie… Ce qui est curieux, c'est que je me sens poussée à pratiquer une sérieuse autocritique, une révision assez radicale de ma façon de mener ma vie et que ça ne me fasse guère souffrir. Jamais je n'aurais pu imaginer que ce soit si aisé de se remettre aussi profondément en question.

– Tout simplement parce que tu te sens aimée de Dieu. Ce

n'est pas toi qui l'aimes en premier, tu sais très bien que tu n'en aurais ni le pouvoir ni la force. Mais cette certitude qui t'habite depuis hier selon laquelle c'est Jésus qui est venu te chercher, qui te porte et te conduit te permet d'accepter plus facilement une remise en cause, laquelle te serait apparue insupportable il y a peu. Tu as donc du pain sur la planche, car évidemment c'est à toi d'essayer d'y voir un peu plus clair dans ce domaine qui est naturellement très intime et qui ne me regarde pas. Mais, en attendant que soit accompli ce travail, dis-moi à ton avis, où ce berger t'invite-t-il à diriger tes pas ou plutôt vers qui, à ton avis ?

– Si je comprends bien, c'est vers Dieu le Père. Mais tu sais ce personnage me fait un peu peur. Il me paraît si lointain, si distant. Jésus-Christ, lui c'est différent, on n'a pas besoin d'être croyant pour ressentir de la sympathie et même de l'affection pour lui ; et depuis hier, comme je te l'ai dit, je le sens tellement proche de moi, c'est comme si je m'appuyais sur lui…

– Mais pourtant, tu viens d'associer le mot "père" au nom de Dieu. C'est peut-être tout simplement une réminiscence du catéchisme, mais remarque bien que c'est toujours en l'appelant "Père" que Jésus nous parle de Dieu dans l'Évangile. Ce n'est sûrement pas par hasard que Jésus, lorsqu'il veut nous apprendre quelque chose à propos de Dieu, le désigne avant tout comme un père. Il est vrai que pour certaines personnes cette image paternelle peut renvoyer à des expériences particulièrement douloureuses – inceste, alcoolisme, violence, etc. – mais ce n'est pas ton cas. Je crois même, que dans ce domaine tu as plutôt été gâtée, non ? »

Une larme perla aux yeux de Laurence qu'elle essuya furtivement.

« Alors, Dieu serait vraiment comme un père ?

– Oui. Et quel père ! Regarde de près le verset 20. Qu'y lis-tu ?

– *Il alla vers son père.*

Comme il était encore loin, son père l'aperçut et fut pris de pitié :
Il courut se jeter à son cou et le couvrit de baisers.

– Comme tu peux le noter, à la démarche de retour du fils correspond une générosité démesurée de la part du père.

– Il est extrêmement content de le revoir d'accord, mais ça me paraît tout à fait normal dans ces circonstances.

– Eh bien, regarde d'un peu plus près le récit, tous les termes sont importants ! Essaye aussi de le replacer dans le cadre du lieu et de l'époque, ce qu'il convient toujours de faire quand on lit la Bible. Ne crois-tu pas que l'apercevoir quand il est encore loin signifie de la part de ce père autre chose qu'une attitude d'attente anxieuse du retour de son fils, lequel fils est parti quand même en claquant la porte ? Et puis sa tendresse de père ne s'arrête pas là : imagine un vieux père juif, propriétaire terrien de surcroît – donc un notable –, se mettre à courir et se jeter au cou d'un fils qui l'avait quasiment renié, au point de lui réclamer sa part d'héritage, ce qui fait suite normalement au décès de l'intéressé... Ne dirait-on pas de nos jours, où l'on est pourtant beaucoup moins exigeant en matière de marques extérieures de respect, qu'il ne craint pas de mettre son amour-propre dans sa poche, ce père-là ? Voilà l'image de Dieu que Jésus veut nous transmettre en le nommant son Père et notre Père.

– Effectivement, je n'avais pas vu les choses comme ça.

– Mais ça n'est pas tout. Lis donc un peu la suite s'il te plaît.

– *Le fils lui dit : "Père, j'ai péché contre le ciel et contre toi. Je ne mérite plus d'être appelé ton fils..."*

– Tiens, il utilise lui aussi le mot mérite, tu vas voir un peu ce qu'il en fait de ces fameux mérites auxquels tu faisais allusion tout à l'heure, ce père-là...

– *Mais le père dit à ses serviteurs : "Vite, apportez la plus belle robe, et habillez-le ; mettez-lui un anneau au doigt, des sandales aux pieds. Amenez le veau gras, tuez-le, mangeons et festoyons, car mon fils que voici était mort et il est revenu à la vie, il était perdu et il est retrouvé." Et ils se mirent à festoyer.* *

---

* Luc 15, 18-24.

– Ce père, c'est donc une image de Dieu qui non seulement accueille sans condition le pécheur mais aussi le restaure immédiatement dans sa dignité de fils. C'est ce que symbolise la remise de la robe de fête, de la bague qui est le signe d'un certain pouvoir et des sandales : un luxe réservé aux seuls hommes libres. Quant au festin où l'on tue le veau gras, c'est le témoin de ce que le père considère le retour de son fils comme un événement exceptionnel qu'il convient de faire connaître à l'entour. Tu auras remarqué au passage que, comme dans la parabole de la brebis retrouvée et celle de la pièce retrouvée, l'histoire se termine joyeusement par un festin...

– Tu sais, hier soir, nous avons fait aussi un peu la fête à la maison, j'étais tellement contente de ce qu'avec Papa, Maman et Thierry nous nous retrouvions comme avant. Oui, c'est bien le mot "retrouvé" qui sonne le plus juste dans ces circonstances. Mais dis-moi, tu ne m'as pas parlé du fils aîné, l'histoire ne se termine pas avec le festin me semble-t-il ?

– Certainement, d'ailleurs l'échange entre le père et son fils qui est demeuré fidèlement à la maison est une réponse au prétexte même de l'énoncé de ces paraboles. En effet, si tu regardes le commencement du chapitre, tu verras que Jésus délivre cet enseignement à l'occasion d'une controverse avec les scribes et les pharisiens à propos de l'accueil qu'il réserve aux pécheurs...

– Ah ! les pharisiens, ce sont des gens assez hypocrites je crois...

– Non ! ils ne sont pas plus hypocrites que toi et moi. Ils ont seulement du mal à comprendre que la radicale nouveauté de l'enseignement de Jésus n'est pas autre chose que la révélation décisive de l'être et de l'agir de Dieu, de ce Dieu auquel pourtant ils s'efforcent d'être fidèles de toute leur âme. Les façons de faire de Jésus les déconcertent complètement et donc elles suscitent réserves et critiques de leur part. C'est pour cela que le comportement du fils aîné les vise directement. L'attitude du père est une sorte d'exemple qui leur est proposé. Elle n'est pas autre chose qu'une incitation à agir comme lui vis à vis des pécheurs qui retrouvent le chemin qui mène à Dieu. C'est ainsi qu'ils deviendront de vrais fils, des fils dignes de leur Père. Mais je pense que ce n'est pas actuellement ton problème. Par contre, ce qui est particulièrement réjouissant c'est que dans le Royaume de Dieu, ceux ou celles qui sont suffisamment pauvres pour se reconnaître pécheur ont non seulement droit aux mêmes égards que ceux qui sont restés fidèles, mais qu'ils ou elles sont la joie même de Dieu... *Heureux, vous les pauvres : le Royaume de Dieu est à vous !* »

21. Le septième péché capital

Au cours de l'après-midi qui suivit, Modeste réfléchissait sur le contenu de leurs conversations. D'un côté, il ne pouvait que se féliciter de la tournure que semblait prendre le cours des événements : il y avait tout lieu de croire que Laurence vivait effectivement une expérience de foi décisive. Cela le réjouissait bien évidemment, mais cela n'allait pas sans lui poser quelques questions ni aussi sans raviver des souvenirs qui n'étaient pas si lointains.

En écoutant sa filleule, il s'était retrouvé huit ans en arrière : pas de doute, à sa manière, elle suivait un chemin qui ressemblait étrangement au sien. À une seule différence, mais de taille : il avait eu la chance de rencontrer en la personne du père Szablowski quelqu'un qui l'avait guidé et soutenu dans ses premiers pas de jeune converti et qui ensuite l'avait aiguillé sur de bonnes pistes. La chance ! C'est le terme dont il usait quand il lui arrivait d'évoquer son parcours avec d'autres, croyants ou non d'ailleurs. Une sorte de pudeur le poussait à ne pas désigner « l'œuvre de la Providence » en cette matière, alors qu'il n'y avait pour lui aucun doute : c'était bien le doigt de Dieu qui était derrière tout cela. Une sorte de pudeur, mais aussi une manière de prudence. La même prudence qui dans l'affaire qui l'occupait actuellement le conduisait à se dire qu'il serait sage, à un moment ou à un autre, de passer un peu la main. Mais trouver pour Laurence, aujourd'hui, un guide spirituel susceptible à la fois de manifester suffisamment d'ouverture et suffisamment de fermeté tout en étant adapté à son âge et à sa personnalité n'était sûrement pas chose facile. Et puis, encore faudrait-il qu'il lui convienne... Mais en y réfléchissant bien, au fond rien ne pressait. De toutes façons, ce n'est pas lui, Modeste, qui était venu la chercher, c'est bien elle qui avait fait appel à lui, donc, patience et confiance, il était préférable de ne rien brusquer pour l'instant. La suite lui montrerait que la Providence veillait effectivement...

Il dissipa tout son bien dans une vie de désordre... Chacun de son côté, le parrain et sa filleule, méditait sur ce verset, dans des perspectives différentes, il est vrai. Pour l'une il s'agissait de poursuivre une quête de vérité, une quête de vérité sur un passé récent qu'elle avait entreprise depuis une semaine. Pour l'autre c'était l'occasion d'un retour sur un cheminement beaucoup plus ancien, un cheminement qui avait indéniablement porté des fruits. Quoiqu'il s'en défendît, le rôle de « mentor spirituel » qu'il jouait pour Laurence en fournissait la preuve irréfutable. Sa première rencontre avec ce passage, il se la rappelait comme si c'était hier...

Après que le père Szablowzki lui eût suggéré de lire le chapitre quinze de l'Évangile de Luc, à quelques semaines de sa sortie de l'hôpital, il n'avait pas – exactement comme Laurence – ressenti le besoin de s'appesantir sur ce verset. C'est le vieux prêtre qui lui fit remarquer qu'il y avait là certainement matière à réflexion. À la différence de la jeune femme, il avait eu une réaction franchement négative, voire hostile quand il avait prêté attention au mot « désordre ».

« Voilà les vieilles rengaines moralisatrices, les pesanteurs légalistes de la religion chrétienne en général et de l'Église catholique en particulier qui reviennent sur le tapis, lança-t-il à son interlocuteur. »

Lequel était resté impassible, s'attendant visiblement à une répartie de ce style. D'ailleurs, l'inhabituelle violence de ton adoptée par Modeste témoignait à ses yeux de ce qu'il avait visé juste. Comme beaucoup de ceux qui sont éloignés de la foi, à l'époque, c'est l'aspect répressif ou rétrograde qui prédominait dans l'idée que le docteur Ringardet se faisait de cet univers dont il avait été si longtemps étranger. Même s'il se sentait maintenant proche du Christ, les dogmes comme les règles de comportement enseignés par l'Église le laissaient assez perplexes.

« C'est le mot "désordre" qui vous gêne, n'est-ce pas ? Derrière mes propos vous décelez probablement, comme nombre de nos contemporains, je ne sais quelle menace d'un "retour à l'ordre moral". Mais, dites-moi, comment qualifieriez-vous ce tabagisme tout à fait excessif qui vous a conduit, il n'y a pas si longtemps, sur un lit d'hôpital ? N'était-ce pas une conduite tout à fait "désordonnée" ?

– Oui, bien sûr, si vous employez le mot « désordre » dans ce sens-là.

– Alors, ce qu'il conviendrait peut-être d'opérer maintenant, c'est une réflexion sur ce qui vous a conduit à en arriver là. Car vous n'en êtes pas arrivés à ce stade en un jour. Vous m'avez dit vous-même que vous n'étiez pas dupe des explications d'ordre psychosociologique qui, rapporteraient quasi exclusivement à des causes extérieures l'état de dépendance au tabac dans lequel vous étiez tombé. Et, il me semble bien que vous ayez, de vous-mêmes, ramené la cause de votre aliénation tabagique et surtout de sa persistance à une sorte de laisser-aller spirituel. C'est du moins ainsi que l'on peut qualifier ce refus d'accueillir cette foi dont témoignait à vos côtés votre épouse, laquelle foi ne manquait pas de vous interpeller, comme on dit. Alors, "laisser-aller" ou "désordre" n'est-ce pas la même chose ? »

Modeste, un peu abasourdi par la pertinence du propos, ne savait que répondre. Le vieux prêtre respecta longtemps son silence, puis finit par ajouter :

« Votre situation n'est pas du tout exceptionnelle vous savez, tout particulièrement en Occident. Je ne parle pas du tabac. Je ne me hasarderais pas à du tout à établir pour la plupart des gros fumeurs un lien aussi évident que chez vous entre aliénation tabagique et régression spirituelle.

– Régression spirituelle, dîtes donc, vous n'y allez pas de main morte !

– Écoutez, je vais vous faire une confidence, mais comme vous êtes médecin et que vous m'êtes très sympathique, c'est plutôt de "SIDA spirituel" que j'ai envie de parler. Notez bien que je n'emploie cette expression qu'avec vous, parce que je pense que vous êtes assez fort pour la supporter et assez averti pour en pénétrer le sens. »

Modeste s'était recroquevillé sur sa chaise, retenant sa respiration en attendant la suite, se demandant tout d'un coup ce qu'il faisait dans ce bureau aux murs recouverts d'une tapisserie défraîchie et dont l'occupant actuel ne devait consacrer guère de temps aux activités de rangement… « Il ferait bien, lui aussi, de balayer devant sa porte, pensa-t-il en lorgnant l'amoncellement de papiers en vrac sur la table et le fouillis de livres sur les étagères, question désordre, il à l'air de s'y entendre passablement… Il ne va quand même pas me faire le coup du SIDA perçu comme une punition divine, ou alors, ça voudrait dire qu'avec lui je me suis complètement fourvoyé, se disait-il tout en dévisageant son interlocuteur ». Le père Szablowski paraissait certes bien son âge. Son front bombé et largement dégarni semblait s'engouffrer brusquement derrière un taillis de sourcils d'une couleur indéfinissable, épais et broussailleux. Derrière des lunettes demi-lune ses yeux pétillaient de malice, mais son regard resplendissait de sa bienveillance coutumière. Un discret mouvement de ses lèvres creusait légèrement ses joues décharnées, il n'en paraissait que plus affable. Non, ce n'était pas possible, il n'avait pas un représentant de l'Inquisition devant lui, mais où voulait-il donc en venir ?

« Il me semble bien, docteur – il insista comme toujours fortement sur le titre –, mais reprenez-moi si je dis des bêtises, que par définition cette affreuse maladie résulte d'un effondrement des défenses de l'organisme vis-à-vis d'agents infectieux, contre lesquels dans des circonstances normales il est tout à fait capable de réagir efficacement.

– Exact.

– C'est un peu comme si insouciant du danger qui le menace, le soldat désabusé ou trop confiant baissait sa garde et se laissait surprendre par un ennemi insidieux, déterminé et sans pitié.

– On pourrait, en effet, présenter les choses comme cela.

– Transposez les choses sur le plan spirituel et vous comprendrez comment une certaine vulnérabilité face au mal et au péché peut s'installer subrepticement chez nombre de nos contemporains. Vous avez déjà entendu parler des sept péchés capitaux, n'est-ce pas ? Vous vous souvenez de nos premières rencontres, à propos du péché originel ? Eh bien, ces sept péchés capitaux ne sont pas autre chose que le déploiement de cette propension à la convoitise et à la domination qui nous habite tous ! Le sens des six premiers est assez facilement perçu, on se représente aisément ce que recouvrent les termes d'avarice, de colère, d'envie, de gourmandise, de luxure, et d'orgueil. Par contre le septième fait difficulté. Le terme exact n'est pas usité en français courant, il s'agit de "l'acédie". Le mot paresse que l'on utilise généralement à sa place est très loin de donner une idée de la réalité à laquelle il renvoie. On pourrait dire qu'il désigne un laisser-aller spirituel, qui affaiblit à la fois vigilance et volonté et rend vulnérable aux influences extérieures néfastes. Sa manifestation est donc assez protéiforme, ce qui le rend difficile à cerner et à contrecarrer. Vous concevrez donc aisément que l'analogie avec le virus du SIDA lui convient assez bien...

– Je ne vous suis qu'à moitié, pourriez-vous préciser un peu la raison pour laquelle cette tentation concernerait plus spécialement nos contemporains occidentaux plutôt que les générations qui nous ont précédés ou les habitants des autres régions du globe ? »

Le père Szablowzski marqua une longue pause avant de développer sa réponse. Modeste comprit peu après qu'il n'avait pas occupé ce long temps de silence à fourbir des arguments mais plutôt à se concentrer et peut-être même à prier pour la rendre le plus intelligible possible. En fait, sa question offrait au vieux prêtre l'occasion d'exprimer un condensé de son point de vue sur la situation de la chrétienté en Europe de l'Ouest en cette fin du vingtième siècle. Il est vrai que sa condition d'immigré issu de ce que, pour très peu de temps encore, on nommait – bien qu'il vacillât sérieusement – le bloc communiste, lui offrait une position d'observateur privilégié. Il avait aussi subi l'occupation allemande au quotidien et survécu à la captivité. Aussi, est-ce peu dire que son existence avait été marquée par l'expérience de la servitude, de la détresse et de l'oppression... La souffrance, l'injustice, la persécution et même la barbarie, lui savait, et dans sa chair, ce que ces mots pouvaient signifier. La moitié de sa famille avait disparu au cours du deuxième conflit mondial. Leur appartenance catholique hautement revendiquée par ses deux frères restés en Pologne leur avait coûté très cher en matière d'avancement professionnel et de statut social, alors que leurs capacités intellectuelles étaient au moins égales aux siennes. Sans compter la pauvreté générée par un système économique stérile... Tout cela lui offrait le recul nécessaire pour juger plus sainement des choses que certains de ses confrères un peu trop facilement révoltés par les excès de la société de consommation occidentale... Lui, il l'avait connu la pénurie, la vraie, alors ce n'est pas le spectacle des supermarchés regorgeant de marchandises à la disposition de la très grande majorité des habitants de son pays d'adoption qui pouvait le scandaliser.

Non, c'était plutôt la constatation amère de voir ces populations se soumettre allégrement à ces richesses au lieu d'essayer d'en maîtriser l'acquisition. D'autres rendaient la séduction opérée par l'argent et les richesses responsable de tous les maux, lui s'intéressait plutôt aux raisons qui pouvaient expliquer l'absence de résistance vis-à-vis de ces tentations qui caractérisait ce qu'on appelait encore le « monde libre ».

« Je pense qu'en Europe occidentale, et en France en particulier, la déchristianisation rampante est à l'origine de bien des misères morales, physiques et économiques. On a beau jeu d'incriminer l'héritage d'une présentation de la religion soit disant archaïque et culpabilisante comme étant à l'origine du rejet de la foi par vos compatriotes – il avait dit "vos compatriotes", alors qu'il avait acquis la nationalité française depuis plus de trente ans, signe qu'il gardait toujours une certaine distance vis-à-vis de son pays d'accueil – non, c'est l'affadissement de convictions pourtant enracinées dans des siècles de chrétienté qui en est la cause majeure. Si au moins il s'agissait d'un refus radical et lucidement assumé, il y aurait moindre mal. Quand l'erreur est franche et consciente elle est, ultérieurement, plus facilement reconnue. Non, on s'éloigne progressivement, comme sur la pointe des pieds. La régularité de la participation au sacrement eucharistique est la première affectée, les bonnes raisons pleuvent : on n'a pas le temps, le week-end c'est pour le ménage pour les courses que l'on n'a pu faire en semaine… Ah ! Les courses quel mot bien adapté : courir, toujours courir, ce pays, il n'est pas le seul malheureusement, c'est bien "le Pays du Courir", et quand est-ce qu'on prend un moment ne serait-ce que pour penser, je n'ose pas dire prier ?…

– Ne croyez-vous pas que vous idéalisez un peu trop le passé en matière de pratique religieuse. Celle-ci était sûrement beaucoup plus fréquente et régulière, mais n'était-ce sous le coup d'un certain formalisme que l'on a fort heureusement dépassé aujourd'hui ?

– Certes, et vous devriez aussi m'objecter que cette pratique intéressait surtout les femmes. J'ai d'ailleurs cru comprendre que c'était précisément le cas de votre propre famille. Mais vous savez aussi bien que, comme le rappelle saint Paul, "le mari est sanctifié par sa femme et la femme par son mari"*, et observez combien il est fréquent au sein des vieux couples que les hommes finissent par accompagner leurs épouses à la messe. Sur le tard de leur existence commune, dans ce creuset de leur amour, le travail de la grâce a produit ses fruits : ceux d'une vie de fidélité à la foi pour l'une et ceux de tendresse, de dévouement et de respect qu'elle inspirait pour l'autre. »

Modeste était subjugué par la clairvoyance du prêtre : les choses s'étaient déroulées exactement comme cela pour ses parents. Son père, décédé il y avait à peine deux ans, avait effectivement retrouvé ou plutôt découvert le chemin de l'église sur la fin de sa vie. Il était parti muni du sacrement des malades – appelé souvent à tort dernier sacrement –, les deux fils de Louis Ringardet n'y avaient vu alors que l'apport d'un certain réconfort, utile donc, mais sans grande signification à leurs yeux.

« Voyez-vous, ce qui est vraiment très grave à l'époque actuelle, c'est cette désaffection des femmes, plus précisément des épouses et des mères, vis-à-vis de la foi. Les femmes ne sont ni plus ni moins saintes que les hommes, mais leur rôle est déterminant dans le lent travail de structuration de l'intériorité des membres du foyer. C'est tout particulièrement vrai dans le domaine spirituel. La désaffection à l'égard de tout ce qui nourrit la vie spirituelle : prière individuelle ou familiale, vie sacramentelle, participation aux rassemblements religieux engendre tout naturellement une perméabilité excessive vis-à-vis des influences, des séductions extérieures. Une perméabilité excessive car opérée sans l'aide du discernement que donne justement une vie intérieure

* 1re Épître aux Corinthiens 7, 14.

nourrie et équilibrée. Autrement dit une baisse significative des défenses vis-à-vis de ce qui peut nuire gravement à l'équilibre spirituel dans un premier temps, puis psychoaffectif dans un deuxième, c'est pour cela que je parle de "SIDA spirituel".

– Ce que vous dites là me paraît assez pertinent. Je constate tous les jours les dégâts qu'occasionne l'effondrement des repères qui ont aidé les générations précédentes à se structurer. Ce sont d'ailleurs les femmes et les jeunes qui payent à cet égard le plus lourd tribut. Mais ne conviendrait-il pas alors de s'interroger sur la fragilité ou l'inadéquation à notre monde de certaines valeurs transmises jusque-là ?

– Il est vrai qu'un dépoussiérage de nos repères est toujours utile voire franchement nécessaire à certaines époques. Mais comme le dit toujours saint Paul : "il ne faut pas jeter le bébé avec l'eau du bain". Une saine critique est source de régénération et de fécondité, le soupçon systématique est par contre dévastateur. Il est d'autant plus dévastateur qu'il se pare des habits d'un pseudo esprit scientifique et d'une morale soustraite de son enracinement spirituel…

– La morale, c'est ce qui reste quand on a tout oublié de la foi… Vous voyez : j'ai bien retenu vos leçons… Quant aux dévergondages de la pensée scientifique je ne serais pas surpris que vous fassiez allusion à Sigismond Lajoi, puisque c'est ainsi que vous nommez les déviations de l'œuvre du père de la psychanalyse… »

Son interlocuteur n'appréciait qu'à demi de constater que le fil de son argumentation puisse être ainsi deviné. D'un autre côté il ne pouvait que se réjouir de la rapidité avec laquelle « son élève » assimilait ses enseignements et semblait adhérer à la philosophie qui les nourrissait.

« Fort juste, et cela mérite que l'on s'y arrête un peu. Il est certain que la régression spirituelle à laquelle nous assistons n'est pas due au seul affadissement de la pratique religieuse. Ou plutôt, d'autres facteurs conjuguent leurs effets pernicieux pour la favoriser. L'une des conséquences d'une vulgarisation superficielle de la pensée freudienne est une surestimation de la responsabilité de l'instinct et des pulsions qui nous habitent dans la genèse de nos comportements. Plus précisément, c'est méconnaître que ces forces ont besoin d'être correctement orientées pour produire les fruits auxquels les destine leur nature. Les pulsions sexuelles sont fondamentalement ordonnées selon un mouvement d'amour qui conduit hors de soi-même. Lorsque l'aiguille de la boussole perd de son aimantation elle devient folle. Ainsi, lorsque les pulsions instinctuelles se soumettent à la convoitise et à la domination c'est comme si elles s'affolaient et perdaient leur axe directeur. Elles ne sont pas en elles-mêmes porteuses de sens. Elles ont besoin pour s'épanouir d'être situées dans un champ de forces qui risque fort de passer pour contraignant. Un mot insupportable pour nombre de nos contemporains. De sorte que les divers processus d'encadrement psychologiques et tout spécialement éducatifs peuvent aisément être perçus comme autant d'obstacles à l'épanouissement d'une liberté mal comprise...

– Par un refus d'intégrer la notion de limite constitutive la liberté, je suppose ?

– Exactement. Si la psychanalyse permet effectivement et heureusement de démasquer les comportements névrotiques qui se cachent derrière des attitudes morales ou religieuses particulièrement rigides, en revanche, jamais son fondateur ne remet en cause la nécessité d'instituer des règles et de fixer des barrières pour canaliser nos énergies instinctuelles. Freud n'est en rien un immoraliste. Par contre s'il dissèque de façon géniale les mécanismes de l'inconscient il n'en demeure pas moins qu'il se situe dans la mouvance de l'athéisme scientolâtre assez représentatif, quoique non exclusif, de l'attitude des chercheurs de ces deux derniers siècles. Pardonnez-moi cet affreux néologisme mais je ne suis pas loin de penser que la position de nombreux savants face à la science n'est pas très éloignée de l'idolâtrie. Certes leur lent et patient travail d'élucidation aboutit à une meilleure compréhension des mécanismes physico-chimiques ou psychologiques et permet souvent de parvenir à leur maîtrise ou au moins à leur régulation. Mais cela ne résout en aucune façon la question des tenants et des aboutissants de notre histoire personnelle et par-là celle de nos origines et de notre finalité ultime. La fascination que peuvent exercer l'objet et la démarche scientifique s'apparente étroitement à la convoitise et à la domination. C'est la tentation du scientifique que de s'enfermer dans une démarche de possession des connaissances et de refuser ou d'esquiver ce qui interroge ou ouvre sur un au-delà de nos perceptions objectives. Ainsi, s'il n'a jamais caché ses origines juives, Sigmund Freud a quand même oublié qu'il était un descendant d'Abraham. La persécution nazie qui lui a dramatiquement rappelé cette prodigieuse filiation fut-elle pour lui l'occasion de prendre un peu conscience de son appartenance à un peuple bâti sur un Appel et de ce fabuleux héritage qui le rend dépositaire d'une Parole elle-même grosse d'un Projet de Salut ? On ne peut le savoir. De même nul ne saura comment il aura, sous cet angle, conclu sa destinée, et cela ne regarde que lui. C'est dommage, mais je trouve qu'il manque un certain souffle à l'œuvre de Freud, d'ailleurs le fait qu'il n'ait apparemment pas cherché à se libérer lui-même de l'aliénation tabagique témoigne à mon avis d'un certain enfermement... »

Il s'interrompit soudainement, craignant d'avoir commis une gaffe face un interlocuteur qui avait été, il n'y a pas si longtemps, soumis à la même dépendance. Modeste le mis rapidement à l'aise :

« Ne vous inquiétez pas, j'ai pleinement conscience, et depuis longtemps, de la connotation régressive qui est liée à la consommation tabagique excessive.

– Excusez-moi, j'aurais quand même dû présenter les choses autrement. Mais, pour en revenir à notre sujet, il me semble bien que le freudisme suggère que la construction de notre personne se réduise à un jeu de causes subies par nous-mêmes. D'où une atmosphère qui exclue qu'un "au-delà de soi-même", un appel, puisse modifier le court fatal des choses en les réorientant en fonction d'une réalité supérieure. Le retour sur notre lointain passé est certes utile, parfois indispensable, mais il ne saurait combler notre quête de sens. Ainsi, de par son renom et l'autorité incontestable de ses travaux, il n'est pas étranger à l'adhésion de nombre de nos contemporains à une conception de la morale et des mœurs fermée sur elle-même.

– Vous pourriez précisez votre pensée ? J'ai du mal à en suivre le cheminement.

– Volontiers. Il est certain que l'angle sous lequel j'aborde ces choses-là est assez déroutant car il fait intervenir le domaine spirituel là où on ne l'attend guère. Prenons par exemple la question des méthodes contraceptives modernes. Il n'y a pas besoin d'être un psychanalyste patenté pour s'apercevoir que la sexualité humaine est l'expression de forces puissantes qui puisent leur énergie au tréfonds de nous-mêmes. Dans un univers considéré comme clos sur lui-même, la maîtrise de ces forces n'est effectivement pas chose qui va forcément de soi. Différer l'assouvissement de ses désirs dans ce domaine peut paraître une chose difficile, et le motif que l'on retient souvent est celui du refus de l'éventualité d'une grossesse. À partir du moment où il existe des moyens contraceptifs efficaces la question risque de se réduire à un problème technique. Mais c'est oublier que la sexualité humaine est aussi le lieu de la rencontre de deux personnes, et le lieu le plus intime qui soit. C'est-à-dire qu'elle est le lieu où la propension à la convoitise et la domination qui nous habite tous est susceptible de perturber gravement l'équilibre relationnel entre ces deux personnes. Mais, a contrario, lorsqu'elles sont correctement intégrées dans la relation amoureuse, ces pulsions, ces forces qui sont les forces mêmes de la vie, concourent à son meilleur épanouissement. L'usage inconsidéré des méthodes contraceptives risque donc de réduire le sens de la relation sexuelle à une forme de consommation et sa portée à la recherche d'une autosatisfaction. Exactement l'inverse de ce qu'a voulu le Créateur, puisque l'amour humain est l'expérience décisive qui, en nous invitant à nous déposséder dans l'accueil de l'autre différent par le sexe, nous conduit à nous ouvrir à la présence de Dieu, le Tout Autre. »

En l'écoutant, Modeste se retrouvait plongé vingt ans en arrière. Il se rappelait la fermeté dont avait preuve Geneviève quand il tentait quelque approche pour justement assouvir ses propres désirs. Il n'avait pu, par la suite, que se féliciter de la sagesse de sa fiancée. De sa sagesse à tous les sens du terme…

« Vous savez, si on s'efforce de se situer au moment des grands choix de l'existence sous le regard de Dieu, la maîtrise de ces forces puissantes et obscures devient chose beaucoup plus aisée qu'on ne l'imagine lorsque l'on est extérieur à la foi. Quand je dis « forces obscures », je ne veux pas dire maléfiques, mais tout simplement difficiles à cerner et à raisonner. La sexualité est une bonne chose en soi, c'est l'usage que l'on peut en faire sous l'empire de la convoitise et de la domination qui peut la rendre perverse. Quand on se place en vérité sous le regard de Dieu, quand on se sait aimé de Lui, ce qui paraît surhumain devient chose bien plus facile à réaliser.

– Mon père, vous prêchez en terrain converti. Bien avant d'avoir la foi, j'ai été contraint de reconnaître que cette invitation à la maîtrise de soi dans l'intimité, ce chemin sur lequel mon épouse m'a entraîné, n'a pas été pour peu dans la réussite de notre vie conjugale. J'avais déjà subodoré que sa foi était à l'origine de sa détermination, maintenant je comprends mieux pourquoi. Mais voyez-vous, ce qui m'inquiète aujourd'hui pour nos enfants, c'est que ces repères risquent de paraître bien désuets, voire caducs. C'est la faute à Sigismond Lajoi ?

– Ne lui mettons pas tout sur le dos s'il vous plaît ! Mais pour ce qui concerne les jeunes aujourd'hui, et tout spécialement vos enfants, rien n'est perdu. Ils peuvent fort bien, vu l'ambiance générale et l'importance de l'impact des médias sur ces sujets, ne pas suivre le même chemin que vous-mêmes et votre épouse avez parcouru. La grâce de Dieu peut agir selon d'autres moyens, ce qui importe c'est qu'ils aient, eux, bénéficié de repères solides. S'il leur arrive de s'égarer quelque peu, vous demeurerez de toute façon le point fixe sur lequel ils pourront toujours compter et s'appuyer. Et puis même s'ils se perdent vraiment, le Bon Pasteur est là pour aller à leur recherche… »

Le souvenir de la fin de cette conversation le ramenait ainsi à la réalité présente. Isabelle était encore un peu jeune pour être directement concernée par ces questions, mais pour Thomas ce ne saurait tarder et Jérôme venait d'avoir vingt et un ans… Par contre, ce que Laurence venait de vivre illustrait parfaitement les propos du vieux prêtre, mais ce qui lui échappait c'était la compréhension du processus de désordre qui avait conduit sa filleule à ce drame, surtout à son point de départ. Pour lui-même, c'était clair. Il y avait eu deux étapes. Tout d'abord l'éloignement progressif de la foi consécutif à l'absence de pratique, malgré la présence d'une mère très pieuse, au fond une situation extrêmement fréquente, banale même. Ce qui l'était moins, ensuite, c'est le laisser-aller dans un tabagisme dément pour fuir le questionnement spirituel que suscitait non pas la simple présence, mais le partage de son existence avec Geneviève. Dans son cas comme dans celui de Laurence l'issue avait failli être fatale. Il en déduisait naturellement que le « désordre » causal devait être également sérieux. Mais il s'interdisait d'aller plus avant dans ses interrogations. Comme il le lui avait dit, ce qui l'avait conduit là devait être de nature intime, de nature sûrement trop intime pour devoir être forcément divulgué, même à lui, qui avait déjà accueilli beaucoup de ses confidences. Cependant, il avait le sentiment de l'avoir un peu abandonnée en la laissant seule, livrée à ses propres réflexions, alors que son expérience spirituelle était toute neuve et peut-être encore bien fragile. Il avait bien tort.

En effet, de son côté, Laurence toute remplie de la joie d'avoir rencontré Jésus comme une personne vivante voyait les choses d'une manière bien différente. C'est vrai que le mot « désordre » l'avait un peu choquée au départ. Mais qu'importe ! Il fallait faire le ménage, et bien d'accord, elle le ferait. Du moment qu'elle se savait aimée de Lui, elle n'avait rien à craindre de fâcheux. Il saurait bien l'aider à y voir clair, à tout comprendre et Il lui obtiendrait bien le pardon. Tout était limpide, tout était simple. Oui, depuis l'âge de seize ans elle avait accepté de suivre sans résistance ce penchant qui l'attirait vers les garçons. Quoi de plus naturel au fond ? Oui, mais l'expérience qu'elle avait vécue ces derniers temps lui révélait clairement qu'il y avait des limites à ne pas franchir et que ces limites elle les avait franchies allégrement. Allégrement ? Pas temps que ça. Quand elle se remémorait aussi bien sa première expérience sexuelle que ce qui s'était passé avec Sébastien, elle percevait qu'elle n'était pas tant habitée alors par la passion amoureuse que par un sentiment d'avidité. Les notions de convoitise et de domination ne faisaient pas partie de ses représentations mentales, mais c'est bien de cela qu'il s'agissait.

« Curiosité, désir de dépasser les normes bourgeoises, envie d'un enfant pour soi-même ou pour forcer le destin, refuser cette petite vie qui éclosait en moi, c'est vrai que le mot désordre convient bien pour résumer ma conduite, se disait-elle. Mais aujourd'hui, soutenue et accompagnée par Jésus, je reviens moi aussi vers le Père. Il m'accueille à bras ouverts. Je le sais, c'est bien ce qui s'est passé par l'intermédiaire de mes parents de mon frère, de Modeste et même de Geneviève. Jamais je n'aurais pu imaginer que ce Dieu dont je me suis éloignée après le catéchisme puisse m'ouvrir ses bras comme il l'a déjà fait à travers tous ceux qui m'aiment. Jamais je n'aurais pu imaginer que l'on pouvait se sentir aussi bien quand on a reconnu ses fautes. Comment a-t-il exprimé cela, Modeste, déjà ? Ah ! Oui, il a parlé de pauvreté. Jamais je n'aurais pu imaginer que ce soit si bon, si doux de se reconnaître comme pauvre devant Dieu ! Et puis, comment a-t-il conclu déjà ? Ah ! Oui : *Heureux, vous les pauvres, le Royaume de Dieu est à vous !* »

22. Le mariage de Géraldine

Le lundi suivant Laurence reprit normalement son travail à la clinique. Comme ses absences étaient plutôt inhabituelles, la direction ne lui fit aucune remarque désobligeante. Le diagnostic d'infection urinaire sévère parut satisfaire la curiosité de ses collègues et la vie reprit son cours normal. Elle savait qu'elle pouvait compter sur la discrétion sans faille du docteur Grimaud. Celui-ci avait quand même été un peu surpris par la missive qu'elle lui avait fait parvenir. Ému par la détresse de la jeune femme, son refus d'accepter des honoraires avait été dicté par la seule compassion. Quand il la croisa dans la clinique, ce qui le frappa à travers le discret sourire qu'elle lui adressa, c'est l'apparente sérénité qui émanait de son visage. À cent lieues d'imaginer ce qui s'était passé depuis qu'il avait procéder à « ça », il se contenta de constater qu'elle avait bien vite récupéré et qu'une fois de plus, malgré sa complexité et la fréquente traîtrise des pathologies qui pouvait l'affecter, l'appareil génital était chez les femmes moins difficile à comprendre que leur psychologie…

Il y avait une chose qui tracassait Laurence, c'était l'invitation qu'elle avait reçue de son amie Géraldine. Le mariage devait être célébré dans un peu moins de deux mois, dans la paroisse de leur quartier. La petite Céline, âgée d'un peu plus de deux ans participerait bien évidemment à la cérémonie. Elle se la représentait, échappant à sa grand-mère trop émue en la circonstance pour faire preuve d'une grande vigilance, en train de gambader joyeusement dans l'église. La découverte de la foi avait beau avoir été pour elle une expérience avant tout pacifiante, la cicatrice de la plaie était encore toute fraîche. La simple évocation d'un jeune enfant ravivait en elle une douleur que le travail du temps n'avait que partiellement atténuée. D'autant que Céline pouvait apparaître justement comme un vivant reproche de ce qu'elle n'avait pas eu, elle, le courage de mener à bien. Elle tiendrait le coup, sûrement, mais quelle tête ferait-elle ? Alors, trouver une bonne excuse pour ne pas venir ? Difficile ! Mais faire mauvaise figure ce jour-là, ce serait pire. Finalement, elle avait résolu de lui offrir un somptueux cadeau pour se faire pardonner son absence. C'était oublier l'état de grâce...

Chez Ludovic et Sébastien, la vie avait aussi repris son cours normal. Normal en apparence. Mais s'il n'était plus question d'infidélité avec l'un ou l'autre sexe, l'atmosphère n'était plus la même entre les deux hommes. Non, l'ambiance n'était pas à la suspicion, c'est plutôt une distance qui s'instaurait insidieusement entre eux. En fait, sa relation avec Laurence, avait été pour Sébastien bien plus qu'une de ces petites incartades dont il était coutumier. Mis à part le projet final de sa partenaire qui l'avait totalement pris au dépourvu, il avait vécu avec elle une expérience sentimentale d'une qualité bien supérieure à toutes celles qui avaient précédé. Par sa durée, d'abord. Mais aussi par l'intensité et la profondeur des émotions partagées. Malgré toute l'affection qu'il portait à Ludovic, il n'était plus du tout sûr de sa propre homosexualité. Et puis, la lettre de Laurence l'avait conduit à une prise de conscience de ce que pouvait signifier son intérêt pour les jeunes enfants : un désir de paternité, sûrement très ténu pour l'instant, mais qu'il n'avait aucune raison de refouler.

« Qu'est-ce que tu penses des propositions de parrainage d'enfants du tiers-monde qui émanent de certaines organisations humanitaires ? », lança-t-il un jour à son compagnon.

Celui-ci était à cent lieues de se sentir concerné par le sujet. Pour Ludovic, entièrement donné à la peinture, c'est dans la création artistique qu'il trouvait son plein épanouissement. La productivité de son travail traversait des phases inégales. Son génie subissait des périodes de sécheresse totale, puis soudain s'investissait dans une activité débordante. Sa fertilité paraissait alors inépuisable, mais l'accouchement ne s'effectuait généralement pas sans douleur... Que d'esquisses effacées, de toiles déchirées même, de nuits passées à prendre et à reprendre le pinceau ou le couteau pour enfin parvenir à transférer sur cette plage blanche le fruit de son inspiration ! Alors, pour lui, la question de la paternité, ne se posait pas du tout dans les mêmes termes que pour son compagnon. Il se vouait corps et âme à son œuvre, il ne pouvait concevoir d'autre lieu où exercer cette fécondité qui l'habitait.

Dans ces conditions, la proposition de Sébastien ne pouvait pas l'intéresser directement. Mais la toute récente infidélité de ce dernier le rendait prudent, il était trop conscient de la vulnérabilité de leur relation pour risquer de le braquer en ne faisant pas au moins semblant d'y porter quelque attention.

« Ce n'est peut être pas une mauvaise idée. Si tu crois que tu sauras faire preuve de la constance requise pour assumer cette obligation, je ne peux que t'encourager à concrétiser ton idée. »

Une manière de lui laisser entendre aussi qu'il ne fallait pas compter sur sa propre participation dans la réalisation de ce projet... D'ailleurs il y avait des moments où l'un comme l'autre sentaient bien que les choses n'iraient plus comme avant. Ils avaient certes recollé les morceaux, mais Ludovic avait l'impression que son compagnon devenait de plus en plus distrait, voire distant. Visiblement leur relation avait du plomb dans l'aile. Une évidence s'imposait lentement à son esprit : Sébastien était plutôt fait pour se lier au sexe opposé. Il ne se l'avouait qu'à demi, tant il lui était attaché. Mais il savait bien que tôt ou tard ils se sépareraient. Cependant, inutile de brusquer les choses, ce serait suffisamment douloureux quand cela se produirait.

Trois semaines avant le mariage, alors qu'elle s'apprêtait à répondre à Géraldine, Laurence eut la surprise de trouver dans son courrier une enveloppe qui ne contenait qu'une simple photo. Un jeune enfant noir, quel âge pouvait-il avoir ? quatre ou cinq ans, pas plus, esquissait un petit sourire empreint à la fois de malice et d'un soupçon de tristesse. Au verso, d'une écriture qu'elle reconnut tout de suite, elle put lire ces quelques mots :

Je m'appelle Sékou, je vis au Burkina Fasso, et Sébastien Garcia se propose de me parrainer.

La brièveté même du message, témoignait de la délicatesse dont son ancien amant avait toujours su faire preuve. Elle ressentit tout d'abord un pincement dans la poitrine, ses yeux se remplirent de larmes, mais elle parvint à s'empêcher de pleurer véritablement. Au fond, cette nouvelle la comblait d'aise. Elle avait été bien inspirée de lui suggérer cette idée – c'est, d'ailleurs bien le mot « inspirée » qui lui vint à l'esprit ! Un bon signe que sa vie spirituelle commençait à s'étoffer...

Avec les semaines qui s'étaient écoulées, le tapis de mousse qui recouvrait petit à petit les ruines au cœur de son jardin secret – les ruines, témoins du drame qu'elle venait de vivre – en avait adouci les arêtes les plus vives. Et voilà qu'avec ce petit Sékou, une orchidée fleurissait maintenant sur le tapis de mousse parmi ces vestiges… Il ne remplacerait pas bien sûr, cet enfant qu'elle n'avait pas fait naître, mais un petit bonhomme à des milliers de kilomètres, un petit bonhomme qu'elle ne connaîtrait jamais, verrait son sort s'améliorer. Et de toute évidence grâce à son initiative. Une grande paix l'envahit de nouveau. Des larmes de joie, des larmes qu'elle ne réprimait plus, coulèrent doucement sur ses joues. Il n'y avait plus de raison de déclarer forfait pour le mariage de Géraldine. Elle pourrait, sans craindre de subir la morsure du passé, voir la petite Céline courir dans les allées de l'église… Le soir même elle téléphona à madame Letellier pour lui confirmer qu'elle serait présente à la cérémonie et s'enquit auprès du magasin dépositaire de la liste de mariage des possibilités restantes en matière de cadeau ; au fond celui-ci correspondrait mieux à ses réels moyens financiers : elle n'avait plus besoin de se faire pardonner son éventuelle défection… La mère de Géraldine lui apprit d'ailleurs que sa fille comptait bien sur sa présence à la cérémonie et au vin d'honneur qui suivrait. Là aussi les choses avançaient, à l'insu de Laurence qui, naturellement, ne pouvait deviner les sentiers qu'empruntait l'Esprit Saint…

Elle avait trouvé le chemin de la prière, et c'est à travers cette expérience personnelle qu'elle expérimentait ses retrouvailles avec Dieu. Par contre la dimension communautaire et sacramentelle de la foi lui était encore étrangère. C'est bien ce qui gênait Modeste et qui le conduisait à chercher sans y parvenir le moyen de l'amener à retrouver aussi l'Église. Il s'en était ouvert à Geneviève. Celle-ci, bien que ne doutant pas de l'efficacité de la prière, avait été assez surprise par le revirement brutal en matière de foi de la filleule de son mari. Comme tous les croyants elle était plutôt habituée à voir sa prière de demande exaucée au moment où on s'y attend le moins et selon des modalités bien souvent déconcertantes… Dans le cas présent les choses paraissaient s'être passées si vite… Elle s'interdisait naturellement de demander à

Modeste des précisions sur ce qui avait conduit la jeune femme à ce changement inattendu, de toute façon le docteur Ringardet avait une conception intransigeante du secret professionnel dans sa pratique médicale, à plus forte raison, il n'aurait pu être question d'en déroger en matière spirituelle.

« Ne te fais donc pas de souci, quand le fruit sera mûr il sera prêt à être cueilli. Le mois écoulé elle a participé deux fois à la messe dominicale, je trouve que c'est déjà pas mal, Thomas n'en fait pas autant, ajouta-t-elle en ressentant un petit pincement de cœur, comme chaque fois qu'elle évoquait la désaffection de son fils pour la pratique religieuse. Et puis rappelle-toi, tu ne t'es pas senti tout de suite à l'aise dans la communauté paroissiale après ta conversion… »

Modeste se rappelait effectivement que, passé le moment d'enthousiasme de la découverte de la foi, il avait été quelque peu déconcerté par le comportement d'un certain nombre de pratiquants fidèles. Non pas tant par les vieilles bigotes, une espèce en voie de disparition, que par les tensions perceptibles entre catholiques qui se considéraient comme « de progrès, ouverts à la modernité » et ceux que l'on qualifiait de « conservateurs, voire traditionalistes ». Il y avait belle lurette que Geneviève avait échappé à cette classification. Les services rendus à la communauté paroissiale depuis plus de quinze ans lui permettaient de bénéficier d'une considération délivrée de cet esprit de clan et de faction auquel tant de chrétiens succombent depuis le début de l'histoire de l'Église… Quand l'idéologie pastorale avait un peu trop tendance à passer au premier plan, chez les clercs, mais aussi de plus en plus chez les laïcs, elle se replongeait avec délice dans la lecture de la première lettre de l'apôtre Paul aux Corinthiens, pour constater qu'il n'y avait rien de nouveau sous le soleil et que face à ces inévitables péripéties il convenait surtout de prendre du recul.

Mais pour Modeste, c'était différent. Il avait expérimenté, lui et dans sa chair, où pouvait conduire le rejet, même passif, de la foi. Alors il ne pouvait qu'être dérouté par toutes ces tensions dont l'objet lui paraissait plutôt dérisoire. Il ne remettait pas en cause la sincérité de nombre de catholiques qui se positionnaient en défenseurs des pauvres et des opprimés, par exemple. Ce qui le heurtait plutôt, c'était la fréquente propension, pour défendre certaines options contemporaines, à se servir du passé de l'Église comme d'un repoussoir. « S'ils avaient connu l'éloignement de Dieu et la misère spirituelle qui en résulte, ils s'apercevraient peut-être que ce qui nous sépare de la spiritualité des chrétiens qui nous ont précédé ou de ceux qui ne pensent pas comme nous ne pèse vraiment rien à côté de ce qui nous unit, ne manquait-il pas de se dire. Ou plutôt de Celui qui nous unit, lui avait fait remarquer le Père Szablowszki, qui s'efforçait de lui faire admettre qu'on ne pouvait pas venir si facilement à bout de l'esprit de convoitise et de domination qui nous habite tous. Ce ne peut être sur la terre comme au ciel et d'une façon ou d'une autre il nous faut aussi passer par la croix, lui disait-il, et il est bien certain que subir cette croix de la part de frères dans la foi est une épreuve particulièrement douloureuse. » Modeste appris par la suite, et autrement que de la bouche du vieux prêtre, que celui-ci savait très bien de quoi il parlait. La séduction qu'opérait le concept de modernité chez certains membres du clergé français s'accommodait assez mal de la fidélité à la tradition un peu trop carrée du prêtre polonais… Et pourtant nul n'aurait pu le taxer de traditionalisme et encore moins d'intégrisme…

C'est un peu aussi cette constatation qui l'avait conduit à suivre des études de théologie pour laïcs. Il avait besoin de repères solides, suffisamment démarqués de ces modes intellectuelles, pour être capable d'accepter la prédominance actuelle de certaines positions avec le recul, la patience et l'humour nécessaires.

Laurence, elle, était très loin de toutes ces considérations. Bien que non dénuée de finesse, elle n'éprouvait pourtant pas le besoin de s'investir dans une recherche intellectuelle approfondie pour progresser dans l'intelligence de sa foi. À cet égard elle était très proche de Geneviève chez qui une intuition raisonnée, nourrie par une prière régulière, permettait une approche toute aussi profonde des vérités de la foi. Il y a fort heureusement de nombreuses et diverses demeures dans la Maison du Père…

Elle avait naturellement déjà eu plusieurs fois l'occasion d'assister à une cérémonie nuptiale. Mais jamais elle n'avait eu le sentiment d'y participer comme pour celle-ci. Il faut dire que les mariés avaient souhaité une célébration vivante, et ils avaient usé des moyens nécessaires pour y parvenir. Loïc, le futur époux avait ramené de sa lointaine Bretagne une bande de copains musiciens plus portés sur la guitare électrique et la batterie que sur le biniou. Le choix des chants aidant, ils réussirent à créer une ambiance rythmée et détendue avec juste ce qu'il fallait de gravité aux moments où celle-ci s'imposait. Les textes étaient à l'unisson. Celui qui surprit le plus Laurence fut l'extrait du Cantique des Cantiques. Jamais elle n'aurait imaginé que ce merveilleux poème qui célèbre l'amour humain dans toutes ses dimensions, sentimentales aussi bien que physiques, pût trouver sa place dans une cérémonie religieuse. Cela la réconciliait encore un peu plus avec cette Église qu'elle jugeait, il n'y a pas si longtemps, tellement coincée pour ne pas dire sinistre. Bien sûr, cette exaltation du sentiment amoureux n'alla pas sans réveiller des blessures encore bien fraîches, mais sans provoquer trop d'amertume. Elle maîtrisait de mieux en mieux les émotions provoquées par les évocations de ce passé douloureux. Quant à Céline, sûrement autant impressionnée par l'ensemble instrumental que par la jolie robe de sa maman, elle resta fort sage, ne les quittant pratiquement jamais des yeux.

De toute évidence le prêtre qui présidait l'échange des consentements et célébrait la messe était une vieille connaissance de

Géraldine. Laurence se rappelait que pendant sa grossesse elle avait trouvé auprès d'un prêtre tout le réconfort spirituel dont elle avait alors eu grand besoin. Ce devait être celui-ci sans aucun doute. Âgé d'une quarantaine d'années, ce qui était plutôt jeune par rapport à la moyenne du clergé français, le père Xavier Bailly donnait plus l'impression d'appartenir à la catégorie des cadres dynamiques et efficaces qu'à celle des ministres du culte. En l'observant, la jeune femme – et elle n'était pas la seule d'ailleurs – se disait, qu'il n'aurait certes pas manqué de succès auprès de la gent féminine s'il n'avait pas choisi cette voie…

La brève homélie qu'il délivra à son auditoire la toucha tout particulièrement. Son contenu ne se démarquait guère pourtant de la ligne habituellement suivie dans ces moments-là. Mais la réceptivité de Laurence vis-à-vis des développements que suggère la Parole de Dieu se trouvait alors particulièrement accrue. Que l'amour entre un homme et une femme procède de l'amour de Dieu pour ses créatures, elle l'avait entendu pratiquement à chaque mariage. Mais qu'à l'image de la relation de Dieu avec l'homme, cette union se scelle sous la forme d'une alliance soutenue par une promesse, voilà qui sonnait de façon nouvelle à ses oreilles. Une Alliance et une Promesse, ces deux mots prenaient tout à coup pour elle un sens très fort. Ces notions, ces valeurs qu'elle avait esquivées jusque-là dans la conduite de sa vie sentimentale parce qu'elle les jugeait surannées, « bourgeoises » prenaient une signification d'autant plus aiguë qu'elle découvrait le lien profond qui les unissait à cette expérience de foi qu'elle vivait depuis deux mois. C'était parfaitement clair : la fécondité sous toutes ses formes passait nécessairement par une alliance et une promesse. Ses erreurs se dressaient en face d'elle, mais plus comme un signal d'alarme que comme une source de remords et de culpabilité. La voie que son amie Géraldine ouvrait devant elle devenait pour Laurence une source d'espérance.

À l'issue de la cérémonie la jeune mariée présenta Laurence au père Xavier. Plus précisément elle l'aida à franchir l'essaim de jeunes gens qui s'agglutinaient autour de lui. Il faut dire que Géraldine appartenait à cette équipe de réflexion que le prêtre animait depuis quelques années et qui regroupait une vingtaine de jeunes adultes en lien plus ou moins étroit avec les paroisses avoisinantes. L'ambiance de la bande plut tout de suite à la jeune femme et elle se sentit immédiatement à l'aise avec le père Xavier. On échangea des coordonnées et même l'on prit date pour une prochaine rencontre associant comme il se doit échanges, partages et convivialité.

Les premiers entretiens entre Modeste et Laurence avaient été les prémices d'une série qui s'était déroulée selon un rythme quasi hebdomadaire. Il avait essayé de lui transmettre quelques notions essentielles de la foi chrétienne en s'appuyant notamment sur une lecture commentée de la Bible. À plusieurs reprises il avait évoqué la nécessité d'une expression communautaire pour vivre sa foi de manière authentique. Dans un premier temps, toute à la joie de sa rencontre interpersonnelle avec Jésus, elle ne s'était guère souciée de cet aspect des choses. Elle avait accepté d'assister quelques fois à la messe dominicale en compagnie de Geneviève et Modeste. Il faut dire que la dimension sacramentelle lui était encore assez étrangère. Son parrain, lui avait expliqué qu'en bonne pratique catholique, compte tenu de son parcours, il était souhaitable qu'elle passât par le sacrement de la réconciliation avant d'accéder à l'eucharistie. L'appréhension qu'elle éprouvait vis-à-vis de cette démarche avait certes diminué depuis leur première rencontre. Mais elle n'en demeurait pas moins assez réservée pour l'accomplir. Ces hésitations ne surprenaient pas Modeste, qui n'insistait pas outre mesure. Il se disait seulement qu'il était quand même curieux à l'heure actuelle que les prêtres soient finalement beaucoup moins facilement consultés pour les maux de l'âme que les médecins qui souvent n'en·peuvent mais, tout enferrés qu'ils sont dans leur manie de tout « psychologiser »... De toute façon, comme le disait Geneviève, il convenait de ne rien brusquer. Et puis, pour une personne comme Laurence il était évident qu'un passage par une expérience conviviale et communautaire en accord avec son style et à sa mentalité était nécessaire pour aller plus loin.

Les Ringardet avaient naturellement participé eux aussi à la cérémonie et au vin d'honneur qui suivit. Aussi, est-ce avec un mélange de curiosité et de satisfaction prudente que Modeste aperçut sa filleule en grande conversation avec les membres du groupe du père Bailly. Si Laurence pouvait s'intégrer à ce groupe se serait sûrement une excellente chose. Il est vrai que le côté « jeune cadre dynamique et plein d'avenir » – en fait pas si jeune que ça – du prêtre l'agaçait un peu. De fait il le connaissait mal, son ministère ne s'exerçant pas directement dans cette paroisse. Animé par le louable souci de plaire aux jeunes, n'avait-il pas eu parfois un peu tendance à « brader sa camelote » dans l'une ou l'autre de ses homélies? C'est du moins ce que Modeste avait ressenti quand il avait eu l'occasion de l'entendre. Si ça marche pour Laurence avec lui et son groupe, j'espère qu'ils ne vont pas fiche en l'air tout le patient édifice que nous avons construit ensemble, maugréait-il, partagé entre le contentement de la voir prendre son envol et la crainte qu'elle ne retombe trop vite...

« Allons! Il convient de passer la main mon vieux, finit-il par se dire. C'est pourtant bien ce que tu souhaitais depuis quelque temps, n'est-ce pas? Mais ça ne se produit pas exactement comme tu l'avais imaginé. Au fond tu vas peut-être un peu regretter cette expérience de "mentor spirituel", tu t'étais assez bien coulé dans ce rôle, tu ne crois pas? Ne sois pas idiot, tu as été là au bon moment, irremplaçable dans les circonstances dramatiques qu'elle venait de traverser, "the right man at the right place", comme disent les Anglais... Au fur et à mesure elle va devenir plus autonome dans la foi et vos relations vont évoluer, elles vont devenir plus fraternelles et plus riches. L'accepter joyeusement, c'est ton chemin de pauvreté aujourd'hui. Si toi tu ne comprends pas cela, alors qui le comprendra ? C'est le moment de se le redire : *Heureux, vous les pauvres, le Royaume de Dieu est à vous !* »

23. Roquebrune II, le retour…

…c'est ainsi que Thomas avait baptisé l'expédition qui conduisait les familles Ringardet et Marty sur les pentes du Massif des Maures en ce mois d'août. Il se souvenait très bien de la randonnée qui, une dizaine d'années auparavant, les avait conduit tous les cinq sur le rocher de Roquebrune. Il avait été tout fier, à l'époque d'atteindre le sommet juste après Jérôme et bien avant son père. Il était beaucoup moins emballé cette fois-ci, mais n'avait pas voulu se distinguer du groupe en faisant bande à part. Il se contentait d'ironiser sur le goût de « revenez-y » que prenait pour lui cette excursion.

Il avait fallu la conjonction d'un certain nombre de circonstances favorables et surtout la détermination et le sens pratique de Jacqueline pour que prenne corps ce projet suggéré par Laurence et mûri depuis quelques semaines. Thierry et Jérôme venaient de terminer un stage de canoë-kayak dans le Verdon; Geneviève, Modeste et Isabelle passaient deux semaines de vacances dans la maison familiale du Haut-Pays Niçois où comme presque chaque année toute la famille se trouvait réunie le quinze août. On avait souvent célébré la fête de l'arrière-grand-mère Marie-Louise Borelli le jour de l'Assomption si bien que la tradition perdurait plusieurs années après sa disparition. Laurence, invitée par la famille Ringardet y séjournait depuis une huitaine de jours, Thomas qui avait un job d'été à la SNCF avait réussi à dégager quatre jours d'affilée pour la circonstance. Quand aux parents Marty, comme ils avaient décidé d'entreprendre un petit périple autour des lacs de l'Italie du Nord, la vaste demeure des Borelli leur offrait une étape bien opportune. C'était, depuis une dizaine d'années, la première fois que les deux familles avaient l'occasion de se retrouver quelques jours pendant les vacances. Maintenant que les enfants étaient grands, c'était un véritable tour de force que d'être parvenu à réunir tout ce beau monde sous le beau ciel d'Azur pour quelques jours. La décision finale n'avait été prise qu'en juillet, aussi Jacqueline n'avait-elle pas ménagé ses coups de téléphone pour que les garçons initialement inscrits à un stage dans l'Ariège puissent finalement rejoindre celui de Haute Provence et pour que les réservations de leurs hôtels dans le Piémont puissent être effectives au cours de la deuxième quinzaine. Il faut dire qu'elle tenait beaucoup à cette réunion des deux familles. Après les inquiétudes qu'ils avaient, Gérard et elle, éprouvées à propos de Laurence cet hiver, la difficulté d'en accepter la part de mystère résiduelle et l'orientation tout à fait inattendue de leur fille vers la spiritualité chrétienne, Jacqueline avait souhaité partager un moment de détente et de joie paisible avec tous les acteurs – premiers ou seconds rôles – qui avaient eu leur part dans cette affaire. Il ne s'agissait pour elle en aucune manière de quêter quelque information pour satisfaire une légitime curiosité de mère. Décontenancée au début par le silence de sa fille, devant la tournure favorable qu'avaient pris les événements après la première entrevue de Laurence avec Modeste, elle avait pris le parti d'accepter cette issue sans poser de question. Mais en organisant cette rencontre pendant la période des vacances où chacun est décontracté et plus disponible, elle avait un peu l'impression d'apporter sa juste contribution à ce qui constituait à ses yeux l'achèvement de l'entreprise de sauvetage de sa fille.

Modeste, qui se rappelait très bien ce qu'avaient symbolisé pour lui les trois croix du rocher de Roquebrune sur Argens au début de son intervention, avait proposé d'agrémenter ces retrouvailles estivales d'une belle ballade en proposant ce site.

L'orage de fin d'après midi qu'il n'est pas du tout exceptionnel de subir par ici au quinze août n'avait guère laissé de traces sur le sentier d'abord sablonneux, puis terreux et enfin vite rocailleux qui menait au sommet. Il faisait un temps magnifique. Un vrai temps de Côte d'Azur. La pluie de la veille avait lavé le ciel et l'atmosphère débarrassée de ses fines poussières avait ce matin-là retrouvé sa limpidité originelle. Il y avait une heure et demie de voiture pour atteindre le point de départ du sentier. Aussi avaient-ils tous accepté, de plus ou moins bonne grâce, de se lever aux aurores, condition impérative pour que la canicule qui s'annonçait ne transformât pas l'équipée en séance de sauna...

Gérard, Isabelle et les trois garçons caracolaient en tête. La pratique régulière du jogging assortie d'un peu de tennis de temps à autre maintenait le docteur Marty dans une forme excellente. Il n'avait aucun mal à suivre ses compagnons, bien plus jeunes que lui, mais, hormis Thomas le footballeur, assez peu entraînés à ce genre d'exercice. La conversation tournait naturellement autour du ballon rond, la saison allait reprendre bientôt... Ce qui ne passionnait pas véritablement Isabelle, mais c'était tout de même mieux que d'avoir les parents sur le dos...

Geneviève et Laurence qui suivaient à quelque distance, prenaient le temps d'admirer le paysage tout en discutant de choses et d'autres. Une bonne centaine de mètres en arrière, Jacqueline, qu'un léger embonpoint freinait dans les efforts de montée accompagnait Modeste limité, lui, dans ses performances par les séquelles de sa lobectomie pulmonaire. La mère de Laurence goûtait tout particulièrement cette ambiance, les siens étaient réunis et quel plaisir que ce soit en compagnie de leurs fidèles Ringardet !

« Nous ne te remercierons jamais assez pour ce que tu as fait pour Laurence, quand je songe à l'état pitoyable dans lequel elle a débarqué chez nous fin février… Et puis surtout, cette façon de se cloîtrer pendant des matinées et des après-midi entières… Quand je voyais ce matin le cadre que tu as accepté de quitter pour venir à son aide à mille kilomètres de là, je ne peux qu'une fois de plus te remercier du fond du cœur.

– Gérard et toi en auriez fait tout autant, si nous avions traversé des circonstances semblables, tu ne crois pas ?

– Peut-être, n'empêche que toi tu l'as fait effectivement. Je suis vraiment surprise qu'elle se soit tournée vers la religion, ce n'était vraiment pas son genre auparavant, je me demande bien comment tu t'y es pris.

– Tu sais, je n'y suis pas pour grand-chose. Je n'ai fait que baliser un chemin sur lequel elle avait déjà commencé de s'engager.

– Modeste, tu mérites bien ton prénom… »

La pente devenait soudain plus raide. La conversation s'arrêta là, mais les réflexions de chacun se poursuivaient dans le silence troublé seulement par les halètements provoqués par l'effort inhabituel que cette ascension imposait à leurs organismes.

La veille tout le monde avait assisté à la messe du quinze août. Même Thomas et Thierry, le premier parce qu'il ne pouvait pas refuser ça à sa grand-mère et en mémoire de son arrière-grand-mère, le second par simple curiosité. La conversion de leur fille aînée n'avait certes pas été contagieuse pour le couple Marty, mais elle les avait suffisamment interrogés pour les inciter à renouer avec une participation à l'office lors des grandes fêtes liturgiques catholiques. Jacqueline s'était cependant surprise à redire de temps en temps les prières apprises il y a bien longtemps au catéchisme. De fait, et sans employer ce terme – très éloigné de leurs représentations habituelles – leur présence à cette messe de l'Assomption aux côtés de leur fille avait pour eux valeur « d'action de grâces ».

De son côté, Modeste méditait sur le chemin parcouru depuis six mois. C'est vrai que Laurence gravite maintenant seule sur son orbite spirituel et que j'ai un peu joué le rôle d'une fusée porteuse pour qu'elle y parvienne, comme disait le père Xavier Bailly, se disait-il. Un mois et demi auparavant il avait eu avec le prêtre un long échange au cours duquel ils avaient beaucoup parlé de Laurence. Il sourit intérieurement en se remémorant les circonstances qui avaient conduit à cette entrevue. À l'issue d'un concert donné au bénéfice de l'entretien de l'orgue dans l'église de la paroisse avoisinante, le prêtre l'avait interpellé :

« Ah ! Monsieur Ringardet, j'aimerais bien vous rencontrer, Laurence Marty m'a beaucoup parlé de vous. Puis-je passer chez vous un de ces soirs, voyons pas la semaine prochaine, toutes mes soirées sont prises, mais par exemple le lundi suivant, est-ce que ça vous conviendrait ? Et surtout que Geneviève ne se dérange pas, je sais qu'elle travaille et que les vacances, bien que toutes proches, ne sont pas encore commencées… »

Modeste, qui n'appréciait déjà qu'à demi le style décontracté du prêtre n'aimait guère que les gens qui connaissaient sa profession oublient – sauf quand lui-même les en dispensait – son titre de docteur et trouvait cette façon de s'inviter par trop cavalière. Mais, de son côté, bonne éducation et respect tout particulier pour la fonction sacerdotale aidant, il accepta la proposition, en la remettant au lundi suivant après avoir quand même fait mine de se plonger dans son agenda et l'avoir longuement feuilleté pour faire comprendre à son interlocuteur qu'il ne manquait pas lui non plus d'occupations…

Informé par ses confrères, et du parcours social que représentait pour Modeste sa réussite professionnelle, et des origines aristocratiques de Geneviève, le père Xavier prit conscience que sa façon d'agir – en accord avec le style des jeunes auxquels il avait généralement affaire – risquait, dans le cas présent d'avoir blessé quelques susceptibilités. Aussi, pour respecter les bonnes manières, est-ce avec deux bouteilles de vin du Rhin acquises au retour d'une rencontre avec des confrères allemands sous l'égide de l'université de Tübingen, qu'il arriva chez les Ringardet ce soir-là. La conversation s'installa sous les « docteur », les « madame Ringardet » et les « mon père », au milieu du repas on passa insensiblement aux « Modeste », « Geneviève » et « père Xavier », puis « Xavier » tout court, et l'on termina par un tutoiement généralisé…

« Vous savez, je me félicite de la participation de Laurence Marty – vous êtes son parrain, je crois – dans le groupe de jeunes adultes que j'anime sur nos paroisses, commença-t-il, une fois terminé l'échange des politesses et des banalités introductives d'usage.

– Je crois, qu'elle a trouvé dans ces rencontres ce dont elle avait le plus grand besoin après sa conversion : un lieu où elle puisse partager sa toute jeune expérience de foi avec des personnes de son âge et en découvrir ce que l'on appelle la dimension communautaire, laquelle jusque-là lui faisait sérieusement défaut.

– C'est certain, et de ce point de vue, elle progresse à pas de géant. Mais, voyez-vous, ce n'est pas à sens unique. Son parcours est, semble-t-il, original par rapport à celui des autres membres de l'équipe et à mon avis elle leur apporte énormément.

– Ah, oui ! Et comment ça ? ce que vous dites-là m'intéresse beaucoup. Sans vouloir naturellement être indiscret vis-à-vis de ce qui se vit dans ce groupe de jeunes adultes, pourriez-vous préciser un peu ?

– Vous savez, ils sont pour la plupart issus de familles chrétiennes mais de différents milieux et de diverses origines ethniques ou nationales. Oui, il y a parmi eux aussi des Portugais et des Antillais. C'est d'ailleurs avec eux que ce que dit Laurence passe le mieux.

– Alors çà c'est curieux, vous m'intriguez de plus en plus !

– En fait, c'est assez compréhensible. Les jeunes d'origine française et métropolitaine se réfèrent naturellement dans leur façon d'appréhender la réalité au modèle culturel ambiant. Ils sont aussi les héritiers d'une pratique très laïcisée de la vie en société et d'une conception très idéalisée du progrès humain. C'est-à-dire qu'ils considèrent le progrès comme une série de victoires successives contre des forces obscurantistes de tous ordres qui s'efforceraient de brider ou de contrecarrer l'évolution naturelle des choses. Ces forces, étant évidemment extérieures à eux mêmes et le bouc émissaire à la mode étant la société, c'est donc elle qui est la grande responsable de tous les malheurs des temps présents. Il est vrai qu'ils ont d'excellentes raisons d'être insatisfaits: un tiers d'entre eux est au chômage ou vit d'emplois précaires. Selon la conception dominante qui réduit la cause de tout ce qui cloche à une somme de facteurs socio-économiques et de conditionnements psycho-éducatifs, ils sont naturellement portés à chercher dans la foi chrétienne plus une caution à leur désir de changer le monde qu'une dynamique de transformation intérieure. Leur générosité est cependant incontestable, et leur référence au Christ se fonde sur une notion d'amour du prochain qui doit se manifester concrètement par des actes.

– Sur ce dernier plan, on ne peut que les suivre, mais la question est peut-être de savoir ce qu'ils mettent derrière cette notion d'amour du prochain, intervint Geneviève.

– Exact. Et c'est là que Laurence apporte une très intéressante contribution...

– Pardonnez-moi de vous couper, mais je pense en deviner la substance, intervint à son tour Modeste, tout heureux de percevoir derrière les propos de son interlocuteur une philosophie proche de la sienne. Lors d'une de nos rencontres nous avions beaucoup discuté à propos de ce commandement du Christ: "Aimez-vous les uns les autres". Laurence m'avait fort justement fait remarquer que “l’amour ne se commande pas” peut-être en jouant un peu sur l’ambiguïté sous-jacente au sens du mot “amour” dans la langue française. Mais, de mon côté, je lui avais fait observer que cette citation de l’évangile de Jean est bien souvent tronquée ; on oublie en effet que le verset intégral dit : “Oui, comme je vous ai aimé, aimez-vous les uns les autres”*. Et un peu plus loin l’apôtre ajoute, toujours dans la bouche de Jésus : “Comme le Père m’a aimé moi aussi je vous ai aimé”**. En fait tout est dans ce “comme” : l’amour du Christ qui va jusqu’à donner sa vie pour nous est incompréhensible si l’on occulte une donnée essentielle : le fait que Jésus est sans cesse tourné vers son Père, et que c’est dans cette relation unique qu’il puise la force et le discernement nécessaires pour accomplir sa mission. Autrement dit, je m’efforçais de lui faire comprendre que, comme le fait Jésus vis-à-vis de son Père, nous devons sans cesse nous décentrer de nous-mêmes pour accueillir par le Christ, cet amour qui nous vient de Dieu. Je ne peux vous en dire plus, mais il est certain que dans son histoire personnelle Laurence a été très marquée par le fait de se sentir avant tout aimée de Jésus Christ.

– C’est probable en effet, et cela explique qu’elle soit très exigeante sur l’authenticité des actes auxquels les autres membres du groupe collent facilement le label “amour du prochain”. Cela ne fait pas toujours plaisir à certains, mais elle n’a pas son pareil, pour leur faire remarquer qu’ils ont parfois tendance à confondre misérabilisme et charité chrétienne, il faut dire que dans cette génération on ne s’envoie pas dire ses quatre vérités… Naturellement d’aucuns n’ont pas manqué de lui faire valoir qu’ayant un père médecin, elle n’était peut-être pas la mieux placée pour donner des leçons aux démunis… Mais tout ceci se passe dans la bonne humeur, et très vite Laurence s’est sentie au diapason de

* Jean 13, 34.
** Jean 15, 9.

l'atmosphère générale. Elle encaisse assez bien les remarques sur ses origines aisées, et ne se laisse pas démonter pour autant. Il y a chez elle une faim de vérité et un sens exact de la réelle importance des choses qui la conduit à inviter ses interlocuteurs à bander leurs énergie et à se battre pour affronter l'adversité plutôt que de s'apitoyer sur eux-mêmes et de baisser les bras devant les difficultés de l'heure. Son attitude est curieuse : elle donne l'impression d'avoir traversé une épreuve particulièrement dure et d'avoir rebondi après avoir touché le fond, ce qui pourrait expliquer la faculté qu'elle a de relativiser sérieusement la portée des événements désagréables. C'est assez surprenant vu son âge et son origine sociale. »

Le prêtre se tut un moment. Geneviève ne put s'empêcher de jeter un regard interrogatif vers Modeste, mouvement qu'elle réprima rapidement. Celui-ci restait impassible. C'est lui qui rompit ce bref instant de silence.

« Vous nous avez dit tout à l'heure que les Portugais et les Antillais étaient assez réceptifs à sa façon de voir. C'est un peu surprenant, non ? Car ce sont les plus humbles qui sont sûrement les plus vulnérables dans la crise actuelle.

– Les jeunes originaires d'outre-mer sûrement, c'est cependant moins vrai pour nos hôtes de l'Europe du sud qui sont plutôt assez débrouillards et s'adaptent assez facilement... Mais dans les deux cas ils ont, beaucoup plus que les métropolitains, le sens du sacré et d'une certaine proximité du divin. Il s'agit évidemment d'un héritage familial qui n'est cependant pas indemne de certaines tendances superstitieuses. En fait ils ont été relativement épargnés – pour l'instant – par les deux siècles de remise en cause et de suspicion à l'égard de la religion que les nôtres ont subi sous couvert d'une foi dans les progrès de l'humanité. Alors les propos de votre filleule trouvent chez eux un écho favorable dans la mesure où ils leur rappellent cette espèce de familiarité avec les choses de Dieu qu'ils pouvaient ou peuvent encore observer chez leurs mères et leurs grands-mères.

– Jamais je n'aurais pu imaginer pareille évolution pour Laurence. Elle non plus d'ailleurs je suppose, ajouta Modeste, plutôt pensif.

– Je crois que tu... vous devez y être pour quelque chose. Je voulais vous en remercier. Ce que ces jeunes adultes partageaient était déjà très riche, à preuve leur désir de témoigner de leur vie de foi dans le souci du service d'autrui. Mais l'arrivée de Laurence dans le groupe a permis d'insister sur une dimension supplémentaire : la prise de conscience de la nécessité d'enraciner cette foi dans une vie intérieure étroitement centrée sur la présence agissante du Christ en eux. Ils peuvent et doivent s'appuyer personnellement sur Lui. Et loin de les enfermer dans une conception individualiste de la foi qu'ils redoutent à juste titre, cette approfondissement de la vie intérieure ne peut qu'avoir des retombées positives sur la qualité de leurs rencontres et la fécondité de leurs engagements. Vous pensez bien que Laurence n'exprime pas ces choses comme je les dis moi, avec mon jargon de curé, mais ses interventions vont bien dans ce sens. Finalement elle les invite à prendre quelques distances avec cette morale sécularisée, fondée sur la raison et souvent encore plus pesante que la morale traditionnelle, pour trouver la vraie liberté dans la reconnaissance de l'amour du Christ pour chacun de nous...

– Cette morale sécularisée comme tu... vous dites, c'est bien ce qui reste quand on a tout oublié de la foi, comme disait mon maître le regretté père Szablowski...

– Bon ! Allez, on se tutoie, ce sera plus simple. J'ai eu moi aussi l'occasion de le rencontrer, c'était vraiment un type épatant. Pas forcément sympathique au premier abord, mais quelle finesse et quel homme de cœur on découvrait quand on avait brisé la glace ! J'ai connu deux jeunes malades atteints du SIDA qu'il a accompagnés durant les derniers mois de leur vie. Il est parvenu, avec beaucoup de patience et par une écoute extrêmement attentive à les extraire de leur désespérance et ils sont morts comme des saints. Quelle vie de prière ne devait-il pas y avoir derrière tout ça pour arriver à ce résultat ! Il est décédé il y a deux ans n'est-ce pas ?

– Oui, assez brutalement, d'une embolie pulmonaire. Je lui dois beaucoup. Il m'a quasiment porté sur les fonds baptismaux, enfin disons plutôt qu'il m'a aidé à structurer l'intelligence de ma foi. Et, par voie de conséquence Laurence bénéficie indirectement aussi beaucoup de lui... Tu sais, c'est la maladie – j'ai été opéré d'un cancer du poumon, heureusement pris à temps il y a huit ans – qui m'a permis de le rencontrer ; il était l'aumônier de l'hôpital où j'ai subi mon intervention. La maladie, et notamment quand le pronostic est au départ réservé comme dans celle-ci, est une épreuve de pauvreté. De pauvreté subie naturellement, mais qui peut, Geneviève fut seule à percevoir son discret sourire, – quand on est bien entouré – rendre quelqu'un enfin réceptif à l'action de la grâce. Je ne peux t'en dire plus, mais dans un autre domaine, Laurence a dû vivre une expérience semblable. C'est le père Szablowski qui, à partir de l'embryon de démarche de foi que j'avais effectué avant d'être opéré, m'a fait comprendre le sens de cette pauvreté évangélique, a priori rébarbative. Et je comprends que ce ne soit pas simple à transmettre.

– Tu parais assez familier des Écritures. C'est lui qui t'a initié à leur fréquentation ? N'utilisait-il pas aussi les catégories philosophiques ?

– Si, mais pas dans un premier temps. Je me souviens d'une formule du genre “l'immanence du salut en Jésus Christ ne se conçoit pas sans la référence première à la transcendance du Père”... En fait il préférait passer d'abord par la bible. Il m'a poussé à lire et à méditer le troisième évangile, et pas seulement parce que son auteur était médecin... Et vois-tu, ce que j'en retiens – entre bien d'autres richesses, naturellement – et qui m'aide à prendre de la distance vis-à-vis de la technoscientolâtrie et de la rationalisation moralisatrice contemporaines c'est cette parole de Jésus que nous rapporte Luc : "*Heureux, vous les pauvres, le Royaume de Dieu est à vous*" *!* »

24. Le pardon et la croix

Ils poursuivaient leur ascension à leur rythme, toujours sans mot dire, attentifs aux sinuosités du sentier qui au fur et à mesure leur offraient une vue de plus en plus dégagée, leur révélant progressivement l'ampleur du panorama alentour. En levant un peu les yeux, Modeste vit Laurence et Geneviève s'arrêter brusquement. Leur halte fut cependant très brève. Jacqueline et lui étaient trop loin pour percevoir leur conversation. Son contenu l'aurait-il surpris ? Il ne tarderait pas à le savoir.

Les deux femmes étaient silencieuses depuis un bon moment, se contentant d'admirer cette nature sauvage qui les entouraient. Les blocs rougeâtres dressaient leurs murailles au-dessus d'elles et la verdure agrippée à la rocaille tranchait heureusement sur la tonalité fauve dominante. Sous le ciel azuréen ce mélange de puissance et de sérénité avait quelque chose de fascinant et d'apaisant tout à la fois.

Laurence procédait, elle aussi, à un flash-back sur les derniers événements. Elle avait enfin participé à l'eucharistie. Ce n'était pas très ancien. Deux mois à peine. Auparavant il y avait eu cette fameuse confession qu'elle redoutait tant. Une fois apprivoisée par le groupe du père Xavier, elle s'était finalement décidée. Elle revoyait son entrevue avec lui :

« Mon père, balbutia-t-elle – habituellement, elle l'appelait Xavier, comme les autres – faut-il prendre rendez-vous pour se confesser ? »

Au ton qu'elle adoptait pour formuler sa demande, le prêtre devina tout de suite que cette démarche devait coûter énormément à la jeune femme. Compte tenu des relations suivies qui étaient désormais les leurs, il n'était peut-être pas souhaitable que ce soit lui qui recueille des confidences éventuellement délicates. Peu familière de la confession, elle pourrait être ultérieurement gênée par le souvenir d'un aveu dont il serait le dépositaire. D'autre part elle avait, semble-t-il, une grande confiance en lui. Il valait mieux carrément jouer cartes sur table :

« Nous commençons à nous connaître un peu, Laurence, et nous sommes amenés à nous revoir souvent si tu persévères dans ton intention de fréquenter notre groupe. Il est possible que t'entendre en confession sois gênant pour toi. Quoique, tu sais, des fautes, des erreurs j'en ai entendu déjà pas mal et de tous ordres. Mais si tu ne te sens pas à ton aise avec moi pour effectuer cette démarche capitale, je peux te confier à un confrère parisien qui a mon âge et un peu mon style et qui t'apportera toute l'aide dont tu as besoin, avec la discrétion la plus absolue. C'est comme tu le souhaites, comme tu le sens. »

La jeune femme était un peu déçue mais soulagée en même temps. C'est vrai qu'elle s'était résolue à se confesser au père Xavier parce qu'elle le connaissait et se sentait à l'aise avec lui, mais quand même à contre cœur pour les mêmes raisons. Au fond pourquoi ne pas accepter sa proposition, il ne peut pas me recommander n'importe qui, les amis de nos amis ne sont-ils pas aussi nos amis… ?

L'épreuve tant redoutée se passa sans encombre. La façon dont le père Dominique Soulié l'accueillit balaya ses dernières craintes.

Alors qu'elle appréhendait une parole de réprimande ou au moins un regard sévère, l'aveu de ce qui la tourmentait depuis des mois ne suscita aucune réaction de la part du prêtre. Celui-ci n'eut pas beaucoup de peine à lui faire admettre qu'il ne fallait pas se focaliser sur cette faute grave, mais qu'il fallait plutôt la considérer comme l'aboutissement d'une série de fuites et de refus de l'action de Dieu dans sa vie. Il fut d'ailleurs surpris par la lucidité de sa pénitente : celle-ci avait fort bien compris que ce drame était le résultat d'égarements successifs dont elle acceptait l'entière responsabilité. Elle n'incriminait personne et ne demandait qu'une chose : le pardon de Dieu. Ils discutèrent longtemps, le prêtre était émerveillé par le parcours récent de cette jeune femme, comme il était réjouissant en cette fin de vingtième siècle de voir ainsi à l'œuvre l'action de la grâce ! Laurence se sentait vraiment à l'aise pour parler d'elle-même avec lui.

Le contenu de cet entretien lui permit de compléter utilement ce qui avait été entrepris avec Modeste et le groupe du père Bailly. Il aborda la question du désir, un terme qui recouvrait chez elle, comme chez beaucoup de jeunes et de moins jeunes, une signification assez trouble. Il lui expliqua longuement que l'homme se définit avant tout comme un être de désir, et que notamment le domaine affectif et sexuel est un lieu où le désir s'exerce de façon privilégiée. La jeune femme encore très meurtrie par son expérience récente était on ne peut plus réceptive à ces propos, naturellement.

« Le problème, mon père, comme je l'ai confessé tout à l'heure, c'est bien que le désir peut nous conduire à faire d'énormes bêtises ! ne put-elle s'empêcher de lui dire.

– Ce n'est pas le désir à proprement parler, mais les moyens que l'on prend pour le satisfaire qui peuvent être dommageables. Voyez-vous, dans la relation amoureuse comme dans d'autres domaines d'ailleurs, le désir se présente comme la perception d'une sorte de manque en nous-mêmes qu'il convient de combler. En fait c'est théoriquement très simple. Pour satisfaire mon désir il y a deux possibilités : soit mon regard sur l'autre se réduit à un regard de possession et alors ma démarche est déshumanisante, soit il me fait reconnaître en lui une altérité fraternelle il me conduit à adopter à son égard une attitude d'accueil et de don…

– Une altérité fraternelle ? Vous pouvez préciser ?

– Oui. Excusez mon jargon… Il s'agit tout simplement de voir dans mon partenaire une autre personne, humaine comme moi et issue d'un même Père. Bien entendu tous les degrés existent entre les deux pôles opposés que constituent ces deux attitudes. Et l'adoption de cette conduite oblative… pardon, de cette conduite d'accueil et de don s'acquiert progressivement, et il y a aussi des avancées et des reculs, des hauts et des bas et parfois même du très bas. Vous en avez fait l'expérience hélas !… conclut-il en lui adressant un sourire rempli de bienveillance. »

Avant de le quitter elle lui demanda s'il était possible de le revoir pour continuer ce dialogue, la réponse fut naturellement positive. En sortant elle était un peu dans le même état d'esprit que lorsqu'elle avait quitté le médecin qui s'était efforcé d'aller au-delà de sa demande d'arrêt de travail le lendemain de ce funeste jour. Que c'était bon de sentir des gens prêts à vous écouter et à vous convier à aller plus loin que votre stricte demande… !

Un regard de possession… Modeste aurait parlé de convoitise et de domination, se disait-elle en évoquant les propos du prêtre. Contrairement à ce qu'elle avait imaginé auparavant, elle avait reçu l'absolution tranquillement, sans ressentir d'émotion particulière. C'est plus tard dans la soirée, seule dans son studio, qu'elle comprit mieux la portée de ce qui venait de se passer. Elle avait donc reçu le sacrement de réconciliation. Cela voulait-il dire qu'étant en bisbille avec Dieu jusque-là, ce par quoi elle avait dû passer cet après-midi équivalait à payer l'amende requise en pareil cas ? Évidemment non. Ce qu'elle avait vécu pendant ces derniers mois plaidait pour tout autre chose. Sa rencontre avec le Christ avait précédé cette démarche, il n'y avait aucun doute là-dessus. Mais le geste de son ministre authentifiait de façon définitive le pardon que Dieu lui accordait. Elle était naturellement bien loin de s'interroger sur les divergences d'appréciation théologique entre les différentes Églises à propos de cette question. Non, pour elle désormais la certitude d'être réconciliée avec Dieu ne pouvait plus être considérée comme relevant de sa seule subjectivité. Le geste d'absolution du prêtre affirmait de manière décisive que sa propre relation à Dieu Père, Fils et Esprit avait retrouvé son harmonie originelle. Une douce paix l'avait envahie. Le lendemain était un dimanche, elle communia au corps du Christ, pour la première fois depuis douze ans.

Ce retour sur le passé récent la poussait à établir un parallèle étroit avec cette randonnée en montagne. Elle avait franchi déjà plusieurs étapes dans sa vie spirituelle. Il y en avait une autre qui se profilait à l'horizon. Modeste lui en avait vaguement parlé, ou plutôt c'est elle qui, lors de leur première rencontre lui avait fait remarqué, lorsqu'il avait évoqué l'action de l'Esprit Saint, qu'elle n'avait pas reçu le sacrement de confirmation. Mais c'est dans le groupe du père Xavier que la question s'était véritablement posée. Et là, elle n'était pas toute seule à être concernée. Trois autres membres du groupe, deux Métropolitains et un Antillais étaient dans le même cas. Leur cheminement, bien différent de celui de Laurence, les avait conduits eux aussi à effectuer cette démarche. La jeune femme les avait naturellement rejoint dans le parcours de leur préparation à ce sacrement. La cérémonie était prévue pour la fête de Pâques de l'année prochaine. L'usage veut, si possible, qu'un parrainage accompagne et soutienne le confirmand pour cette célébration qui est par définition communautaire. Il y avait déjà quelque temps qu'une idée lui trottait dans la tête. Bien sûr elle aurait pu demander à Modeste de remplir ce rôle. Parrain lors de son baptême, et compte tenu du parcours spirituel qu'elle avait suivi en sa compagnie, il était tout naturellement désigné pour remplir cet office. Mais peut-être un peu trop finalement. Sans bien savoir pourquoi, elle se demandait s'il ne serait pas préférable de demander à quelqu'un d'autre, tout aussi croyant et fidèle à la foi catholique que lui, d'assurer ce parrainage. Un nom s'imposait chaque jour un peu plus à son esprit. Malgré tout c'était un peu délicat, et elle hésitait à faire part de son projet à la personne intéressée au premier chef par son choix.

Mais là, c'était le moment, l'occasion était on ne peut plus favorable. Elle se décida.

« Geneviève, j'ai quelque chose à te demander. Cela va peut-être te surprendre, ou te paraître saugrenu ou bien encore déplacé, alors si ça te gêne le moins du monde, n'hésite pas à me le dire carrément. »

Geneviève, un peu étonnée par cette entrée en matière, l'invita gentiment à poursuivre.

« Voilà : accepterais-tu d'être ma marraine pour ma confirmation, elle est prévue pour la prochaine fête de Pâques. »

Un peu éberluée par cette proposition inattendue, Geneviève s'arrêta net sur le chemin. Un bref instant Laurence interpréta sa réaction comme une sorte de réticence de sa part. Mais son sourire engageant la rassura. Elles reprirent presque aussitôt leur progression sur le sentier qui devenait de plus en plus raide. Geneviève finit par rompre le silence qui s'était imposé entre elles, autant par nécessité de ne pas perdre son souffle dans cette montée que par besoin de réfléchir à la proposition de la filleule de son mari. Bien sûr, la position de Modeste le désignait naturellement pour remplir ce rôle, serait-il déçu de n'avoir pas été choisi ? Non ! Cet aspect de la question ne lui posait en fait aucun problème, elle connaissait suffisamment son époux pour savoir qu'il n'en prendrait certainement pas ombrage.

« J'accepte bien volontiers, Laurence, et ça me fait énormément plaisir. Mais, je suis un peu surprise quand même. Je pensais que tu aurais plutôt demandé à Modeste...

– J'espère qu'il ne s'offusquera pas de ne pas avoir été choisi.

– Sois sans crainte à ce sujet, mais il serait préférable que ce soit toi-même qui le lui apprennes.

– Naturellement, je le lui dirai tout à l'heure quand il nous aura rejoint au sommet. On devrait ne pas en être loin d'ailleurs.

– Hum ! Un peu plus qu'il n'y paraît. La montagne ne s'avoue vaincue qu'après avoir longtemps laissé mijoter ceux qui la gravissent dans l'impression d'avoir bientôt gagné... »

Laurence avait effectivement d'abord pensé que Modeste, son parrain à son baptême, aurait pu naturellement poursuivre ce rôle pour sa confirmation. D'autant que indépendamment de leur vieille complicité, Modeste avait été pour elle un maître incomparable dans son parcours d'initiation à la foi : il avait des idées claires et savait les communiquer. Il s'exprimait bien – même s'il le faisait un peu trop comme un livre parfois – et surtout il donnait vraiment l'impression de croire à ce qu'il disait. Mais depuis ce qui s'était passé en février et sans qu'elle en ait bien saisi les raisons, sa vieille inimitié avec Geneviève avait fait place à une réelle affection. Elle s'était aperçue que par sa spiritualité où l'intuition prenait une juste part et où le bon sens était toujours présent, Geneviève témoignait d'une expression de la foi dans laquelle elle-même se reconnaissait assez bien. C'est ce qui avait fait pencher sa décision vers elle. Elle se proposait d'ailleurs de signifier à Modeste que lui-même était étroitement associé à ce choix. Sans réaliser évidemment tout ce qu'elle lui devait, elle conduisait ainsi à son achèvement la prière dans laquelle s'était plongée Geneviève ce terrible soir. Et d'ailleurs sans que celle-ci ait jamais eu le moins du monde conscience de sa portée réelle...

En arrivant au sommet, elle lut l'inscription qui fournit des explications sur les trois croix qui sont plantées là, à quelques mètres l'une de l'autre. Ce qui frappe d'emblée quand on les voit de près, c'est qu'elles sont tout à fait dissemblables. Il s'agit de la reproduction de croix qui figurent dans les œuvres de peintres célèbres. Elle perçut à cette lecture le mouvement de recul intérieur que provoquait encore chez elle la seule évocation du mot peintre. Mais presque simultanément une petite voix lui soufflait : « Allons, Laurence, un dernier coup de collier, à l'image de cette montée qui symbolise si bien ce que tu as vécu de puis six mois » ! Elle demeura silencieuse quelques minutes, se tenant à l'écart du groupe de Gérard et des plus jeunes qu'elles venaient de rejoindre. Les plaisanteries allaient bon train, agrémentant la satisfaction d'avoir effectué cette ascension et le plaisir que leur procurait le spectacle du vaste panorama s'étalant devant eux.

Peu après avoir partagé avec tous ses compagnons un frugal casse-croûte, Laurence s'arrangea pour se trouver un moment seule avec Modeste.

« J'ai deux choses à te dire, Modeste.

– Oh ! Dis donc, tu as l'air bien grave tout d'un coup…

– Rassure-toi, ce ne sont, je pense, que de bonnes nouvelles. La première, c'est que j'ai demandé à Geneviève d'être ma marraine de confirmation, mais bien sûr tu seras à ses côtés. La célébration est prévue pour la prochaine fête de Pâques.

– C'est vraiment une excellente idée. J'y avais moi-même un peu songé. Elle est susceptible de te montrer une expérience de la foi différente de la mienne, mais tout à fait complémentaire. Je constate avec plaisir que maintenant tu chemines comme une grande. La brebis trotte allégrement aux côtés du pasteur, elle n'a plus besoin d'être portée sur ses épaules… Et la deuxième chose ? »

Laurence avala sa salive et prit son élan :

« Je crois que j'ai réussi à pardonner à Ludovic… »

– Alors là, accroche-toi bien pour rester avec nous, car tu dois être tout près du paradis !

Ils éclatèrent de rire, de leur vieux rire complice. Modeste en regardant les croix songeait au parcours accompli depuis six mois. Et tout d'abord à ce texte de la crucifixion dans l'évangile de Luc à partir duquel il avait construit un récit, à sa manière. À sa manière ? Pas tant que ça. Il en était sûr désormais : Moshé avait rejoint Zacharias dans le paradis du rabbi Iéschoua de Nazareth...

En contrebas, sous le ciel radieux la mer scintillait. Les voiles des bateaux stimulées par une brise soutenue dansaient comme autant de petites taches blanches sur l'immensité de l'azur marin. La brume engendrée par le soleil généreux avait depuis longtemps eu raison de la rigidité de la ligne d'horizon, le ciel et la mer s'y fondaient à cette heure en un amalgame impalpable. Ceintes de leurs murailles ocre et rouges les calanques qui déchirent la côte laissaient entrevoir, au gré de la hauteur des fonds et de la densité de la végétation sous marine, une variété infinie de nuances de bleu et de vert. À cette altitude, au vrai bien moyenne, le silence était discrètement troublé par les relents de l'activité motorisée des hommes : celle qui les relie et celle qui les nourrit. À l'est Fréjus et Saint-Raphaël lançaient leurs tentacules citadines sur la plaine, mais loin au nord, imperturbables et vigilants, les premiers contreforts des Alpes de Provence manifestaient, face aux menaces de l'hégémonie urbaine, leur volonté de résistance inflexible. Les paroles de Laurence sonnaient encore agréablement à ses oreilles. Debout devant ce panorama superbe, qui réveillait encore une fois en lui ce sentiment de l'harmonie entre la nature et les créatures réconciliées avec Dieu, Modeste goûtait ce moment avec délice, un de ces moments qui ont une saveur de paradis.

Adieu donc, Modeste, Geneviève, Laurence, père Szablowski et leurs compagnons, vous qui savez pourquoi les pauvres sont heureux. Adieu, ou au revoir...

À toi, cher lecteur qui en matière de pauvreté de cœur aurait bien à lui apprendre, comme à toi, lecteur non moins cher qui a peut-être maintenant une meilleure idée de la pauvreté à laquelle le cœur de Dieu invite, l'auteur de ces lignes ne peut que redire les paroles mêmes de Jésus : « Heureux, vous les pauvres : le Royaume de Dieu est à vous ! »

Alfortville avril 1999 - Gilette août 2000

Table des matières

Première partie

La route est longue...

1. Trois croix ... 13
2. Modeste Ringardet ... 23
3. La bonne étoile ... 33
4. Qui perd... gagne! ... 43
5. Un train peut en cacher un autre ... 55
6. Geneviève ... 65
7. La photo ... 79
8. Tout bascule ... 91
9. L'état de Grâce ... 101
10. La baptême des oiseaux ... 117

Deuxième partie

...à travers la nuit et au bord du précipice...

11. La limite constitutive de la liberté ... 127
12. Lautrence et Sébastien ... 145
13. La convoitise et la domination ... 155
14. En chute libre ... 171
15. Le fond de la détresse? ... 185
16. Souvenir, souvenir... ... 199

Troisième partie

...elle conduit à la lumière.

17. Le retour au bercail ... 209
18. Se réconcilier avec soi-même? ... 221
19. La brebis retrouvée ... 235
20. La parabole de l'amour et du père ... 247
21. Le septième péché capital ... 259
22. Le mariage de Géraldine ... 275
23. Roquebrune II, le retour... ... 287
24. Le pardon et la croix ... 299

PROCHAINES PARUTIONS

Stéphane Bosso
Le maître des bombes
Nouvelles

Pierre Svetovlasky
L'Inaccompli
Roman

Cyrille Lachêvre
L'hôpital
Roman

Daniel Even
Mars, aller sans retour.
Science fiction

Catherine Dautel
Ville en fleur
Essai

Josette Brignon
La tâche d'encre
Nouvelles

Jean-Claude Cassier
Les Cinq Auberges
Témoignage Chrétien

Serge Lambolez
La Madone d'Erleking
Roman

Marie-Claude Zeisler
Moi, Jehanne captive...
Récit

Roger Beyrend
Une femme etcætera
Roman

Camille Mouhat
Recouvrance
Récit

Jean-Claude Portal
Le perisprit
Science fiction

Ce livre a été édité par les Éditions Thélès
5, rue de Castiglione – 75001 Paris
Téléphone :+33 (0)1 53 45 27 63
Télécopie : +33 (0)1 53 45 27 01
e-mail : theles@libertysurf.fr

Imprimé en France

Dépôt légal 3e trimestre 2002.

ISBN 2-84776-023-7

Achevé d'imprimer sur rotative numérique par Book It !
dans les ateliers de l'Imprimerie Nouvelle Firmin Didot
Le Mesnil-sur-l'Estrée

N° d'impression : 1.432.4494